肯尼亚工程地质与路基工程

安爱军　著

中国铁道出版社有限公司

2 0 1 9 年·北　京

图书在版编目(CIP)数据

肯尼亚工程地质与路基工程/安爱军著. —北京：
中国铁道出版社有限公司，2019.8
ISBN 978-7-113-24532-0

Ⅰ.①肯… Ⅱ.①安… Ⅲ.①铁路工程-工程地质-研究-肯尼亚②铁路路基-铁路工程-研究-肯尼亚
Ⅳ.①U212.22②U213.1

中国版本图书馆CIP数据核字(2019)第117607号

书　　名：肯尼亚工程地质与路基工程
作　　者：安爱军　著

责任编辑：许士杰　　**编辑部电话：**010-51873204　　**电子信箱：**syxu99@163.com
编辑助理：刘　晴
封面设计：崔丽芳
责任校对：王　杰
责任印制：赵星辰

出版发行：中国铁道出版社有限公司(100054，北京市西城区右安门西街8号)
网　　址：http://www.tdpress.com
印　　刷：中煤(北京)印务有限公司
版　　次：2019年8月第1版　2019年8月第1次印刷
开　　本：787 mm×960 mm　1/16　印张：16.75　字数：269千
书　　号：ISBN 978-7-113-24532-0
定　　价：68.00元

序　言

路基是陆路交通基础设施的重要组成部分，其正常运营所需的强度、刚度、稳定性和耐久性受沿线工程地质条件影响巨大，具有显著的区域特点。在经历大量的公路、铁路建设后，我国在路基的设计、施工、验收方面积累了丰富的经验，形成了一系列完善的规范与指南。但是在海外路基工程建设过程中，其工程地质条件与国内迥异，现有的规范和指南不能完全适合新的工程地质条件。肯尼亚的陆路交通基础设施中，受地形的影响，路基占全线比例很大，路基与工程地质研究的重要性尤为突出。

本书以肯尼亚交通基础设施建设为背景，对路基建设过程中遇到的特殊工程地质开展研究。例如：黑棉土属于膨胀土，在肯尼亚广泛分布。肯尼亚黑棉土成因、性质和国内膨胀土不尽相同，国内常用的改良方法在该地区并不适用。本书在系统地研究了肯尼亚黑棉土的矿物、化学成分后，提出了火山灰改良黑棉土的思路，利用电镜扫描、核磁共振等方法从细观结构方面探究肯尼亚黑棉土改良机理，验证其改良效果，实现了黑棉土工程性质改良的理论研究与工程实践的结合。

值得指出的是，著名的东非大裂谷东支纵切肯尼亚，裂谷区特殊的地质条件下，合理利用当地材料，解决水资源匮缺、完善特殊填料的施工验收标准是本书关注的另一个重点。针对裂谷区广泛分布的火山渣，本书从合理利用地材的角度出发，对具有多孔、轻质、易碎等特点的火山渣开展物理力学性质测试、路基填料改良、现场填筑等一系列的研究，提出了火山渣混合料压实工艺和路基质量控制指标，为特殊填料的试验方法、施工工艺和检测指标提供了重要的参考依据。

水是影响路基稳定的重要因素。在肯尼亚排水系统很不完善、水文气象数据极度缺乏的条件下，如何减小雨季短时强降雨对路基的影响是设计和施工必须考虑的一个重点问题。本文在收集大量的水文气象资料、采集典型地区的水文气象数据后，采用系统的方法对数据进行分析整理，并基于地理信息系统，进行了路基排水系统的设计研究，为肯尼亚路基的防排水设计规范奠定了坚实的基础。

考虑肯尼亚自然生态环境脆弱、野生动物众多的特点，本文还介绍了几种减少对生态环境和动物迁徙影响的路基设计方案，实现了建设绿色走廊的理念。

《肯尼亚工程地质与路基工程》聚焦肯尼亚路基工程建设面临的实际科学问题与工程技术难点，采用调研、试验、数值模拟、理论分析等手段，创造性地解决了一系列问题，确保了肯尼亚工程地质环境下路基结构的安全、稳定和耐久性。该书既有理论分析，又有工程实践，内容丰富，以客观论述的方式进行撰写，可读性强。相信本书的出版，有助于推广肯尼亚工程地质条件下的路基工程建设新技术，同时为非洲地区类似工程建设提供借鉴和指导。值此新书付梓之际，谨向作者表示祝贺！

中南大学土木工程学院 邹金锋

邹金锋，中南大学土木学院副院长。

前　　言

肯尼亚蒙内铁路和内马铁路是完全采用中国标准、中国技术、中国装备、中国运营管理的国际干线铁路，是中国"一带一路"、非洲"三网一化"战略在东非地区的生动实践。其成功建设将有效促进东非现代化铁路网的形成和东非地区经济发展，为东非一体化提供互联互通的基础设施保障，也对于中国铁路标准在东非乃至整个非洲的推广应用具有重要示范意义。

肯尼亚标准轨距铁路在建设过程中遇到了水文地质带来的路基工程建设方面的技术难题：其一，内马铁路穿越工程地质环境极为复杂的东非大裂谷区域，该裂谷区域是世界上最大的断层陷落带；其二，黑棉土在肯尼亚地表分布广泛，容易引发路基沉陷、开裂等病害；其三，裂谷区域内缺乏规范规定的合格路基填料，而当地富集的天然火山渣能否作为路基填料使用很值得研究；其四，肯尼亚气候环境的特殊性，如降雨的区域性、阶段性集中特点对路基防排水系统具有潜在的隐患；其五，肯尼亚高度重视生态环境保护，建设绿色环保型铁路是降低路基工程对自然环境和野生动物影响的有效举措。

本书以蒙内铁路和内马铁路为工程背景，系统介绍了肯尼亚地质环境特点、肯尼亚黑棉土地区、裂谷区域、生态保护区路基修筑技术，以及肯尼亚气候环境对路基工程的影响、路基工程对生态环境和野生动物的影响等铁路路基建设过程中面临的一系列水文地质、路基填料、路基填筑和路基防护等问题的解决方案和研究应用成果。提供了一整套与当地水文地质特征相适应、与生态环境相协调的肯尼亚地区路基工程建设综合成套技术，可为类似地质条件下铁路路基建设实现地域性材料的有效开发和利用，并在确保工程质量的前提下有效降低工程建设成本，提供有益借鉴。

作者全程参与了蒙内铁路及内马铁路的设计、建设、设备采购、运输组织等的策划和具体实施，亲身经历和见证了海外进行工程建设因与国内环境（政治环境、商业环境、社会文化环境等等）不同而导致的艰辛和不易，本书仅就地质水文环境对工程建设的挑战提出了经实践检验有效的理论研究和工程措施，主要内容根据中国交通建设股份有限公司科技研发项目“东部非洲黑棉土地区公路修筑成套技术研究（2013-ZJKJ-02)”、中国路桥工程有限责任公司科技研发项目“东非大裂谷段高边坡安全监测及稳定性评价研究、东非大裂谷火山岩区域铁路路基修筑关键技术、基于 RS 和 GIS 的东非大裂谷复杂地形区域铁路路基水毁灾害评价及排水设计技术研究”有关成果编撰。编写过程中得到蒙内铁路、内马铁路各参建单位、中南大学土木工程学院的大力支持，在此深表感谢！限于作者的水平和能力，书中错误和不妥之处在所难免，恳请广大读者批评指正。

作者

2019 年 8 月

目　录

第一章 绪　论

第一节　肯尼亚的社会经济状况

肯尼亚是非洲新兴经济体，被誉为东非地区经济“火车头”，地区影响力不断增强，整体经济保持增长态势。但是肯尼亚的交通基础设施落后，限制了其经济的发展。随着肯尼亚的投资法规日趋完善和经济发展，交通基础设施行业增速较快。

肯尼亚独立后经济发展较快，是非洲经济状况较好的国家之一。农业、服务业和工业是肯尼亚国民经济三大支柱。其中农业是肯尼亚经济的主体，通过为逾70%的人口提供就业机会来促进社会经济发展。目前肯尼亚主要农业作物为玉米、小麦、稻子、高粱、木薯等，粮食已基本实现自给，主要经济作物为咖啡、茶叶，剑麻、除虫菊、棉花等。2015年农业产值为18 670亿肯先令，占国内生产总值的30.0%。而服务业中的旅游业是肯尼亚支柱产业之一，年创汇超过10亿美元，直接创造就业25万人，间接创造就业55万人。2016年肯尼亚旅游业收入约9.8亿美元。2017年1～10月，共有约79万国际游客访问肯尼亚，排名前5位的游客来源国依次为美国、英国、印度、乌干达和中国。主要旅游点有内罗毕、察沃、安博塞利、纳库鲁、马赛马拉等地的国家公园、湖泊风景区及东非大裂谷，肯尼亚山和蒙巴萨海滨等。在工业方面，1991年以来，肯尼亚政府在整个经济领域实行自由化，提出到2020年成为新兴工业化国家的发展目标。现已形成了门类较为齐全的工业体系，是东非工业最为发达的国家，目前工业总产值可占国内生产总值的15%以上，工业生产以制造业为主，较大的工业产业有炼油、轮胎、水泥、轧钢、发电、汽车装配等。目前肯尼亚85%的日用消费品产自国内，其中服装、纸张、食品、饮料、香烟等基本自给，部分还可供出口。如图1—1所示为2015年肯尼亚各产业在国民生产总值中所占的比例，其中农业仍是第一大产业，占GDP比例为30.0%；制造业为第二大产业，占 GDP 比例为 10.3%；交通和通讯为第三大产业，占 GDP 比例为 8.4%；房地产开发为第四大产业，占 GDP 比例为 7.6%；批发和零售业为第五大产业，占 GDP 比例为 7.5%。

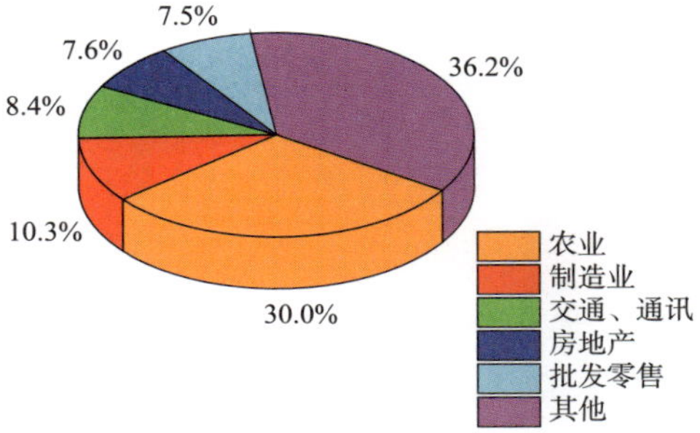

图 1—1　肯尼亚经济分布情况

为进一步发展经济，肯尼亚政府在对肯尼亚的全球竞争力进行全面分析后，在其《2030 年规划》中提出 2012 年起实现 GDP 平均年增长率达到 10%，确定将能源、交通设施和建筑业、农业、制造业、采矿业、旅游业、批发和零售业、金融服务业和信息产业等列为重点发展领域，大力发展这些行业，以实现 GDP 增长预期。而长期以来，交通基础设施落后则是制约肯尼亚经济发展的主要因素，更是阻碍非洲经济腾飞的瓶颈，因此肯尼亚把新建和改善公路等交通设施作为发展的优先选择。

第二节　肯尼亚目前的公路、铁路交通设施状况

肯尼亚是交通基础设施比较落后的国家之一。除航空业和移动通讯业发展较快外，供电、供水、电信、公路、铁路、港口等基础设施较落后，成为制约经济发展的瓶颈。肯尼亚交通设施主要以公路为主，相对公路运输，铁路运输系统发展较为滞后，肯尼亚铁路主要是从蒙巴萨经内罗毕、纳库鲁和埃尔多雷特至与乌干达交界的马拉巴而。为了进一步发展交通设施，肯尼亚在 2016～2017 财年预算案中，将政府开支总预算的 8.93%投入到基础设施和信息通信领域，仅次于政府用于教育、安全、公共服务三个领域的预算。

一、肯尼亚公路概况与发展趋势

公路运输为肯尼亚目前最重要的运输方式，承担了本国90%以上的货物和旅客运输。除承担本国客货运输外，肯尼亚作为东非地区重要的物质中转国，同时还承担东非相邻国家进出口货物的运输，非洲东部几个国家（如乌卡达，卢旺达，布隆迪和苏丹）的大部分对外贸易都要通过肯尼亚的蒙巴萨港口进行转运。

目前肯尼亚的公路网建设密度偏低，公路总里程为17.78万km，分为A、B、C、D、E五个等级。如表1—1和图1—2所示。等级公路的长度为52 251.5 km，占29.39%，其中国际主干道A级路3 618.31 km，B级路2 681.9 km，C级公路7 995.59 km，D级公路11 049.39 km，E级公路26 906.31 km，其余125 548.5 km路段均为未分级等外公路，最重要的运输通道为与既有蒙巴

表1—1　肯尼亚公路各等级公路里程表

等级	A	B	C	D	E	其他
里程(km)	3 618.31	2 681.9	7 995.59	11 049.39	26 906.31	125 548.5

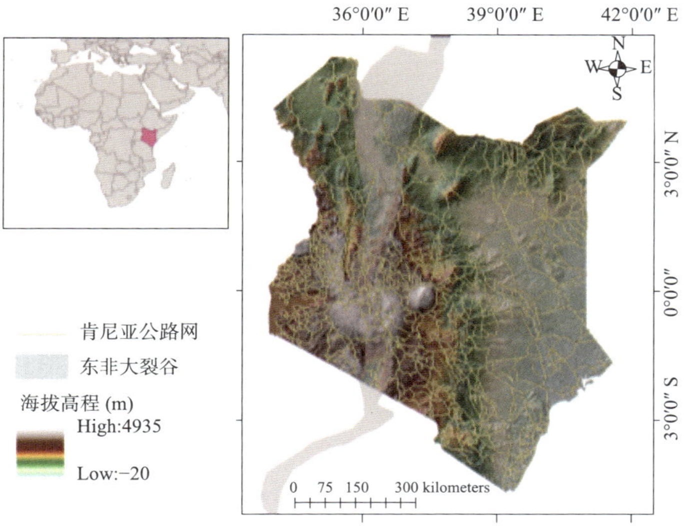

图1—2　肯尼亚公路分布图

萨—内罗毕—马拉巴铁路平行的“北方走廊”。

随着肯尼亚经济以及非洲区域经济的增长，运输需求将有较大幅度的发展。未来年间公路运输系统将承担更加巨大的运输压力。因此为了保证国家经济的发展和有效管理国家事务，肯尼亚政府表示在国土上必须布置有效的公路交通网，改善并发展现有的国家公路网，其公路政策基本上是改善连接肯尼亚和邻国的主要干道，修建连接城市、生产中心和消费中心的四季通行公路，修建与苏丹、埃塞俄比亚和索马里相连接的连线公路，修建通向埃塞俄比亚和索马里的公路。肯尼亚在公路工程方面的工作有以下三个主要方面：(1)面临交通量的增长，改建或重建现有国际公路和主要国家公路；(2)将次要公路改建、修建为四季通车公路，通过主要公路网沟通城市间的联系；(3)建设农村公路，通过中心公路网，把乡镇和农庄联接起来。由于肯尼亚地形地貌原因，路段全线桥隧占比较少，主要以路基修筑为主。

二、肯尼亚铁路概况与发展趋势

肯尼亚既有铁路网总里程 3 176 km，其中标准轨铁路总长 472 km，米轨铁路总长2 704 km，分布于肯尼亚全国主要城镇及地区，米轨铁路分为专用线铁路和公用线路，专用铁路和支线为 859 km。见图 1—3。

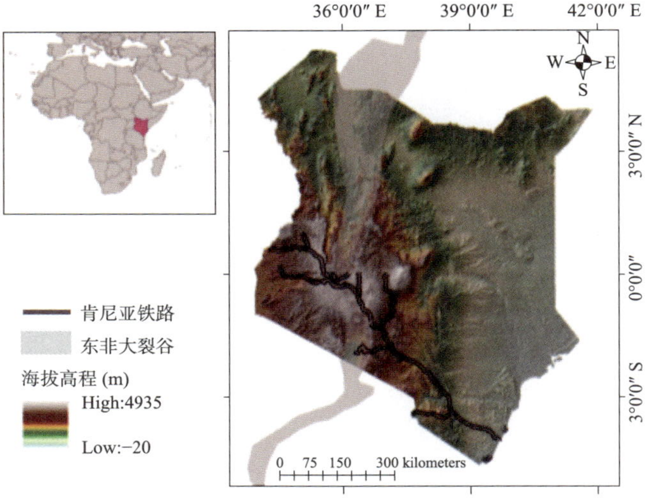

图 1—3 肯尼亚铁路分布图

肯尼亚米轨铁路为100多年前修建，主线部分由蒙巴萨港经首都内罗毕通往乌干达首都坎帕拉，目前肯尼亚与乌干达境内的既有米轨铁路均由裂谷公司运营。由于肯尼亚现有机车车辆不足，货物在港堆放装卸时间较长，通常需要50～55天，远大于公路运输15天的在港堆放装卸时间，造成大量的运输资源浪费；此外，既有铁路设备陈旧，年久失修，安全性较差，脱轨事件时有发生，养护维修费用昂贵，若对既有米轨铁路进行维修，则需花费巨大的开支。而且既有米轨铁路实际运量远低于其运输能力，铁路运输市场竞争力不足，其在国民经济发展中的重要意义远未得到有效发挥。同时，路网覆盖面不够完善，铁路尚未连通区域大型经济点及人口聚集区域，但运能增长潜力较大。因此，连通铁路对地区经济发展和地区开发具有重要的意义，也是实现均等化的客观要求。

此外，随着肯尼亚地区社会经济的持续发展，区域运输需求不断上涨，目前日益增长的社会运输需求与有限的运输能力之间的矛盾则不断加剧，肯尼亚必将寻求一种大能力的交通运输方式来解决这个不断加剧的社会矛盾。在这个历史时期，国际化标准轨铁路的建设，则正是适应地区社会经济发展的需求，满足社会运输供给不足的保障。对肯尼亚地区自身来说，尽快开展铁路网规划，加速推动国际化标准轨铁路建设落实，已经具备充足的内部需求条件。

目前肯尼亚规划建设内罗毕—马拉巴、沃伊—塔维塔标准轨铁路，并规划对既有内罗毕—马拉巴米轨铁路进行修复，同时还规划利用既有米轨在内罗毕和蒙巴萨两座主要城市建立城市轨道交通系统。

第三节 肯尼亚在“一带一路”倡议中的战略地位

肯尼亚作为非洲具有重要影响力的国家，既是东非地区政治经济发展的领头羊，同时又扮演连接中非合作的重要桥梁和纽带的角色，它是21世纪海上丝绸之路在非洲地区的重要支点国家，也是“一带一路”倡议下中非产能合作的先行试点国家。“一带一路”倡议是惠及世界地区经济发展的宏图板块，它囊括了世界经济发展的中心、边缘地带，一方是活跃的东亚经济地带，另一方是成熟的欧洲经济地带，中间是潜力大的亚非经济地带，肯尼亚作为中间发展潜力巨大的发展中国家，进入21世纪以来，肯尼亚提出“向东看战略”，“一带一路”倡议自 2013 年提出到实施以来，得到了肯尼亚政府的积极响应，肯尼亚作为“一带一路”倡议的“响应者”和“参与者”，中国与肯尼亚将会在广阔的空间和深层次的范围内开展合作。

一、21 世纪海上丝绸之路在非洲的重要战略支点

从官方公布的海上丝绸之路的线路图来看，肯尼亚隶属“21 世纪海上丝绸之路”的范围，“海上丝绸之路”以东部沿海为起点，依托珠三角、长三角、京津唐的沿海重要港口城市，先经东海—台湾海峡—南海—东南亚—马六甲海峡—印度洋—非洲沿岸地区—红海—苏伊士运河—地中海沿岸地区，“海上丝绸之路”在非洲肯尼亚以沿岸的重要港口城市蒙巴萨港、拉穆港为节点，通过蒙巴萨港口将印度洋到红海的重要的交通枢纽城市，串联成一个“人字弧形”的运输大动脉，从而打造印度洋—地中海共同繁荣的环海经济圈。

海上丝绸之路支点城市的构建依托现有港口城市的区位、资源、设施为条件，同时重要的海港是实施“海洋战略”的重要保障条件。“海上丝绸之路”是“陆上丝绸之路”的延伸和发展，陆上以沿线中心城市、经贸合作区为支撑，海上依托着其沿途的重要的港口城市为支点，而肯尼亚的海路交通便捷，其港口蒙巴萨更是非洲东海岸最大的海港，将会在“海上丝绸之路”印度洋—地中海中交通运输通道，发挥“关口”的枢纽作用。此外，肯尼亚在“海上丝绸之路”的战略布局中占据着重要的地位，其国内的重要港口城市蒙巴萨港和拉穆港，将会作为连接亚洲、非洲、欧洲的重要港口城市，扮演重要的角色。“一带一路”倡议致力于构建一个经济繁荣发展的宏图板块，以实现双方互联互通、互利共赢为目标，推动“一带一路”倡议的实施，对于作为海上丝绸之路和东非重要战略支点的肯尼亚是一次巨大的历史性发展机遇。

二、重要的地缘经济价值

肯尼亚位于非洲的东部，地处东非高原，赤道横贯中部，东非大裂谷纵贯南北，濒临印度洋，海岸线为 536 km。肯尼亚东临索马里，西与乌干达接壤，南面是塔桑尼亚，北面与埃塞俄比亚、苏丹交界。肯尼亚的地理位置十分优越，海陆交通便捷，再加上肯尼亚作为东非的“领头羊”，其蒙巴萨城市作为东

非的贸易中转枢纽城市，对东非地区辐射能力强。蒙巴萨港口链接着乌干达、卢旺达、和布鲁迪等国家，形成交通运输网“北部走廊”，依托其天然地缘优势作为其进口和出口的优良港口“门户”。“门户”意味着蒙巴萨港是东非共同体输出物资和进口商品的“重要窗口”，是通往印度洋、红海一苏伊士运河的重要通道，扼守着“海上丝绸之路”的关口，占据着至关重要的角色。

英国巴克莱银行发布的最新2015年非洲贸易数据显示，对31个撒哈拉国家的跨境贸易吸引力进行排名，肯尼亚排名第三，仅次于南非和尼日利亚。2013～2015年，东非大型基础设施项目吸引外资达到57亿美元，占据整个非洲投资比例的20%，中国投资约为12亿美元，其中肯尼亚大型项目为20个，是东非吸引投资最多的国家。肯尼亚作为东非共同体吸引投资最多的国家，也为东非最大的经济体。

根据世界银行发布的数据，如图1—4所示，肯尼亚2012年GDP为503.35亿美元，2013年GDP为550.97亿美元，同比增长9.46%，2014年GDP为614.48亿美元，同比增长11.53%，2015年GDP为640.07亿美元，同比增长4.16%，2016年GDP为708.75亿美元，同比增长10.73%，2017年GDP为749亿美元，同比增长5.68%。

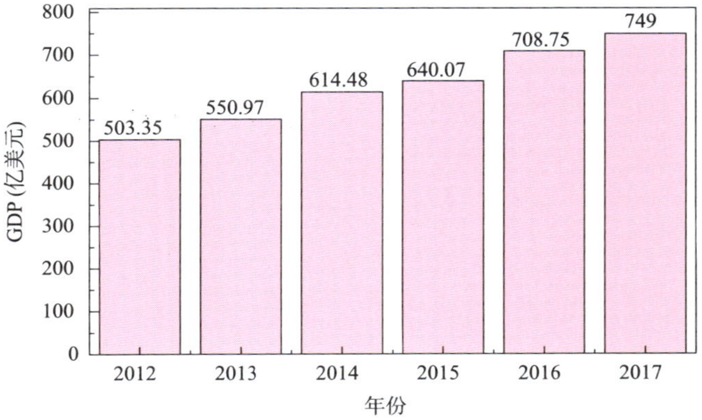

图1—4 肯尼亚不同年份GDP分布图

此外进入肯尼亚的外国FDI(Foreign Direct Investment)指数节节攀升，2013年增速达到98%，2014年增速达到92.4%。如表1—2所示为2015年肯尼亚吸引外国投资以及中国对肯尼亚投资情况，其中肯尼亚吸引外国投资为 14.4 亿美元，中国对肯尼亚的投资为 3.5 亿美元，约占整个直接投资比例的 24%，中国在肯尼亚 FDI 指数持续上升，是中肯不断务实深化经贸合作，加强政治互信的重要结果。

表 1—2　肯尼亚外资数据

吸引外资(亿美元)	中国对肯尼亚投资(亿美元)	中资所占比例(%)
14.4	3.5	24

肯尼亚颁布新的《投资促进法》来吸引外资，投资便利化程度低的状况得到改善，现已经成为东非第一大投资吸引国。“一带一路”倡议是我国资本输出的重要载体和推动“走出去”战略的重要窗口，肯尼亚已经进入非洲吸引 FDI 指数前四，国内政治局势稳定，经济发展呈现良好势头，投资环境好，商业门槛低，资源丰富，基础设施好转，备受中国企业的青睐，是理想的投资地，特别是人民币国际化和中非发展基金在肯尼亚的落户，将会吸引越来越多的中国企业投资者来肯尼亚进行投资，为中肯投资合作注入新鲜的血液和动力。

另外，2014 年，肯尼亚政府正式宣布建设自由贸易区，通过建设自由贸易区，实现商品的无税自由流通、投资自由化、贸易便利化，来加强东非、南非、中非的三大区域之间的经贸往来，进一步提高了肯尼亚在东非地区的战略地位。“一带一路”倡议致力于搭建一个全方位开放的平台，这与自由贸易区的成立目的不谋而合，推动自由贸易区与“一带一路”倡议相结合，相对接，能够更好地引领中国与肯尼亚向更深的层次、更宽的领域拓展合作，实现双方互利共赢，促进双方经贸往来。目前，中国与肯尼亚已经签订了中肯自贸区的备忘录(MOU)，这对于中国构建全方位的开放经济，为推动产能合作，实现贸易畅通和设施联通提供了重要的支撑条件。

第二章　肯尼亚地质工程

第一节　肯尼亚自然地理

肯尼亚位于非洲东部，赤道横贯中部，东非大裂谷纵贯南北，东邻索马里，南接坦桑尼亚，西与乌干达交界，北与埃塞俄比亚、苏丹接壤，东南濒临印度洋，面积 58.264 6 万 km^2，其海岸线长 536 km。肯尼亚全国共有 47 个郡，国土面积 58.1 万 km^2。2016 年肯尼亚共有 42 个民族，总人口约 4 725 万人。

肯尼亚是一个广阔的高原国家，平均海拔 1 500 m。肯尼亚东南部濒临印度洋，形成狭窄的沿海平原地带。这里是肯尼亚气团最潮湿和最炎热的地方，全年充满着赤道热带的气息。肯尼亚北部为沙漠和半沙漠地带，是游牧和半游牧地区，约占全国总面积的 56%。肯尼亚西南部海拔 1 500～2 500 m，是肯尼亚地势的最高处，又称肯尼亚高地。中部的肯尼亚山，海拔 5 199 m，为非洲第二高峰，峰顶终年积雪；瓦加加伊死火山的海拔高度 4 321 m，以巨大的火山口(直径达 15 km)而驰名。著名的东非大裂谷东支纵切高原南北，将高地分成东、西两个部分。裂谷谷底部分布着许多湖泊，肯尼亚最大的湖泊——图尔卡纳湖，在裂谷的北梢。肯尼亚高地因为地势高峻，雨量比较充沛，气候不太炎热，是全国最主要的农业区，也是全国人口最稠密的地区。首都内罗毕就在高地的东南部。高地西南部有非洲最大的湖泊——维多利亚湖。肯尼亚境内河流、湖泊众多，最大的河流为塔纳河、加拉纳河；最大的湖泊为维多利亚湖。

第二节　肯尼亚地形地貌

地形是指地表高低起伏状况、山坡陡缓程度与沟谷宽窄及形态特征等；地貌则说明地形形成的原因、过程和时代。平原区、丘陵区和山岳地区的地形起伏、土层厚薄和基岩出露情况、地下水埋藏特征和地表地质作用现象都具有不同的特征，这些因素都直接影响到交通基础设施路线的选择。

肯尼亚的地形分为近海丘陵区、侵蚀平原区、高平原区、岩熔流区、低中山区和高原区，如图 2—1 所示。

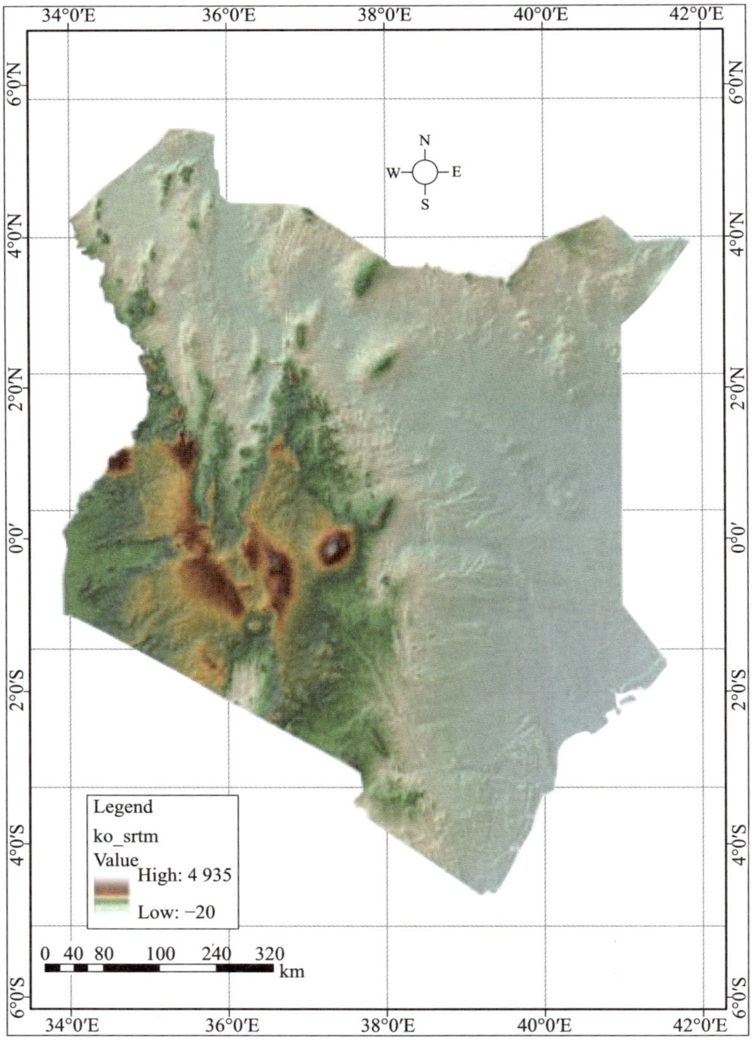

图 2—1 肯尼亚地貌轮廓的基本特征图

一、近海丘陵区

蒙巴萨近海地区，海拔一般为 0～200 m。自第四纪以来该地区有轻微上升，受冲蚀作用影响，地面较平缓，形成倾斜的剥蚀平原，局部可见平缓起伏的剥蚀微丘及高度不大的残丘。

二、侵蚀平原区

新近纪上新世以来本地区相对丘陵区慢慢隆起，海拔一般为 10～180 m，地势较为平坦，向东南微倾，形成倾斜平原，局部隆起。

三、高平原区

Yatta 高原，受剥蚀作用，大多数山地都被夷为平原，地形平缓开阔，海拔 250～600 m，地势总体向东南倾斜，仅在靠近 Sagala-Irma-Manga 山脉附近略有起伏，个别地段形成平缓的蚀余山、丘陵及丘间洼地。

四、岩熔流区

地形略有起伏，海拔 900～1 200 m，总体地势向东南缓倾，地表分布较多火山锥，局部为厚度 1～8 m 的“浮石层”，岩熔空腔发育。

五、低中山区

Masai 低中山区，海拔 1 400～1 600 m，地形起伏大，山顶剥蚀呈平顶状，山坡多为凸形坡。

六、高 原 区

为东非大裂谷东侧 Kapiti 火山岩高原区，海拔高程为 1 650～1 685 m。新生代以来强烈隆起，形成顶部起伏较小的高地。高原的表层覆盖物为沉积、剥蚀以及侵蚀共同作用的结果。高原地面常见浅盆地、洼地。

第三节 肯尼亚工程地质构造

工程地质构造也是工程地质工作研究的基本对象，包括褶皱、断层、节理构造的分布和特征、地质构造，特别是形成时代新、规模大的优势断裂，对地震等灾害具有控制作用，因而对交通基础设施的安全稳定、沉降变形等具有重要意义。

肯尼亚位于非洲地台，从前寒武纪起就是一个稳定的隆起陆块。共经历4个演化阶段：

(1)地壳初始形成阶段(＞35亿年)。

(2)克拉通化阶段(35亿年～16.5亿年)。在这个阶段形成了许多被活动带包围的原地台，东非地台始于26亿年。大陆总体经25亿年沙姆瓦运动和16.5亿年马永贝运动先后完成克拉通化。

(3)地台发育和内部破裂阶段(16.5亿年～6亿年)。在盖层沉积阶段，地台内部发生破裂，形成裂陷槽，经构造变动后成为褶皱带。6.5亿年～6.2亿年的加丹加运动或泛非运动使非洲固结成为一个整体。泛非运动是非洲大陆最广泛的一次构造活动。

(4)地台盖层和大断裂发育阶段(6亿年以内)。刚化了的非洲地台很少再受到构造运动的影响，变形作用通常以宽阔的盆地形式出现。这些盆地接受了石炭纪—第三纪的盖层沉积，后期的加里东、海西和阿尔卑斯运动仅影响大陆的西北边缘和东、西沿海地带。白垩纪开始，非洲大陆内部出现大规模断裂，先后形成中西非裂谷和东非裂谷，是两条世界上最大的裂谷带。

一、裂 谷 区

东非大裂谷从北面的亚丁湾向南延伸至莫桑比克湾，途经肯尼亚，长度超过6 000 km。它具有典型的大陆裂谷特征，形成一系列狭长而深陷的峡谷、湖泊和盆地，边缘为相互平行的阶梯状断层群，由东支埃塞俄比亚—肯尼亚裂谷和西支坦噶尼喀裂谷组成。东支埃塞俄比亚—肯尼亚裂谷是主裂谷，位于非洲北部熔岩台地构成的高原之上，南起维多利亚湖东侧，向北经坦桑尼亚、肯尼亚中部，穿过埃塞俄比亚高原入红海，全长近3 000 km。这里的裂谷带宽几十至 200 km，谷底大多比较平坦。裂谷两侧是高耸的熔岩台地和巨大火山锥以及陡峭的断崖，谷底与断崖顶部的高差从几百米到 2 000 m 不等。东支裂谷带大体走向为南北向，是世界上最大的断层陷落带，其具有典型的大陆裂谷特征，构造比较复杂，边缘为相互平行的阶梯状断层群，以正断层为主，断层延伸距离长，宽度大，间距较密。

东支裂谷具有极强烈的新生代火山作用和频繁的中强地震及微震活动。其表现出明显的与地壳深度相关的岩浆活动：上层地壳的火山活动发育，发育断层活动、地块旋转，中下层地壳以岩浆侵入为主导的活动等。肯尼亚裂谷是成熟的裂谷；肯尼亚裂谷及南部板块运动速度＜ 1 mm/年。裂谷两翼是目前断陷发展较为活跃的地带，尤其是靠近谷底的悬崖地带，断陷运动最为显著，且较为活跃。由于东非裂谷系是新生裂谷，现今仍处于形成过程中，所以绝大多数裂谷中的断裂在全新世应该都有过活动或现今还在活动中。自中生代裂谷形成以来，火山活动频繁，尤其晚新生代以来更为盛行，它们的喷发同裂谷活动也密切相关。火山活动从晚上新世开始，继续到更新世；玄武岩和响岩构成熔岩高原山地的主体。渐近系高原熔岩主要有两期，早期为裂谷性溢出的席状高原玄武岩流，属中新世，可能部分为渐新世，分布于大裂谷带两侧；晚期为火山喷发性熔岩，多成火山锥，有的延续到更新世。见图 2—2。

二、黑 棉 土

在肯尼亚，有一种特殊的膨胀土。表观呈黑色，土壤持水力很强，在雨停后还能把雨水保持很久，能为作物的生长提供充足养分，因而该地区大量种植棉花。由于该地区土壤呈现深黑色，人们便把这类黑土称为黑色棉花土。

黑棉土在肯尼亚地区分布较多，分布厚度一般为 0.5～5 m，局部可达 10 m 以上。它主要是火山堆积物或火成岩经风化、水蚀、搬运、堆积形成的，有原生黑棉土和次生黑棉土之分。它是一种呈现黑色或灰黑色的具有膨胀性的黏性土，其土颗粒含有大量的强亲水矿物颗粒，具有吸水膨胀、失水收缩的特性，因此从工程性质上来讲，东非黑棉土属于膨胀土的范畴。黑棉土在旱季出现地裂缝，在黑棉土较薄的情况下，裂缝即可长达数米，深 80 cm 以上。黑棉土的主要矿物成分是蒙脱石，蒙脱石的力学特点是当湿度变化的时候会显示出很强的胀缩特性，所以当旱季和雨季交替造成土体含水量变化时，黑棉土

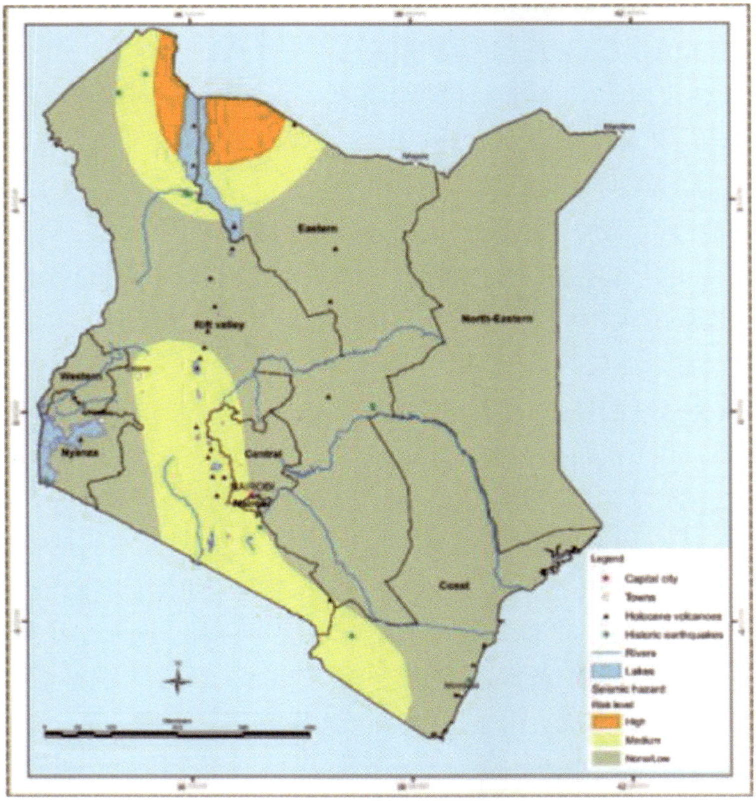

图 2—2　肯尼亚地震和火山活动分布图

将会产生很大的体积变形。这种变形会导致区域内的建筑物地基、桩基础、道路和铁道路基、机场跑道、渠道边坡等受到破坏。

在道路工程中，黑棉土地区的公路灾害问题突出，所产生的路基波浪式沉陷变形、路肩开裂和路面裂缝等问题往往反复且多发，严重影响公路的使用效果和寿命。此外，黑棉土胀缩变形引起的结构破坏比地震、洪水等自然灾害引起的结构破坏还要多，特别是对轻型建筑和路面结构。

三、火 山 渣

受东非大裂谷及第四系活火山影响，其工程地质问题除国内常见的软土、松软土、膨胀土、危岩落石、岩堆等问题外，国内罕见的工程地质问题在肯尼亚地区中也相当普遍，如火山渣、火山熔渣、火山活动形成熔岩空腔等。见图 2—3。

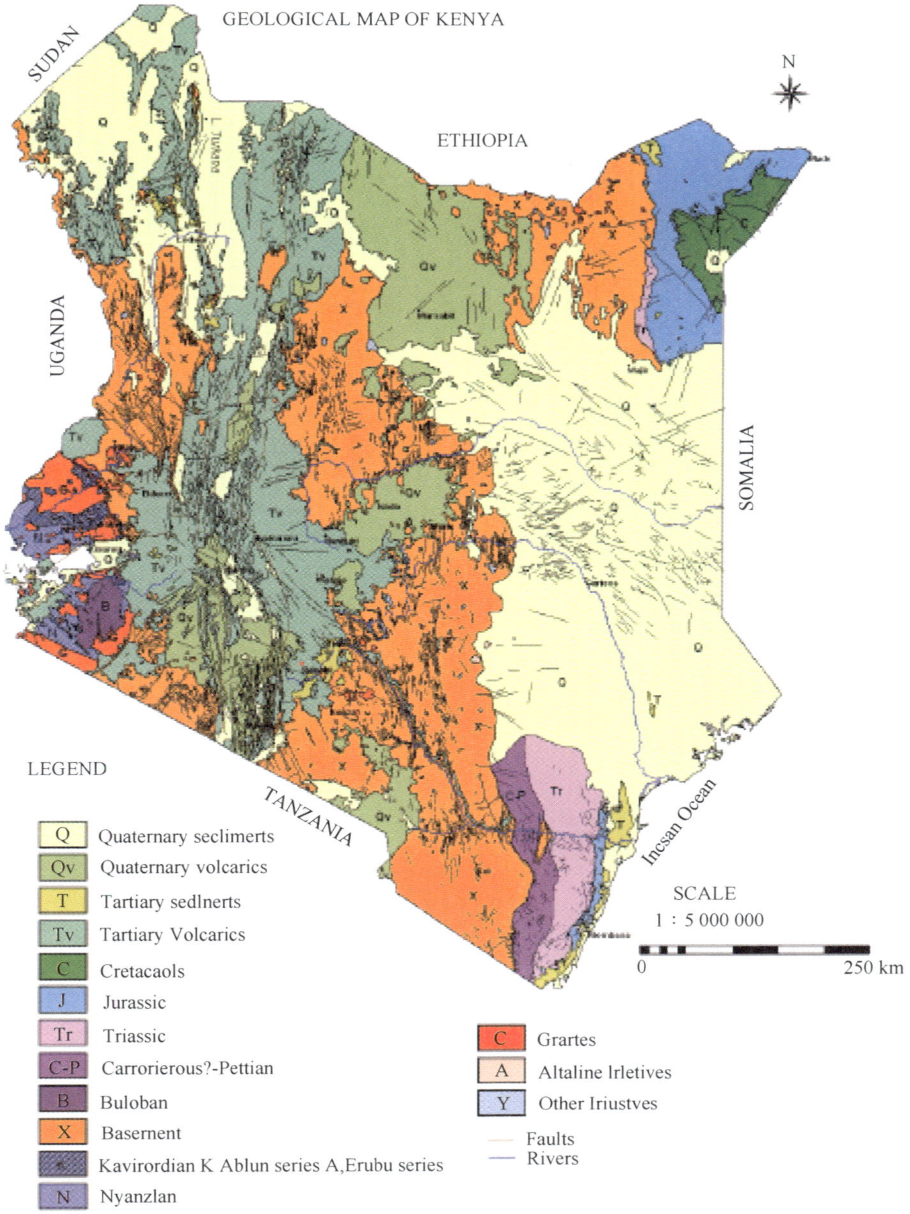

图 2—3　肯尼亚工程地质图

火山渣是一种火山喷发中经过高温燃烧喷出后冷却形成的矿渣状多孔轻质材料，由孔隙、火山玻璃和矿物组成。孔隙是由于泡沫破裂、气体逃逸而形成。火山渣通常为黑色、深灰色、红色和棕色。自然形态以粗粒状火山堆积形式存在，主要靠颗粒间的嵌挤作用而形成不规则排列，开采较容易。火山渣具低密度、多孔隙、质较轻、无塑性、承载力低、受力一次性变形量大、难压实等特点。

火山熔渣具絮状结构、质量较重、质地较坚硬、多孔隙、松散、形状多变、表层承受铁路荷载易破碎及变形沉降等特点，易造成路基填方、不均匀沉降等工程病害。

火山熔渣结构本体较硬，石质属软岩—较软岩，由于其形状的不规则，骨架间形成许多较大的空隙，路基应防止在铁路动荷载作用下基床本体较小细颗粒物质可发生移动形成较大空隙影响工程安全。

第四节　肯尼亚气候水文

肯尼亚水文地质条件受到大地构造，气候特征，地形地貌等因素的影响，形成了明显的区域性特征。

一、气候条件

肯尼亚位于非洲的东部，赤道横贯中部，主要为热带草原气候，沿海地区天气湿热，高原气候比较温和。受季候风影响，四季不分明。形成了两个主要的雨季，每年 3～6 月和 10～12 月是雨季，其余为旱季。其中雨季还分为：大雨季（4～6 月）和小雨季（10～11 月），每当到了雨季，下午晚上经常会有短时间的小幅度降雨。两个雨季的主要降雨来自于印度洋，因此降雨量和雨季的长短主要受到印度季风控制区域下大洋，大气和大陆之间的动态交互作用的影响。

热带辐合带的移动和降雨量与气候分带的分布紧密相关。12 月至次年 3 月多东北风，天气晴暖；6～10 月多东南潮湿季风和阴云。海拔较高地区有低温期，多雾和细雨。影响气温的主要因素是海拔，随着海拔的升高，气温逐渐降低。最高气温 34.9 ℃，最低气温 9.4 ℃；年平均降水量 558.6～731.8 mm，年均蒸发量为 1 450～2 400 mm。

肯尼亚降雨的特点可以概括为：大小雨季，短时间强降雨。短时强降雨对路基有很大影响。在大雨季期间，降雨量集中且强度较大，再加上铁路沿线各汇水区地形复杂陡峭，地表岩层裸露且破碎，入渗小，汇流急，极易形成山洪，泥石流，滑坡等灾害并对铁路路基造成侵蚀，冲刷，漫堤，堵塞等水毁灾害。此外，由于铁路的建设改变了该地区长期的自然形成的地形地貌，由于铁路路基排水问题衍生的各类次生灾害问题更有可能对当地的生态环境造成一定的隐患。

二、水文条件

肯尼亚有一个密集的河网，境内的河流、湖泊众多。常年有水的河流是：Tana，Athi，Nzoia，Yala，Sondu，Nyando 和 Mara。虽然肯尼亚有许多河流，但大部分是季节性河流，存在于沟谷低洼处。肯尼亚境内最大的河流为塔纳河、加拉纳河；最大的湖泊为维多利亚湖。且肯尼亚地表水以河流和湖泊为主。地表水主要来自大气降水补给，受季节性降雨影响。

1. 肯尼亚地表水分布特征

肯尼亚可分为五大流域（图 2—4）（NEMA，2003），分别是：维多利亚湖，东非大裂谷，亚提河/ 萨巴基河，塔纳河和埃瓦尼伊罗河/东北部流域。排水是受肯尼亚的地形和下伏地质影响。主要河流排水从中央高地放射状进入东非大裂谷，向东到印度洋，向西进入维多利亚湖，而因为北部的埃尔贡火山，在苏丹—埃塞俄比亚边界高地排水主要进入图尔卡纳湖。

(1)维多利亚湖流域（46 229 km^2），包括东非大裂谷以西的地区，降水汇入维多利亚湖。

(2)东非大裂谷流域（130 452 km^2）是一个内流盆地，是一个北部排入图尔卡纳湖，南部排入纳尔隆湖的内排水区域。

(3)亚提河/萨巴基河流域（66 837 km^2），肯尼亚东部的东非大裂谷是该流域南部的部分。排入阿伯德尔山脉的南部斜坡以及亚提河南部的东非大裂谷两翼。

(4)塔纳河流域（126 026 km^2）排入阿伯德尔山脉东部斜坡以及肯尼亚山与内罗毕山脉南部斜坡，最终汇入印度洋。塔纳河是肯尼亚最大的河。

Kenya drainage

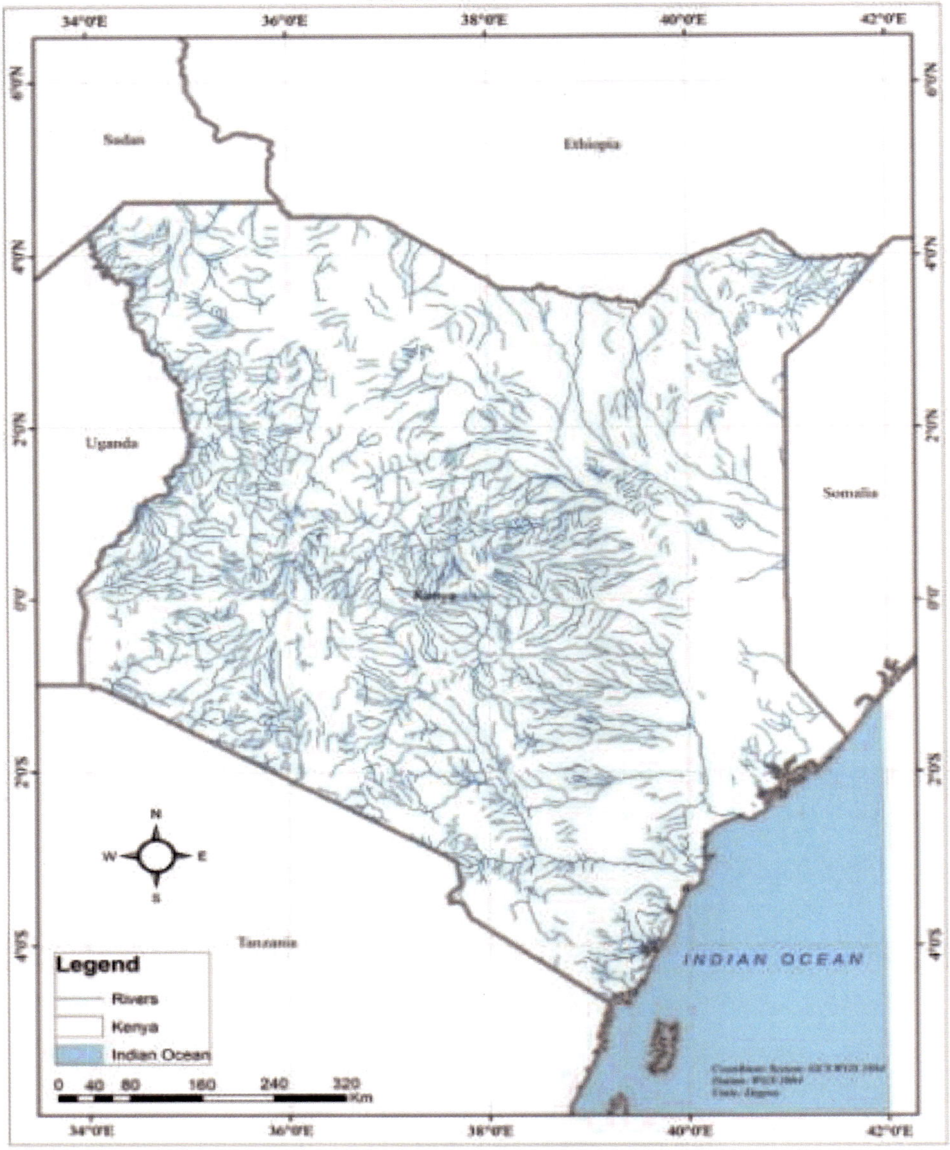

图 2—4　肯尼亚水文条件图

(5)埃瓦尼伊罗河/东北部流域(210 226 km²),包括肯尼亚北部,以及同时排入的阿伯德尔山脉和肯尼亚山东北坡,最终汇入印度洋。

表 2—1 各流域面积占肯尼亚土地总面积的百分比

流 域 名 称	占土地总面积百分比(%)
维多利亚湖流域	8
东非大裂谷流域	22.4
亚提河/萨巴基河流域	11.55
塔纳河流域	21.7
埃瓦尼伊罗河/东北部流域	36.3

2. 地下水分布特征

地下水的埋藏条件和含水介质类型对其水质、水量和时空分布起着决定性的影响。地下水的埋藏条件指的是含水岩层在地质剖面中所处的位置及受隔水层或弱透水层限制的情况。按照埋藏条件划分,地下水可分为上层滞水、潜水和承压水。按照含水介质类型划分,地下水则可分为孔隙水、裂隙水和喀斯特水。见表 2—2。

表 2—2 地下水类型

含水介质类型 / 埋藏条件	孔 隙 水	裂 隙 水	喀斯特水
上层滞水	局部黏性土隔水层上季节性存在的水	裂隙岩层浅部季节性存在的水	裸露喀斯特转化岩层上部喀斯特通道中季节性存在的水
潜水	各类松散沉积物浅部的水,具稳定隔水底板	裸露于地表的各类裂隙岩层中的水	裸露于地表的喀斯特化岩层中的水
承压水	山间盆地及平原松散沉积物深部的水,埋藏于两个隔水层	组成构造盆地、向斜构造或单斜断块的被掩覆的各类裂隙岩层中的水	组成构造盆地、向斜构造或单斜断裂块的被掩覆的喀斯特化岩层中的水

肯尼亚水文地质条件受到大地构造，气候特征，地形地貌等因素的影响形成了明显的区域性特征。在肯尼亚分布着孔隙以及裂隙等不同性质的含水介质，因此肯尼地下水主要是第四系孔隙潜水和基岩裂隙水。

(1)第四系孔隙潜水

第四系孔隙潜水主要贮藏在裂谷两翼山区及西部高原区的河沟、滩地和沟谷地带、地形低洼处、坡麓地带的第四系土层中。第四系孔隙潜水主要受大气降水和河流、湖泊入渗补给，以蒸发、植物蒸腾、人工开采等方式排泄。水位埋深视地区的不同差异较大，一般在山前冲、洪积平原前缘的地下水溢出带及部分河床处地下水位埋深较浅，局部溢出地表形成湿地，而在山前冲、洪积平原的中、后缘及地势高处地下水位埋深较深。

(2)基岩裂隙水

基岩裂隙水：以风化裂隙水和构造裂隙水为主，多分布于断层破碎带、基岩的原生及风化节理裂隙中，由大气降水补给，排泄径流条件一般，受当地气候条件和地层条件控制，水位埋深变化大，普遍较深，水量较小。在空间上各含水体之间基本无水力联系或联系很弱，主要由大气降水及径流补给。

第五节　地 层 岩 性

肯尼亚主要地层以寒武系地层为主，由变质程度不同的岩层组成，并受到不同程度的混合岩化作用和花岗岩化作用，其下部是超镁铁质岩为主的火山岩，年龄约 35.7 亿年，是地球的原始基性地壳，而其上部则是整合了一套几乎未变质的沉积岩火山岩系。火山岩主要是由非洲大陆强烈的岩浆活动形成，主要活动期为前寒武纪和新生代。新生代的火山作用在东非比较集中。肯尼亚峰就是一个被剥蚀的火山锥。东非大裂谷带有大面积火山熔岩覆盖，富钠质，厚度超过 1 000 m。

与工程建设有关的地层岩性主要有以下几类：第四系全新统各种成因形成的黏性土、粉土、和砂类土、砾类土以及人工填土等，还有部分变化较大的松软土、软土等。下伏接触较多的基岩为古近—新近系由火山及岩浆作用形成的凝灰岩、响岩、玄武岩、火山角砾岩、粗面岩等，其次为形成年代较早的前寒武系花岗岩、玄武岩等火成岩及石英岩、花岗片麻岩等变质岩，部分为侏罗系、二叠系、三叠系泥岩、砂岩、页岩等沉积岩。

受地质构造单元的控制，肯尼亚地层分布有沉积岩、变质岩、火成岩三大岩类，有第四系、第三系、侏罗系、三叠系、太古界地层。第四系地层主要有各种成因形成的黏土（黑棉土）、粉质黏土、粉土，细、中砂、砾砂及细圆砾土层、碎石土等；第三系有粉砂、粉质黏土，基岩主要有玄武岩、角砾岩以及响岩，主要分布于高平原区和高原区。侏罗系以页岩为主，分布于蒙巴萨近海丘陵区。三叠系以砂岩、泥质砂岩为主，主要分布于蒙巴萨端侵蚀平原区。太古界以片麻岩为主，局部有石英岩脉侵入体，主要分布在岩熔流区，中低山区以及高平原区。

第三章　肯尼亚黑棉土地区路基工程

第一节　概　　述

东非土的分布受到东非气候分区和降雨量分布等因素的影响具有明显的区域性特征，如图 3—1 所示。东非降雨量分布呈现两端稀少，中部充沛的基

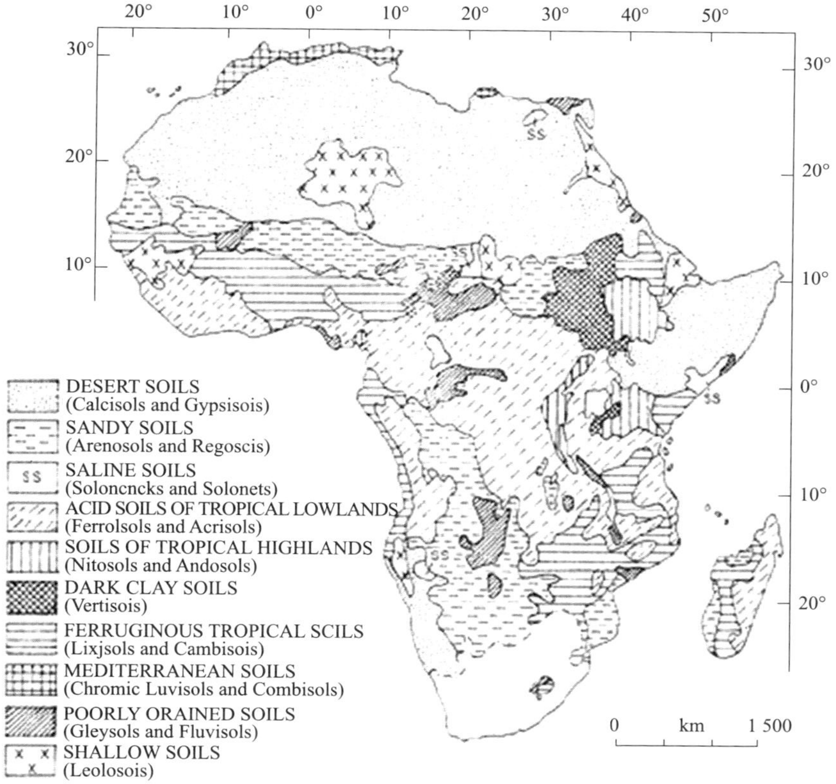

图 3—1　非洲土分布区域

本规律，又因为东非常年高温导致在东非东北部非洲之角地区分布着戈壁砾石和沙漠松砂。

东非北部地区为半干旱和半湿润带，具有干湿季节交替现象且广泛分布着稀树热带草原。距今8000～12000年前，东非北部分布着湖泊、冲积平原和沉积物洼地使得如今撒哈拉南部边界地区分布着具有膨胀性质矿物质蒙脱石。在上述的气候环境特征下，东非北部的苏丹地区和部分肯尼亚地区广泛分布着膨胀土。

东非中部和马达加斯加降雨量相对充沛，且在该范围内海拔超过1 200 m的热带高原和山地地区的温度也随海拔升高而降低，因此该地区植被相对茂盛，脱落的枝叶和有机物进一步形成腐殖质淀积层。在湿润的气候环境特征下，东非中部和马达加斯加主要分布着被氧化而呈现红色的氧化土和老成土。

从东非中部往南部降雨量和有机质含量逐渐减少，导致从中部往南沙性土开始出现。降雨量低于1 200 mm的热带草原地区最先出现沙性热带铁质土，再往南则出现了红沙土和风积土等沙性土。在肯尼亚的黑棉土表观呈黑色，土壤持水力很强，在雨停后还能把雨水保持很久，能为作物的生长提供充足养分，因而该地区大量种植棉花。由于该地区土壤呈现深黑色，人们便把这类黑土称为黑色棉花土。黑棉土英文通用名为BlackCotton Soil(简称BCS)。“黑棉土”一词源于印度德干高原西北部。类似土壤在其他国家也被广泛发现，不同地域因语言及习俗不同，对其称谓有所差异，如澳大利亚的“砂姜黑土(Vertisoil)”、“黑地土(Dark earth)”和“Gilaisoil”、南非的“黑色草生土(Blackturfsoil)”、中非的“Argilenoirestropicals”、“黑暗裂土(Dark cracking soil)”及法国的“Soil depaluls”。

黑棉土在肯尼亚地区分布较多，分布厚度一般为0.5～5 m，局部可达10 m以上。它主要是火山堆积物或火成岩经风化、水蚀、搬运、堆积形成的，有原生黑棉土和次生黑棉土之分。它是一种呈现黑色或灰黑色的具有膨胀性的黏性土，其土颗粒含有大量的强亲水矿物颗粒，具有吸水膨胀、失水收缩的特性，如果膨胀和收缩反复作用，容易导致地表开裂及地基上的构筑物、公路铁路路基等的变形、开裂、破坏等，是不容忽视的特殊土壤。

第二节　黑棉土的成因与分布

一、黑棉土形成原因

东非大裂谷(East African Rift,简称 EAF)湖盆地台,属于寒武纪基底杂岩组成的非洲古陆的一部分,上覆中生代海相沉积层,第三纪时穹窿上升,并发生地壳断裂和熔岩涌出,致使玄武岩覆盖层厚达几百至2 000 m。地质调查显示,黑棉土广泛分布于东部较平缓地台,高度从 1 500 m 降至 800 m 左右,裂谷宽 40～60 km,深 1.0 km 左右,多发现于谷底形成的著名的湖群区,如 Victoria、Naivasha、Nakuru、Bogoria、Natron 及坦桑尼亚的 Manyara 等淡水湖。

谈起黑棉土的成因,必须从东非二元古地质作用及古地理气候说起,必须置于东非大裂谷形成地质条件大环境下考虑。一般认为,EAF 下陷开始于渐新世,主要断裂运动发生在中新世,大幅度错动发生于上新世并延续到第四纪。EAF 分为东、西两个支裂带,其中东支裂谷带是主裂谷,沿 Victoria 湖东侧,向北经坦桑尼亚、肯尼亚中部,穿过埃塞俄比亚高原入红海,再由红海向西北方向延伸抵约旦谷地,全长近 6 000 km,宽约几十至两百 km。西支裂带沿 Victoria 湖西侧由南向北穿过 Tanganyika、Kivu 等一串湖泊,向北逐渐消失,规模较小,全长 1 700 多 km。EAF 带两侧的高原上分布有众多火山,如 Kilimanjaro、Kenya、Nyiragongo 等,谷底则有呈串珠状的湖泊,约 30 多个,如 Albert、Olduvai、Natron 等淡水湖。湖泊沉积层多是岩浆岩残坡积物,强烈变质作用形成湖相泥灰岩及残积膨胀土壤。常见类型是属于玄武岩—粗面岩类的黑色火成岩,其经过大规模风化和侵蚀,一部分经流水搬运到谷地形成河湖沉积;另一部分物质则残留在高原及其附近山地残积。下面将从 EAF 地质构造、沉积及水化学条件等论证黑棉土成因。

1. 地质构造条件

黏土矿床的主要类型为火山岩型、火山-沉积岩型、沉积岩型三大类。综合考虑裂谷区黑棉土矿床成矿的宏观控制条件,倾向于火山-沉积岩型构造。

该构造条件对黑棉土矿成矿控制作用具体表现在以下两个方面。其一,火山-沉积岩型构造既是产生成矿物质堆积的场所(断陷盆地、拗陷盆地),又是矿床(或含矿岩系)形成后被保存(或破坏)的条件。其二,断裂构造不仅控制了断陷盆地的大小,而且对成矿有直接的控制作用。东部非洲最强烈的地壳运动是三个平行的同时期造山带,即:基巴拉带、伊鲁米德带和南莫桑比克带。罗毕谷地古地台位于基巴拉与南莫桑比克带交界处,地质活动异常强烈,伴随岩浆喷发、喷溢,波及整个东非古陆(至印度洋西带),为火山-沉积岩型矿床提供了成矿物质。地质史龄研究表明这一过程跨越寒武世及晚古生代,以喷发基性岩为主。沉积型湖盆则是之后的地质事件。

经文献检索,Ola 及 Carter 等人对西非地区(尼日利亚)黑棉土发育的研究资料提供了借鉴。Ola 等认为西非地区 Chad 湖区沉积岩来源于碱性玄武岩,其出自于不同地质时代,最早的是晚白垩世 Cenomanian 阶,此形成河口-海洋沉积;最晚的第四纪更新世,形成湖相沉积;西非 Chad 湖沉积过程地质史横跨晚白垩世的 Turonian 阶(Bima 砾岩,海湖相沉积)、Senonian 阶(Fika 页岩,海相沉积)、Maastrichtian 阶(Gombe 砂岩,湖相沉积),和一直延续至今的湖泊冲积层(注:Bima、Fika、Gombe 是西非的地名)。续海湖相沉积之后,西非地区进入第三纪后,则以陆相沉积为主,最终形成今天的西非黑棉土沉积层。

根据何胜飞等人有关非洲中、东部基巴拉造山带地质调查结果,东非的沉积岩的原岩与西非接近——火成岩(原岩为火成岩),而现代沉积岩的差别是由后期的沉积条件所导致。Baker 与 Mitchell 在研究肯尼亚 Kedong-Olorgesailie 地区的地层学及地球年代学(注:Kedong-Olorgesailie 区位于内罗毕西南,约 69 km),他们认为 Kedong-Olorgesailie 地区在上新世之前(白垩世 Turonian-Maastrichtian 阶)有数次熔岩覆盖,即包粗面岩-玄武岩的交替喷发过程。较早的是 Limuru(内罗毕西北,距离 38.2 km)及 Bishoftu 粗面岩,地质时间 1.91 Ma,其次是第三纪 Oltepesi(内罗毕西南约 60 km)基性橄榄绿玄武岩喷发,地质时间 1.42～1.65 Ma。肯尼亚东部边界断层形成于 3.3～2.3 Ma,内地堑的形成时间为 1.9～1.65 Ma,之后是断裂层的连续运动(0.8～0.4 Ma)。

2. 沉积条件

黏土矿床形成是一套沉积岩系(含煤岩系、膏盐岩系、杂色岩系、火山-沉积岩系和火山岩系)的发育过程,其岩相有浅海相、滨海相、泻湖相。不同矿床类型其建造、古地理等对黏土矿床的控制作用略有差异。从结晶岩相转变规律来看，火山岩被认为在地质反应中从非晶质过冷却铝、硅质的固态液相朝着脱玻结晶方向演变。处无水环境时，火山玻璃演变成云母类、长石类、方英石、鳞石英等稳定矿物；处有水介质中，特别是碱性环境，经水解脱玻，向沸石、蒙脱石、高岭石、埃洛石类矿物转化。

由于东非大裂谷形成及地壳运动过程中的火山喷发（溢）迅速冷凝的火山玻璃主要是以撕裂状玻屑、塑变玻屑及灰屑的形式存在，这将有利于火山碎屑向蒙脱石的演变。通过对黑棉土矿物学特征研究，裂谷区黑棉土黏土矿床的成矿作用过程应该是沸石类矿物形成在先，蒙脱石在后，具体过程参照Blatter等人提出的简化通式：玻璃＋水＝蒙脱石＋沸石＋二氧化硅＋金属离子，推断依据是Deocampo的古黏土学研究结果。Deocampo等发现该地域古土壤的沸石类矿物含量居多，而现代土所含黏土矿物居多，沸石类矿物较少。基于黑棉土的物相分析，沉积过程的矿物转变应遵循下列关系：透长石→云母→高岭石，对于辉石系列，则是辉石→绿泥石→水绿泥石→蒙脱石→伊利石。以上转化关系中“水化反应”及水环境因素至关重要。

“水化反应”即脱玻反应。沉积岩发育过程中酸性介质有利于高岭石族黏土的形成，而蒙脱石的形成和保存则需要碱性介质环境。火山玻璃的水化反应首先是水合氢离子对其的溶蚀，碱和碱土金属的溶出，使介质 H^+ 活度逐渐降低，体系由弱酸性变为碱性。随着pH值的提高，Si^{4+}、Al^{3+} 等也将从玻璃中获得释放，正负离子要结合，产生硅氧四面体。接着四面体与八面体按一定的几何形态结合，形成晶格，这时水体中的碱、碱土金属离子将进入晶格。六配位铝在pH值>10的环境中部分将改成四次配位而异价类质同象置换了四面体中的硅，产生了负电荷，这正好吸收 Na^+、Ca^{2+} 进入晶格使电荷趋于平衡，同时相应地扩大了四面体体积，形成具有架状结构的高硅沸石类矿物。火山玻璃向高硅沸石的演化，几乎不需要外来离子的介入，其内部原子重新组合而成的高硅沸石是由能量较低的四面体五员环和六员环组成，是一种易晶化的建构过程。因此，火山岩碎屑沉积过程中首先出现沸石物相，这就能够解释Deocampo在罗毕古土壤中发现较多沸石物相，而在现代型土壤中沸石相较少的原因。沸石形成过程中不需要 Fe^{2+}，在氧化条件下很快向 Fe^{3+} 转化，多以水针铁矿渲染在沸石的表面而呈砖红色，但这类矿床多形成于密闭型成矿带，如印度的红土形成机制。

上述推测均得以证明，比如：发现内罗毕南环黑棉土呈碱性，黏土矿物相居多，沸石相仍然存在，因此可以认定罗毕南环黑棉土的成因是碱性条件下的火山灰演化机制。图3—2为内罗毕黑棉土的pH测定结果。

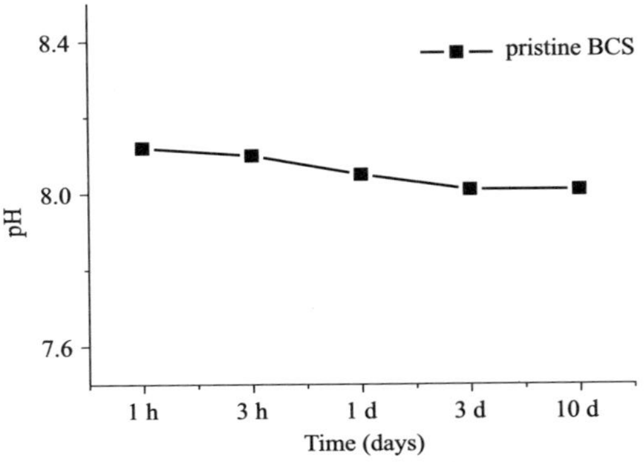

图3—2　内罗毕南环线黑棉土水溶液的pH值随时间变化曲线

当沸石形成以后，若保持原有沸石成矿的物理化学环境，则沸石就稳定下来，但当原有的成矿环境发生变化（主要是水环境），沸石就要向其他铝硅酸盐矿物转化。其条件主要包括介质的pH值、补水和排水条件，以及Mg^{2+}浓度。沸石向蒙脱石转化过程就是H^{+}对高硅沸石的腐蚀，交代出Ca^{2+}、Na^{+}、K^{+}、Mg^{2+}，使沸石的格架解体的过程。随着pH值的升高，当有足够Mg^{2+}存在时，Al^{3+}呈六次配位体产出，这就有利于蒙脱石的生成。

黑棉土中黏土矿成因可以这样来理解：偏酸性水的不断补给以促使成高硅沸石的不断分解，形成无定形的SiO_2、Al_2O_3等，但环境赋予一定的补水和排水条件，如碱性水的排泄或蒸发量较大，密闭水体体系被打破，则使带出的游离的SiO_2溶胶不断地排除，从而造就了蒙脱石不断的生成，进而产生了黑棉土的矿层（体）。东非大裂谷的半开放型地堑为黑棉土的形成提供了绝佳排泄条件，在漫长的地质进化过程中，为黑棉土形成提供充足的中弱酸性介质，又能在蒙脱石生成反应后期将剩余物（如SiO_2胶凝）排泄。

这一结果与黑棉土具有相对宽泛XRD峰的结论一致，并且红外光谱表明在909.96 cm^{-1}附近有一个弱的肩状吸收谱带。认为这与黑棉土中的Al-

O-H 键的振动有关，它是离子置换的一个"敏感峰"，当八面体层中的 Mg^{2+} 含量增加且 Al^{3+} 减少时，该吸收峰减弱或者成为分辨不明显的吸收谱带。图 3—3 给了内罗毕南环线路基黑棉土的 IR 图谱。

另据 Deocampo 等人的研究，Olduvai 湖盆沉积岩源自于富碱卤水的蒸发，他们采用 ^{18}O 同位素测定与八面体 Mg 含量方法得出该地区黏土矿物形成机制是湖相沉积自生机制，类似的湖盆还包括 Chad 湖及法国和西班牙交界的 Neogene 古湖。Stoffers 等在 Manyara 古湖底层中发现方沸石及其他沸石种类，进一步证实了罗毕谷地在全新世出现碱性环境，并发现黏土矿床有属性分带、间层矿物及其他黏土矿物。

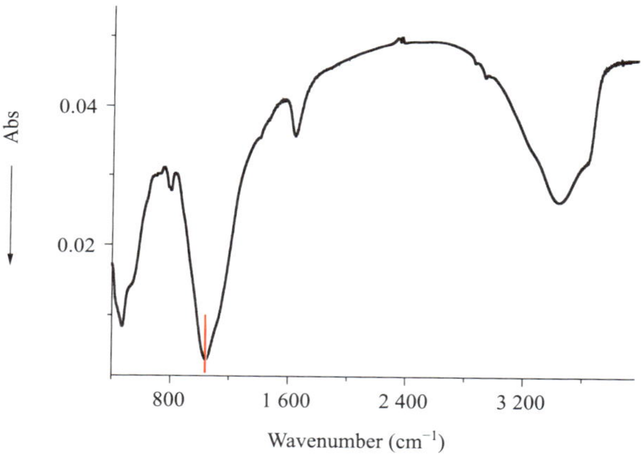

图 3—3　内罗毕南环线路基黑棉土的 IR 图谱

3. 气候及其他因素

气候条件也是影响黏土矿物形成的重要因素。东非地区现代气候是典型的半干旱气候，蒸发量大于降水量，地表附近水体碱金属、碱土金属离子含量较高，从而易使火山碎屑岩转化为黏土矿床。当然，这一过程也受二氧化碳气氛条件影响。如前文化学成分测定结果，无论是肯尼亚还是印度的黑棉土，其现代型黑棉土富含 Al、Ca 的矿物，而贫含碱金属 Na、K 的矿物。由此推断，东非古气候湿润程度与流水作用较现代更加强烈，使得易溶性元素丢失。古气候另一个证据是有关 Trueman 的古生物研究结果，他们发现该地层中发现大量的哺乳动物化石，并伴随有古人类活动痕迹，证明在第四纪的肯尼亚动植物活动频繁，动物的存在似乎给了 CO_2 环境的证据，但事实上，在该地域的浅层土壤里并没有发现大量的碳酸盐沉积物，这就印证了第四纪以来的东非半封闭初碱性水体流失的证据。

另外，考古学研究表明肯尼亚南部的早、中更新世气候比现今更加潮湿。另外，大量的古脊椎动物化石的发现也证实了碱性火山盆地肯尼亚大裂谷的黏土盆地形成于更新世，肯尼亚南部 Olorgesailie 出自于河湖沉积，沉积层包括黑棉土、火山灰、砂砾岩及凝灰岩等。

4. 东非黑棉土暗色来源及其与膨胀性联系

在自然状态下，膨胀土通常显示出白、灰、黄和绿等较浅的颜色，而东非黑棉土呈现出显著的黑色。将东非地区黑棉土和我国的膨胀土用烤箱烘干后铺于白纸上进行色度对比，结果如图 3—4 所示。由图可见，东非地区的黑棉土在干燥状态下仍呈现极深的黑色。

图 3—4　不同膨胀土烘干样的色度特征（上部两种为黑棉土，下部两种为国内对照膨胀土）

通过文献调研可知，土壤黑色的主要来源包括：有机质，氧化锰，磁铁矿（四氧化三铁），含铁蒙脱石等。

首先，依据《化学试剂火焰原子吸收光谱法通则（GB/T 9723—2007）》，用原子吸收光谱仪对东非黑棉土、陕西汉中膨胀土和广西南宁膨胀土的全锰含量分别进行了测定，结果见表 3—1。显然，锰对黑黏土的染色作用微乎其微。

表 3—1　土壤锰含量检测结果

土样编号	土 样 来 源	锰含量(mg/kg)	颜　　色
6	蒙内铁路五标黑棉土	1 152	深黑
7	陕西汉中膨胀土	318	白黄
8	广西南宁膨胀土	1127	灰黄

应用重铬酸钾容量法对各土壤样本的有机质进行了测定。10 个土壤样本的有机质检测结果见表 3—2。结果表明:(1)东非黑棉土整体的有机质含量相对于国内膨胀土而言较高,但是远远低于有机质土 5% 含量的标准;(2)蒙内铁路沿线黑棉土总体呈现出有机质含量越大,颜色越深的趋势;(3)内罗毕黑棉土的有机质含量相对并不高却呈现出很深的黑色,需要进一步探究其的致黑因素;(4)同一地点不同深度的黑棉土有机质含量接近,验证了黑棉土呈现均质体的剖面特征;(5)不同地点的黑棉土膨胀性强弱和有机质含量多少呈正相关关系,表明土壤膨胀性和有机质存在一定的关联性。

表 3—2　土壤有机质检测结果

土样编号	土 样 来 源	有机质含量(%)	颜　　色
1	内罗毕南环线黑棉土	1.65	深黑
2	蒙内铁路五标黑棉土	1.30	褐色
3	蒙内铁路五标黑棉土	1.84	黑色
4	蒙内铁路五标黑棉土	1.48	黑色
5	蒙内铁路五标黑棉土	1.59	黑色
6	蒙内铁路五标黑棉土	2.31	深黑
7	陕西汉中膨胀土	0.263	白、黄
8	广西南宁膨胀土	0.625	灰、黄
9	内罗毕采石场碎石土	0.131	灰色
10	内罗毕红土	0.956	红色

有机质的存在可能是东非黑棉土呈现黑色的重要原因。为了进一步验证有机质对东非黑棉土的浸染效果，用30%的过氧化氢溶液对东非黑棉土进行了处理，去除其中的有机质，并观察其颜色的变化。试验结果见表3—3、图3—5和图3—6。

表3—3 东非黑棉土加入30%过氧化氢溶液后的反应现象

项　　目	内罗毕南环线黑棉土	蒙内铁路黑棉土
样品数量	1.00 g	1.00 g
样品规格	过100目筛粉末	过100目筛粉末
加入20 mL，30%过氧化氢后	反应较为剧烈，少量白色泡沫	反应剧烈，大量白色泡沫
加入50 mL，30%过氧化氢静置1天	悬浊液和土壤颗粒均呈现褐色	悬浊液和土壤颗粒均呈现淡黄色

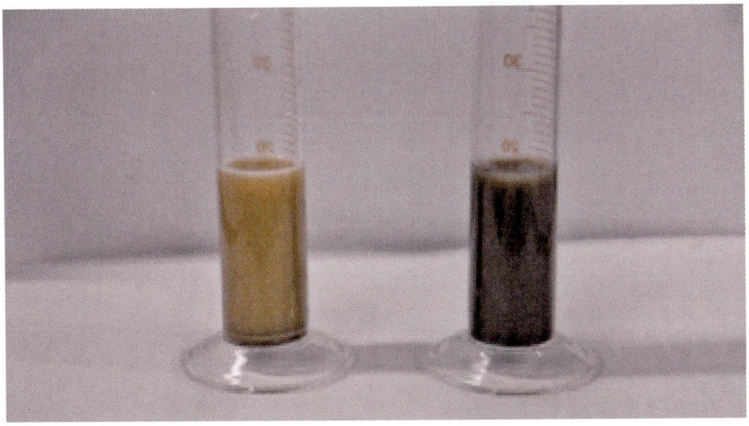

图3—5　内罗毕南环线黑棉土分别加入20 mL，30%过氧化氢溶液(左)和20 mL蒸馏水(右)

从以上图表可以看出：有机质的存在是蒙内铁路黑棉土的最主要的致黑因素之一；但不是内罗毕南环线的主要致黑因素，可能还存在其他物质使内罗毕地区的黑棉土呈现暗色。为了进一步探究内罗毕土样的主要致黑因素，对内罗毕黑棉土进行了全铁含量的检测，结果以氧化物的形式表示并展示于表3—4中。此外，根据相关文献，表中另给出了中国宁明黑色膨胀土，

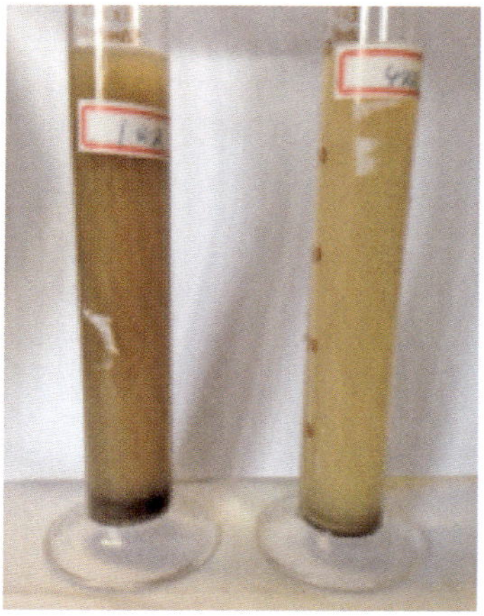

图 3—6　内罗毕南环线(左)和蒙内铁路(右)黑棉土分别加入 50 mL,30%过氧化氢溶液

肯尼亚 Kiserian 土,坦桑尼亚 Ngorongoro 土及印度 Nizamadad 土的全铁含量。

表 3—4　世界各地黑色膨胀土的全铁含量(单位:%)

主要成分	肯尼亚内罗毕土	中国宁明土	肯尼亚 Kiserian 土	坦桑尼亚 Ngorongoro 土	印度 Nizamadad 土
全铁含量	9.44	3.23	12.6	10.4	11.50

不难发现,东非各地黑棉土的全铁含量均高于 9.0%,而宁明膨胀土全铁含量仅为 3.23%,表明内罗毕地区的黑棉土的主要致黑因素是铁的含量较高,这印证了 Singh 有关铁是黑棉土暗色来源的结论。考虑到内罗毕黑棉土在矿物成分检测中并没有发现磁铁矿和针铁矿,表明内罗毕地区黑棉土的主要致黑因素是较高含量的含铁蒙脱石。

综上,对项目依托地区黑棉土的黑色来源得到了如下结论:东非地区黑棉土的致黑因素是含铁蒙脱石和有机质的浸染,不同地区的主要致黑因素并不相同。肯尼亚内罗毕地区的黑棉土主要致黑因素是暗色富铁矿物,即含铁蒙脱石,而有机质致黑效果居次要因素;蒙内铁路五标段黑棉土的主要致黑因素是有机质的严重浸染,暗色富铁矿物致黑效果居次要因素。

B·B·波诺马廖娃和 T·A·帕洛特尼柯娃等(1987)认为高芳构化度的

黑色胡敏酸颜色深暗，能与土壤中丰富的钙离子形成稳定结合并难以被氧化分解和溶解，少量的存在即可将土壤染成黑色。黄瑞采和吴珊眉等(1989)认为，高芳构化腐殖酸提供的大量共轭双键以及与土粒牢固结合的黑腐素是土壤呈暗色的基础，而其与蒙脱石等矿物以不同牢度的结合，形成了对细土部分的浸染效果。李卫东和王庆云等(1996)认为黑土的暗色与土壤黑色胡敏酸的相对富集和高度的芳构化度有关。曲风臣(2006)认为，腐殖酸的颜色和分子中的芳构化程度以及共轭双键数量呈正相关。根据前人的著述，结合东非黑棉土所属变性土纲，对东非黑棉土低有机质深暗色的现象与土壤强膨胀性之间的联系作出如下解释和分析：

(1)东非黑棉土腐殖质所含的胡敏酸和黑腐素拥有较多的共轭双键和苯环结构，这类发色基团呈现出很强的暗色，并对土壤产生了浸染作用。Wiff 发色基团学说认为，染料分子的发色体的不饱和共轭链越长，颜色越深；苯环越多，颜色越深；分子量越高，尤其是共轭双键数目越多，颜色越深。

(2)在水湿和富钙条件下，黑棉土经历了长期的腐殖化过程，易分解组分逐步分解，黑腐酸或胡敏酸与蒙脱石等矿物发生紧密结合，同时与钙离子等金属离子发生如络合等一系列作用形成的难分解组分最终保存了下来。甚至有学者认为，黑腐素就是腐殖酸与矿物质紧密结合的产物。

(3)东非黑棉土的腐殖质与蒙脱石形成稳定的复合物，这类物质在高芳构化度及各种牢度的复合体的保护下，抵抗了成土过程中微生物降解作用，从而残留于土壤中。这一现象致使土壤中的蒙脱石含量有增无减。

5. 开裂过程/自翻转运动

开裂过程/自翻转作用是黑棉土的另一主要成土过程。东非地区有着明显的干湿季气候条件，富含蒙脱石这种强膨胀性矿物的黑棉土必然会发生开裂的过程。在旱季，土体干燥，强烈收缩后即可产生纵、横向裂缝，深度可以超过 1 m，地表面的宽度可达 10 cm。当土壤裂缝的边缘受到降雨、动物活动和人类耕作等影响，上层物质会向下跌落，填充于裂隙内。在雨季，土壤逐渐湿润，产生膨胀，裂缝闭合，土体底层因增加了多余的物质，膨胀后形成挤压使土壤不断向上做翻滚运动。在多年的循环中，表层物质不断落入底层，底层物质又不断进入到表层，便形成了所谓的自翻转运动(又称自幂作用)。

这种土体的自翻转运动赋予黑棉土独特的剖面性状:

(1)剖面均一化,即在裂缝所能达到的最大深度范围内,土体变为了均质体,发生层没有明显差异,颜色、质地和有机质含量无明显区别,有机质与矿物质充分混合形成高度复合体。在有机质测定结果中可以看出不同层位的黑棉土有机质含量非常接近。

(2)具有滑擦面和楔形结构:在自翻转运动中,上下层的土壤在相对移动的过程中造成不同程度的劈理和滑擦面;土体由于膨胀受到倾斜方向产生的剪切力会形成楔形结构。

(3)地表有黏土小洼地,这是由于干湿交替引起两裂缝间土壤隆起,进而出现小起伏的微地形。

(4)在新开挖的土体剖面层中夹有植物残落物,表明顶层物质不断下落到中下层;黑棉土质地匀细,但是表层中存在少量的石块,表明底层的物质被慢慢挤到表层。

二、黑棉土分布特征

黑棉土在肯尼亚与苏丹的覆盖面积最大,占国土资源面积比例最高,几乎分布这两个国家的所有省区。东非黑棉土分布情况见表 3—5 和图 3—7。

表 3—5　东非黑棉土分布

国　别	面积(平方千米)	占有国土面积(%)	地域分布
肯尼亚	400 000	68.7	内罗毕平原(谷地)、东部海岸低地、Victoria 湖区
南苏丹	400 000	64.5	白蓝尼罗河之间区域、南苏丹大部分、赤道省、上尼罗河地域
埃塞俄比亚	100 000	9.1	埃塞俄比亚高原大部分、东非裂谷地堑、维多利亚湖区
坦桑尼亚	有报道(数据未知)	—	坦桑尼亚中部 Olduvai 盆地,Karatu-Dodoma 北南波地、东部靠海地域

现场勘察结果表明，黑棉土在旱季出现地裂缝，在肯尼亚，黑棉土较薄的情况下，裂缝即可长达数米，深 80 cm 以上。在埃塞俄比亚和苏丹等国，黑棉土深达 6 m 以上的情况下，裂缝可长达近百米，深数米。雨季黑棉土表面迅速饱和并膨胀，裂缝也随之消失。在地形地貌上，东非黑棉土一般分布于冲积平原及山前丘陵区。地貌特征如图 3—8 所示。

从表 3—6 可以看出蒙内铁路黑棉土层厚一般为 0.5～3.5 m，局部地段大于 5 m。现场调研过程中蒙内铁路南站黑棉土厚度实测为 3.5 m，其下一层为浅黄色粒料土，也具有膨胀性。

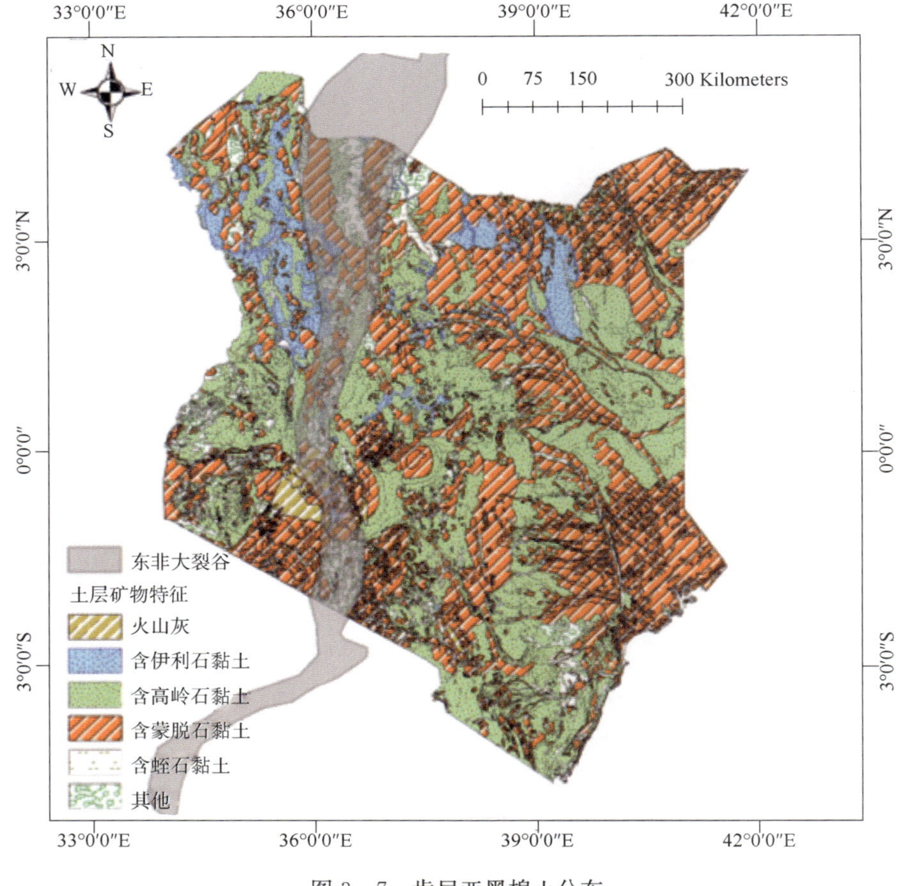

图 3—7　肯尼亚黑棉土分布

图 3—8　东非地貌特征

表 3—6　蒙内铁路黑棉土分布范围表

土体定名	里程范围	试坑编号	膨胀土厚度
黑棉土	CK4＋900～CK5＋200	TK658	一般层厚为 0.5～3.5 m，局部地段大于 5 m
黑棉土	CK12＋200～CK16＋700	TK638～TK641	
黑棉土	CK31＋200～CK31＋700	—	
黑棉土	CK40＋500～CK45＋500	TK579～TK583	
黑棉土	CK42＋800～CK43＋300	—	
黑棉土	CK96＋700～CK97＋200	—	

续上表

土体定名	里 程 范 围	试 坑 编 号	膨胀土厚度
黑棉土	CK127＋800～CK128＋300	—	一般层厚为 0.5～3.5 m，局部地段大于 5 m
黑棉土	CK305＋300～CK326＋400	TK295～TK302	
黑棉土	CK330＋500～CK346＋800	TK270～TK274	
黑棉土	CK352＋100～CK380＋600	TK186～TK230	
黑棉土	CK385＋500～CK405＋200	TK140～TK161	
黑棉土	CK408＋600～CK471＋045	TK1～TK119	
合计 159.845 km			

第三节　黑棉土的物理力学特性

一、黑棉土的一般性质

1. 野外地质特征

(1)灰黑色、深褐色，分布于大规模火山喷发形成的玄武岩、凝灰岩地区，成因主要为坡残积和坡洪积；

(2)裂隙发育，常有光滑面；

(3)出露于山(丘)间盆地或盆地边缘，地形平缓，一般厚度 0～6 m，局部大于 8 m，在自然状态下呈坚硬或硬塑状态；

(4)地表见有地裂，人工陡坎处常见土体呈碎裂状及剥落。

蒙内铁路沿线膨胀土比较典型的三个工点 DK350＋800、DK355＋700、DK429＋350，其膨胀土层厚 2 m 左右，膨胀土土样取土深度在 1.15～1.35 m，天然密度一般在 1.49～1.65 g/cm^3，天然含水率在 15%～35%，干密度一般在 1.14～1.3 g/cm^3，孔隙比 1.1～1.18，液限 60.1%～89.0%，蒙内铁路典型膨胀土土样如图 3—9 所示。

其宏观特征如下：

(1)DK350＋800 黑色，天然状态下粒径大小不一，粒径跨度较大，小直径土颗粒形成团聚体，节理裂隙发育，风化碎屑较多。粗颗粒表面粗糙，坚硬，硬

图 3—9 膨胀土土样

塑,手不易捏碎,干强度高。湿度较大(稍湿)。有少许小粒径(2 mm)石膏夹杂物(沿线部分地区有小型石膏矿分布)。

(2)DK355+700 灰褐色,天然状态下粒径稍大,呈块状,手摸有滑腻感,风化碎屑较少。粗颗粒表面较光滑,棱角分明,较坚硬,硬塑,手捏不碎,干强度较高。含水率小,湿度相对较小,夹杂物极少。

(3)DK429+350 灰黑色,天然状态下粒径较小,风化碎屑多,土样中网状裂隙发育,可见有铁质淋滤。颗粒表面粗糙,较坚硬,硬塑,手可捏碎(比较困难),干强度较高。含水率小,湿度小,含有少许植物根系夹杂物。

2. 物理试验分析

(1)自由膨胀率分析(图 3—10)

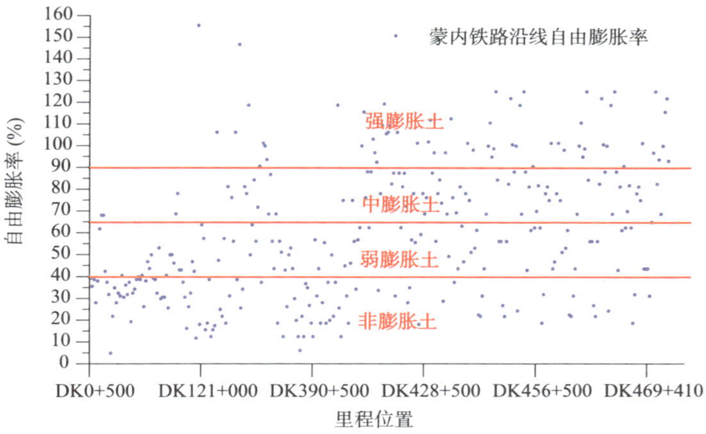

图 3—10 沿线自由膨胀率汇总

蒙内铁路强膨胀土自由膨胀率最大达147%。蒙内铁路强膨胀土自由膨胀率比国内大。

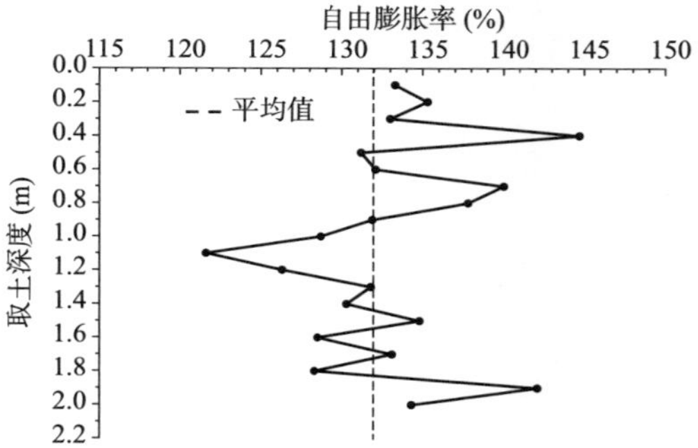

(a) DK350+800

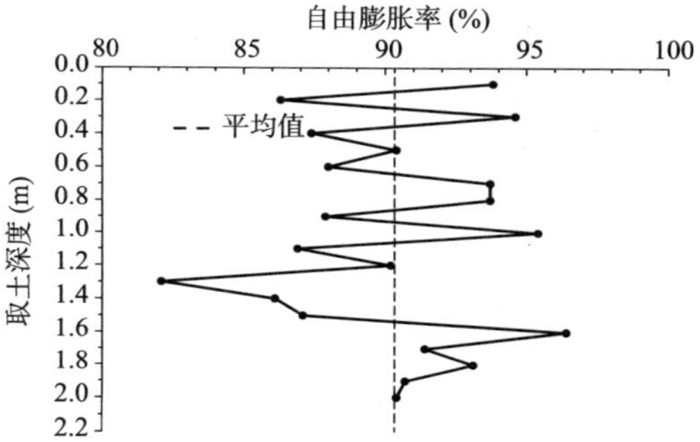

(b) DK355+700

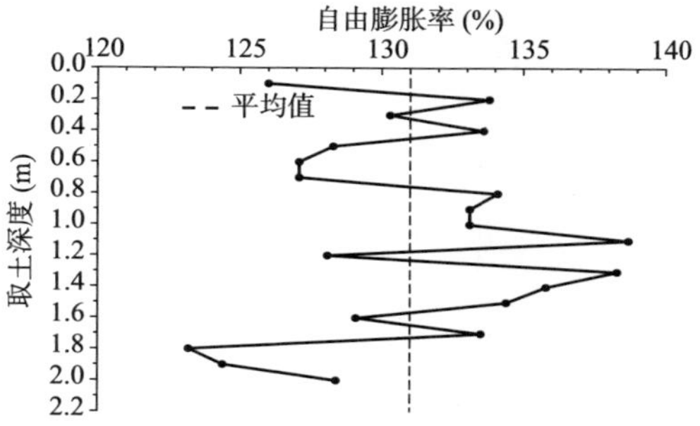

(c) DK429+350

图3—11 自由膨胀率与深度关系

图 3—11 为不同深度下自由膨胀率分布，蒙内铁路沿线三个工点的膨胀土自由膨胀率大小与取土深度无相关关系，不同深度自由膨胀率呈离散型分布，总体上膨胀性较大。

(2)颗粒级配分析(表 3—7 和图 3—12)

表 3—7　膨胀土粒组成分

粒径范围(mm)	2～10	1～2	0.5～1	0.1～0.5	0.075～0.1	0.005～0.075	0.002～0.005	<0.002
DK350＋800	2	4	3	10	8	21	9	43
DK355＋700	1	1	2	12	9	28	11	36
DK429＋350	0	2	3	9	8	25	13	40

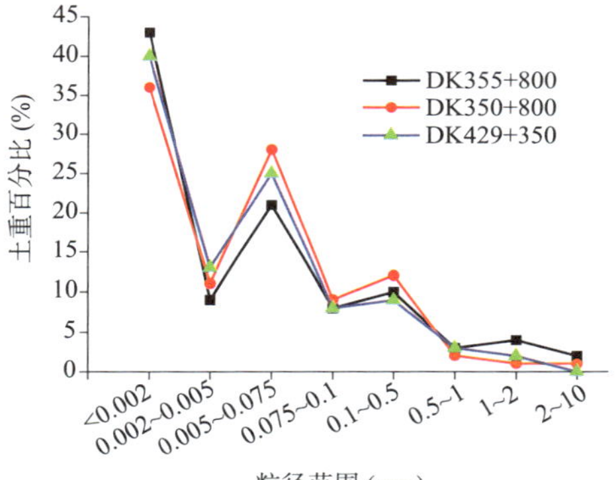

(a) 粒组含量

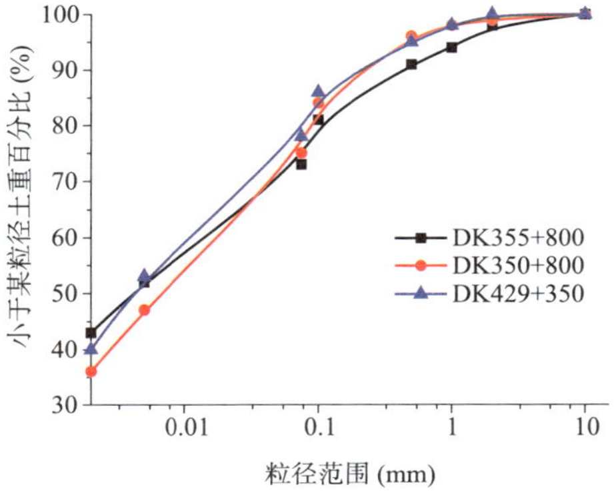

(b) 颗粒级配

图 3—12　膨胀土粒组成分

三个工点的膨胀土颗粒级配分析表明:膨胀土最大粒径不超过 10 mm,粒径小于 0.002 mm 的黏粒成分含量在 36%以上,最高达到 43%。小于 0.002 mm 的黏粒含量高是膨胀土的通性,也是膨胀土的重要特征,同时也是膨胀土遇水膨胀、失水收缩的重要因素之一。

(3)颗粒密度分析

膨胀土颗粒比重范围在 2.51~2.61 之间,与我国膨胀土颗粒密度相比整体偏小。这是由其成因决定的,国内膨胀土多为残积成因膨胀土,河流冲积成因膨胀土,湖积成因膨胀土,洪积成因膨胀土,而肯尼亚地区膨胀土主要是火山堆积物或火成岩经风化、水蚀、搬运、堆积形成的。见表 3—8。

表 3—8　比重试验结果

取样地点	肯尼亚			中国			
	Tsavo	Kima	Nairobi	宁明	贵县	郧县	平顶山
比重	2.52~2.56	2.57~2.61	2.51~2.54	2.68~2.74	2.70~2.8	2.74~2.76	2.74

(4)矿物成分及化学成分分析

由膨胀土 X-衍射结果分析可知,蒙内膨胀土具有膨胀性的黏土矿物成分有蒙脱石、高岭石、绿泥石,具有膨胀性黏土矿物成分含量分别为 48%、48.9%、50.1%,蒙内膨胀土黏土矿物主要由蒙脱石组成,三个工点蒙脱石含量均超过 17%,阳离子交换量超过了 360 mmol/kg,依据《铁路工程地质勘察规程》蒙脱石含量和阳离子交换量划分标准,该膨胀土为强膨胀土。见表 3—9~表 3—11 和图 3—13。

表 3—9　蒙脱石含量、阳离子交换量膨胀潜势划分

蒙脱石含量 M(%)	阳离子交换量 CEC(mmol/kg)	膨胀潜势
$7 \leqslant M < 17$	$170 \leqslant CEC < 260$	弱
$17 \leqslant M < 27$	$260 \leqslant CEC < 360$	中
$M \geqslant 27$	$CEC \geqslant 360$	强

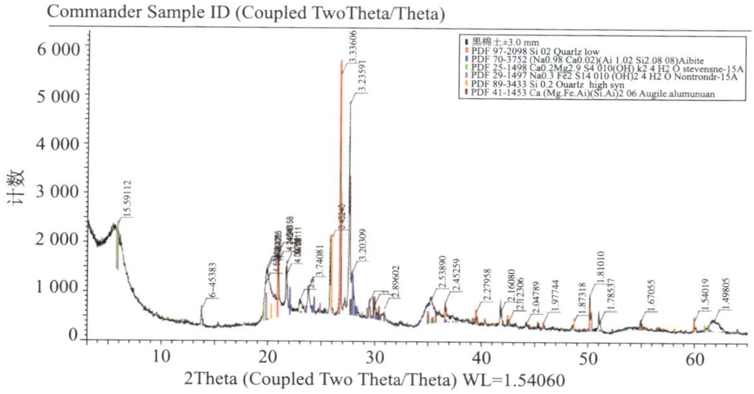

(a) DK350+800XRD衍射图

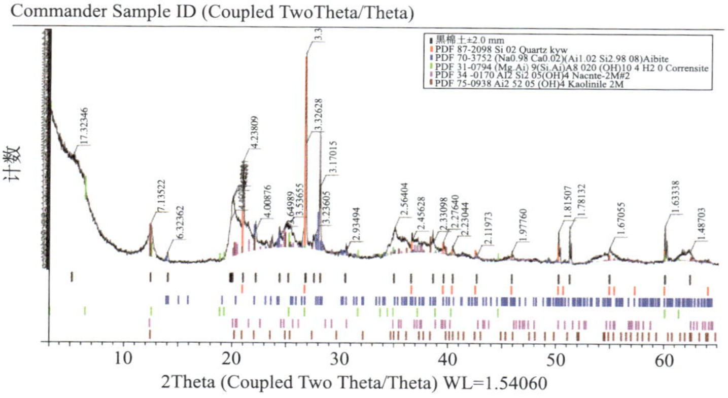

(b) DK355+700XRD衍射图

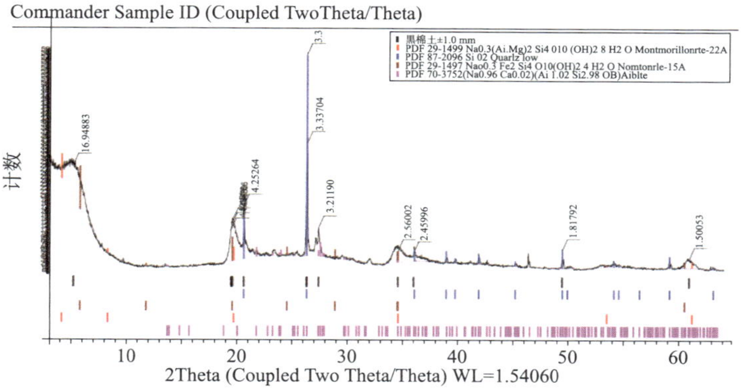

(c) DK429+350XRD衍射图

图 3—13　XRD 衍射图

表 3—10　膨胀土矿物成分分析(%)

工点名称	石　英	蒙脱石	绿泥石	高岭石	钠长石	其　他	阳离子交换量 CEC(mmol/kg)
DK350+800	35.1	39.4	—	8.6	11.5	5.4	590.7
DK355+700	32.0	26.1	11.2	11.6	15.6	3.5	597.3
DK429+350	43.7	37.7	4.6	7.8	—	6.2	512.7

表 3—11　膨胀土化学成分全分析(%)

工点名称	化学成分									
	SiO_2	Al_2O_3	Fe_2O_3	CaO	MgO	K_2O	Na_2O	Cl^-	其他	SiO_2/Al_2O_3
DK350+800	49.69	15.39	7.91	1.37	2.03	0.67	15.93	19.07	0.27	3.23
DK355+700	48.14	17.42	17.63	1.89	2.02	3.06	12.21	14.71	0.34	2.76
DK429+350	48.26	16.48	10.29	1.05	2.08	2.94	15.23	18.19	0.23	2.93

蒙内膨胀土的化学成分主要以 SiO_2、Al_2O_3、Fe_2O_3 为主，三种氧化物含量之和占总成分的 70%以上。氧化钠含量在 10%以上，远远高于氧化钙和氧化钾含量。SiO_2 和 Al_2O_3 比率平均值为 2.97，低于国内膨胀土。

(5)界限含水率(图 3—14)

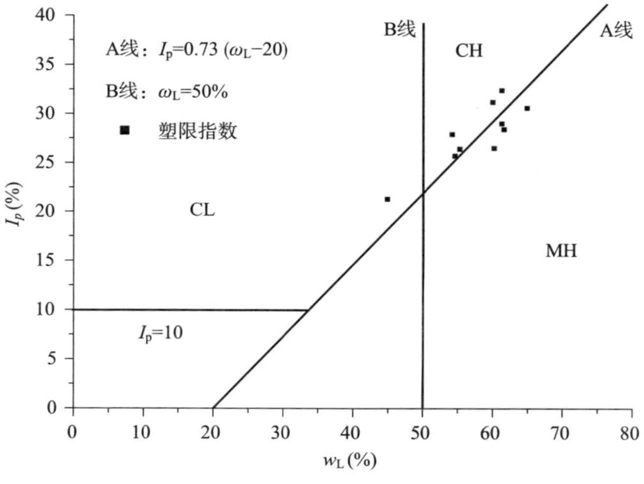

图 3—14　17 mm 液限标准细粒土塑性图

蒙内膨胀土液限在 50%以上，属于高液限粉质黏土。

对于蒙内铁路膨胀土，根据其矿物成分分析结果可知，膨胀土中亲水性黏土矿物含量非常高，特别是蒙脱石含量较多，膨胀土中的亲水性黏土矿物含有较多的细小黏粒成分，表现出高液限、低塑限的特点，塑性指数大，膨胀性强。

二、黑棉土的力学特征

膨胀性岩土主要是由强亲水性黏土矿物组成，是具有膨胀结构、多裂隙性、强涨缩性、超固结性和强度衰减性的高塑性黏土。膨胀性岩土在天然状态下常处于非饱和状态，对气候和水文因素有较强的敏感性，这种敏感性对工程建筑物会产生严重的危害。

膨胀土是浸水后体积剧烈膨胀，失水后体积显著收缩的黏性土。由于土中含有较多的蒙脱石、伊利石等黏土矿物，故亲水性很强。当天然含水率较高时，浸水后的膨胀量与膨胀力均较小，而失水后的收缩量与收缩力则很大；天然孔隙比愈大时，膨胀量与膨胀力愈小，收缩量与收缩力则大些。这类土对建筑物会造成严重危害，但在天然状态下强度一般较高，压缩性低，易被误认为是较好的地基土。

黑棉土作为地基时，在一个周期年会产生很大的体积变形。这种变形会导致区域内的道路和铁道路基、机场跑道和渠道边坡等受到破坏；黑棉土作为路基时，由于湿度变化会产生各种公路灾害，如路基波浪式沉陷变形、路肩开裂和路面裂缝等，这些灾害往往具有多发性和反复性，严重影响行车舒适性和使用寿命。对东非黑棉土地区的道路和铁路建设工程项目进行调研后发现，很多工程项目在运营初期就出现了各类病害。在建设埃塞俄比亚 AA 高速公路的过程中，黑棉土的地基变形导致路面基层出现近30 处不连续的纵向裂缝，见图 3—15。

在调研 AA 高速的同时，调研了附近一条在建铁路项目，其黑棉土路基也出现了明显的病害，现场如图 3—16 所示。

该项目路基上部 1.5 m 左右是非黑棉土的较好填料，下部为黑棉土，两种土质之间加入了一层防水土工布。调研时间为当地旱季，可明显看到路基下部的黑棉土填筑部分在坡面上产生了明显的网裂，部分路基坡面土甚至因为内部膨胀而被挤压突出。此外，肯尼亚某城市道路部分路段出现不均匀沉陷近 5 处，造成路基下沉数十厘米。这些路基病害及由其引发的路面病害不仅严重地影响了公路的正常运营，而且修复工程还很困难。

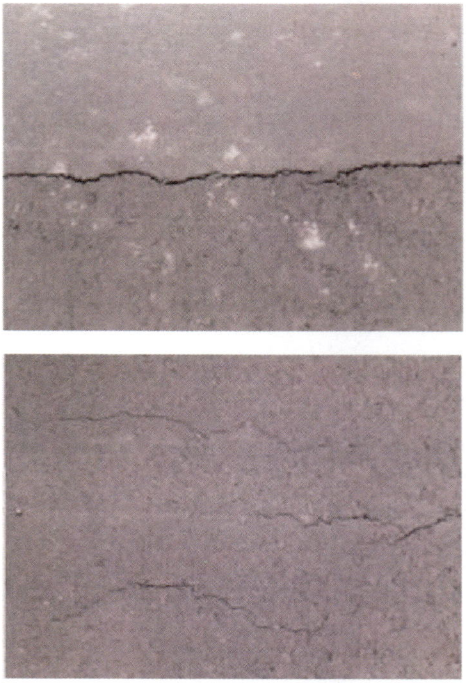

图 3—15　路基裂缝

图 3—16　黑棉土铁路路基病害

图 3—16 黑棉土铁路路基病害(续)

1. 力学试验分析：

(1)击实试验

天然干密度随天然含水率的增大呈现先增大再减小的趋势，天然含水率在20％～25％范围内时，对应的干密度整体上较大。见图3—17、图3—18和表3—12。

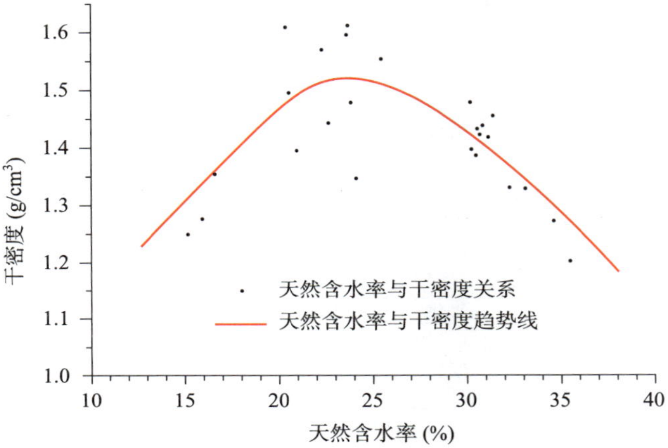

图3—17　天然含水率与干密度

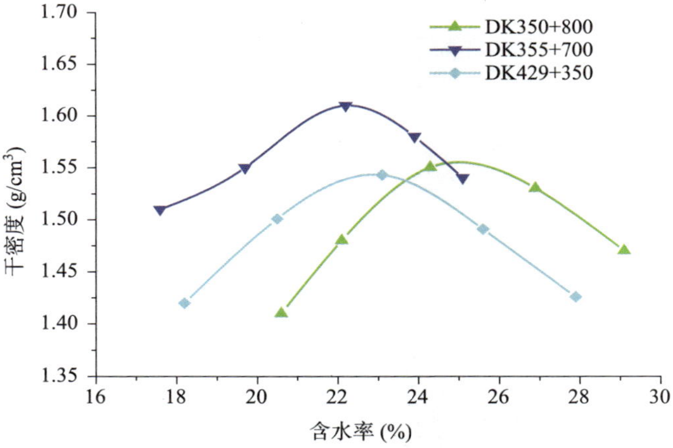

图3—18　击实结果

表 3—12　试样最大干密度和最优含水率

里　　程	DK350+800	DK355+700	DK429 +350	平均值
最优含水率(%)	24.8	22.3	21.9	23.0
最大干密度(g/cm^3)	1.56	1.61	1.54	1.57

平均最优含水率为 23.0%，平均最大干密度 1.57 g/cm^3。击实试验得到的平均最大干密度和最优含水率与 DK350～DK480 段统计得到的最大干密度下对应的天然含水率结果相近。

(2)无荷膨胀率(表 3—13 和图 3—19)

表 3—13　无荷膨胀率(%)

里　　程	DK350+800	DK355+700	DK429 +350	平 均 值
无荷膨胀率	21.1	12.5	20.1	17.9

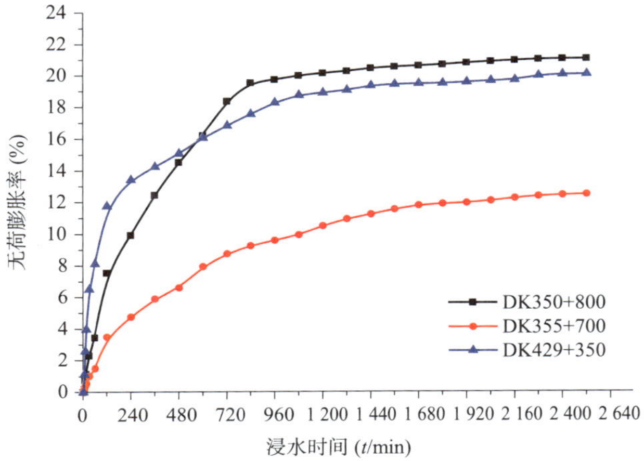

图 3—19　无荷膨胀率与浸水时间关系

膨胀土无荷膨胀经历三个过程，前期为非线性快速膨胀，持续时间两个小时，中期为线性膨胀，持续时间六个小时，后期趋于稳定值。总体增长趋势为凸曲线至斜直线，最后渐变为平直线。未改良的膨胀土后期膨胀趋于稳定的阶段持续时间非常长，但膨胀量占比非常小。

(3)有荷膨胀率与膨胀力(表 3—14 和图 3—20)

表 3—14 有荷膨胀率

上覆压力/kPa	有荷膨胀率/%		
	DK350＋800	DK355＋700	DK429＋350
0	21.1	12.5	20.1
50	7.5	3.5	5.2
100	3.4	1.9	2.0
150	2.1	1.3	1.0
300	−0.4	−1.4	−0.6

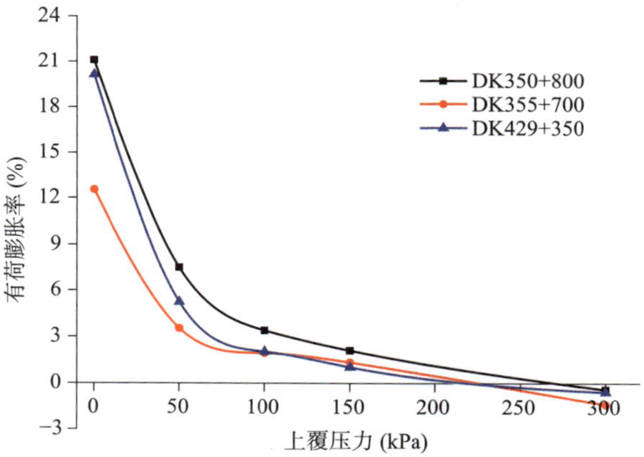

图 3—20 膨胀土有荷膨胀力

上覆压力从 0 kPa 增大至 100 kPa 时，膨胀率随着上覆压力的增大呈反比例函数的关系快速减小，上覆压力对膨胀土膨胀抑制作用明显。上覆压力大于 100 kPa 时，膨胀率随着上覆压力的增大呈线性关系缓慢减小。膨胀率为 0 时对应的上覆压力即为该膨胀土的膨胀力。

(4)压缩性和黏聚力

由图 3—21 可以看出，原状膨胀土压缩性较高，属于中—高压缩性土，压缩系数在 0.29 MPa^{-1}以上，最大达到 0.61 MPa^{-1}。对原状土压缩试验结果统计分析表明，随着含水率的增加，其压缩性呈先下降后升高的趋势，含水率在 25%左右时，其压缩性最小。膨胀土的胀缩变形是其土体体积的变化，而引起膨胀土胀缩变形的内部原因是膨胀土内含有亲水性矿物成分，亲水性矿物吸水膨胀，引起土体体积增大。

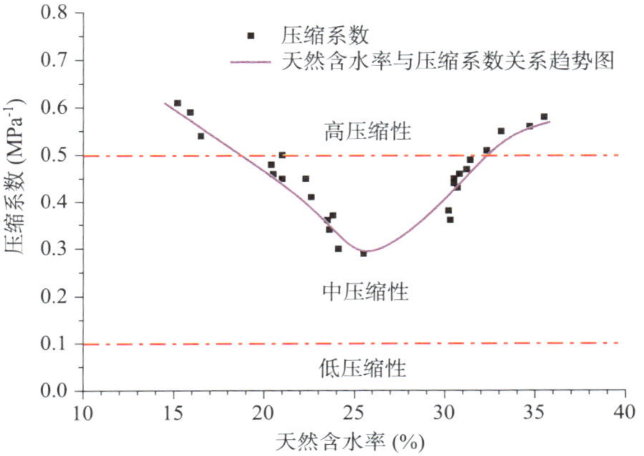

图 3—21　天然含水率与压缩系数

当含水率慢慢增加，其亲水性矿物膨胀变形逐渐增加，膨胀土内部孔隙体积随之减小，孔隙比逐渐变小，土体压缩性随之减小。随着含水量的增大，孔隙水体积逐渐增大，孔隙体积随之增大，孔隙比逐渐增大，土体压缩性随之增大。

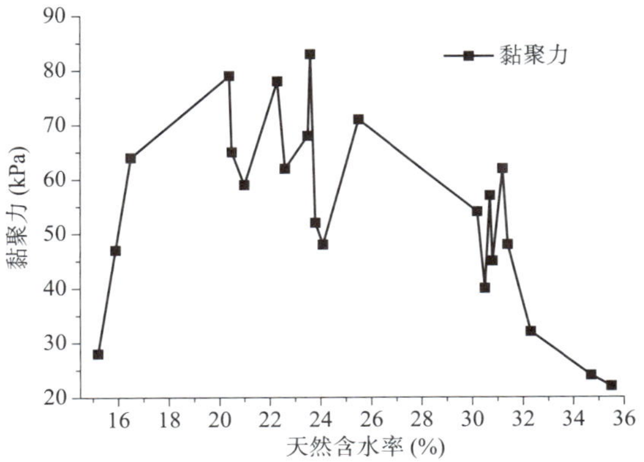

图 3—22　天然含水率与黏聚力关系

DK350～DK480 段原状膨胀土黏聚力变化范围在 20～80 kPa，黏聚力变化范围大，由于蒙内铁路膨胀土亲水性黏土矿物成分含量高，原状膨胀土的天然含水率变化范围大。由图 3—22 天然含水率与黏聚力关系图可以看出，黏聚力变化趋势和天然干密度变化趋势相同，都是随着含水率的增加呈现先增大后减小的趋势，含水率和黏土矿物含量对膨胀土的黏聚力有直接影响。

随着干密度增加，膨胀土黏聚力呈线性增加，天然干密度大，对应的土体密实度变大，土体抗剪强度提高。干密度对膨胀土内摩擦角没有影响，膨胀土内摩擦角始终在 15°左右。见图 3—23。

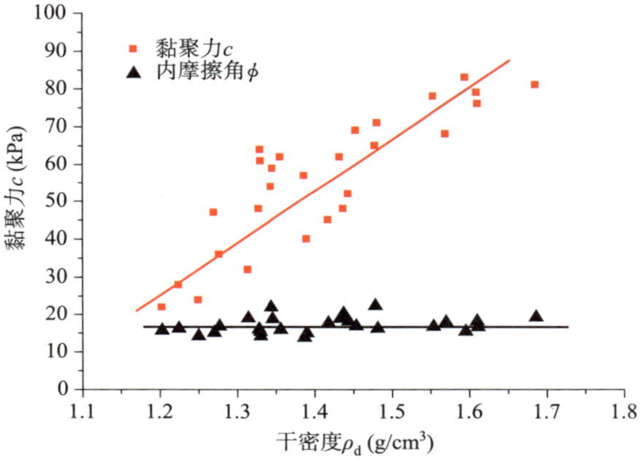

图 3—23　土体干密度与黏聚力、内摩擦角关系

与我国膨胀土相比，肯尼亚膨胀土（黑棉土）自由膨胀率大，颗粒密度小，液限、塑性指数高，膨胀性黏土矿物含量高。总体上肯尼亚膨胀土（黑棉土）具有较低的天然密度，较高的天然孔隙比。当地强烈干湿循环导致膨胀性的危害更大。

第四节　黑棉土路基填筑技术

一、黑棉土地基常用处理方法

1. 蒙内铁路内罗毕南站场站区

蒙内铁路内罗毕南站场站区是蒙内铁路终点站内用于铁路机车与车辆的

停靠、检修和调度等任务的功能区。该工地黑棉土厚度约 1.4～1.5 m，地基处治采用部分换填(换填 1 m)的方法处理。蒙内铁路内罗毕南站换填深度如图 3—24 所示。

施工区域内有周围居民建筑用取土坑，原有深度约 3.5 m，坑底为浅黄色粒料土，采用回填方式处理，如图 3—25 所示。回填采用的石料在工程附近区域所取，分布广泛。

图 3—24　蒙内铁路内罗毕南站换填深度

图 3—25　内罗毕南站旧有取土坑采用石料回填

2. 内罗毕南环线公路

内罗毕南环线局部区段有黑棉土分布，位于内罗毕国家公园边缘，该处黑棉土厚度约 1.5 m，下卧土层性质较好，见图 3—26。

图 3—26　内罗毕南环线零公里取土点黑棉土及下卧层性状

内罗毕南环线周边优质填料分布丰富，具备换填的良好基础条件，该工程对黑棉土采用了全部换填处理，成本相对较低，如图 3—27 所示。

二、黑棉土地区大气影响深度和大气影响急剧层深度的确定

大气影响深度及大气急剧影响深度的确定是合理处理黑棉土地基的胀缩性的先决条件，大气影响深度及大气影响急剧层深度用各气候区土的深层变形观测或含水量观测及地温观测资料可以确定。据向肯尼亚、埃塞当地路面

及材料工程师了解及查阅当地相关规范，两个国家均无大气影响深度及大气影响急剧层深度资料；向相关国家气象局咨询，无蒸发率资料，对收集的降雨量、蒸发量资料进行分析和计算，也无法求得大气影响深度及大气影响急剧层深度。为此，利用当地在建、已建铁路和公路勘察资料，对土体含水量随深度变化情况进行分析，计算土的湿度系数及大气影响深度、大气影响急剧层深度。

图3—27 内罗毕南环线黑棉土路基换填处理

1. 利用铁路勘察资料

根据埃塞俄比亚—吉布提铁路 Sebeta-Modjo 段旱季铁路钻探取样及试验资料，沿线黑棉土天然含水量与深度的变化关系图 3—28 所示。

根据铁路地质勘察规范要求，一般取样深度从地表下 1 m 开始，间距 1 m，基本能涵盖膨胀土深度范围。图 3—28 中含水量为加权平均值，1～4 m

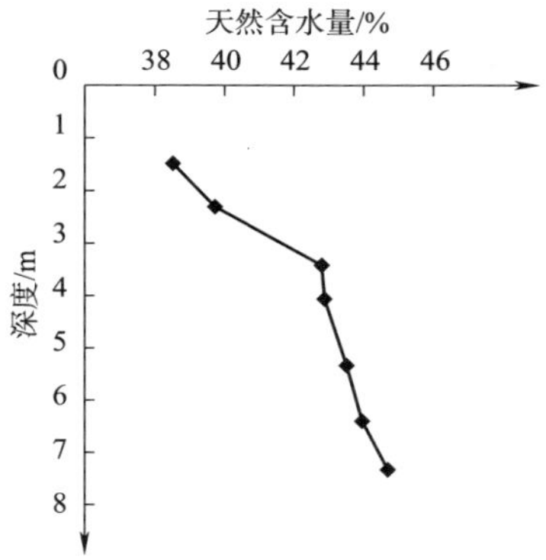

图 3—28 天然含水量随深度变化图

范围内土体含水量变化最大，4 m 以下土体含水量较大，但其变化幅度较小，其曲线斜率变化拐点在 3～4 m 范围，最大变化点在地表下 3.5 m 深度附近，可认为是大气影响深度范围。

2. 利用公路勘察资料

以土的湿度系数，通过查表可得出大气影响深度，其湿度系数定义为在自然气候影响下，地表下 1 m 处土层含水量可能达到的最小值与其塑限值之比。为此，从某公路大量土工试验数据中，对地表下 1 m 处土层天然含水量和其塑限进行统计（表 3—15），其天然含水量平均值为 33.88%，塑限平均值为 42.09%，由于勘察取样时间为 2～5 月，位于旱季末端，且是埃塞俄比亚气温最热季节，蒸发量大于降雨量，故可将其统计天然含水量平均值作为一年中可能达到的最小值，得出土的湿度系数为 33.88%/42.09%＝0.80，按《铁路工程地质手册》表 4—9—9 查得大气影响深度为 3.5 m。

表 3—15 旱季地表下 1 m 处黑棉土物理指标汇总统计表

取样里程	偏距/m	取样深度/m	液限/%	塑限/%	天然含水量 ω/%	自由膨胀率 F_S/%
K5+680	右 25	0.9	73	31	28	
K2+931	左 10	1.05	92	44	46	160
K38+700	右 15	1	65	38	20	80

续上表

取样里程	偏距/m	取样深度/m	液限/%	塑限/%	天然含水量 ω/%	自由膨胀率 F_S/%
K4+500	左 20	1	99	41	40	185
K16+520	右 20	1	88	42	31.6	129
K17+000	右 20	1	93	42	32.5	143
K17+000	左 20	1	82	37	32.9	121
K25+160	右 20	0.9	60	31	30.8	100
K32+900	右 20	1.1	87	42	47.2	200
K57+900	右 20	0.9	67	31	32.6	140
K57+900	左 20	1	77	41	30.5	160
统计分析结果	平均值	1	80.27	42.09	33.88	141.8

从表 3—15 中可见，利用旱季铁路勘察取得的天然含水量随深度变化的资料及同一区域公路勘察取得的地表下 1 m 处土层天然含水量和塑限的资料进行分析计算，均得出本地区大气影响深度为 3.5 m，则大气影响急剧层深度为 1.6 m(大气影响深度乘以 0.45)

综上所述，东部非洲地区黑棉土大气影响深度约为 3.5 m，大气急剧影响深度约为 1.6 m。

三、黑棉土地基胀缩性的评价标准

黑棉土膨胀性一般为中—强，自由膨胀率 F_S达 60%～165%，与国内强膨胀土相比，东部非洲地区黑棉土形成于该国大范围火山喷发的玄武岩、凝灰岩地区，气候仅有旱季和雨季，具有天然密度、干密度小、天然孔隙比大、含有机质(灼烧失量)等特征。膨胀性物质基础基本相同，表现在液限、塑性指数大，自由膨胀率、蒙脱石含量、阳离子交换量高。国内膨胀土具有胀缩性、裂隙性和超固结性，其中胀缩性、裂隙性与东非黑棉土具有相同特征，而超固结性则表现不尽相同，总体上东非黑棉土具有较低的天然密度，较高的天然孔隙比。

黑棉土相对于国内的膨胀土而言，种类较单一，对于其膨胀性，可以分为强、中、弱膨胀土三类，分别对强、中、弱膨胀性黑棉土取样试验结合《公路路基设计规范》(JTG D30—2015)中相关公式，计算出非洲黑棉土地基变形量 ρ 的值。

相较于国内膨胀土地基分类指标，非洲黑棉土地基变形量 ρ 值普遍要偏大，对于Ⅰ类膨胀土地基，其 ρ 值甚至超过 250 mm，因此国内膨胀土相关规范中列举的地基处理措施已经不太适用。因此，需要参照国内膨胀土相关规范中膨胀土地基分类表相关标准对非洲黑棉土地基重新进行分类，见表 3—16。

表 3—16　东非黑棉土地基分类表

黑棉土地基分类等级	黑棉土地基变形量 (mm)
Ⅰ	$\rho \geqslant 250$
Ⅱ	$200 \leqslant \rho < 250$
Ⅲ	$100 \leqslant \rho < 200$
Ⅳ	$40 \leqslant \rho < 100$
Ⅴ	$15 \leqslant \rho < 40$

注：$\rho < 15$ 可不考虑膨胀土地基胀缩变形的影响。

给出相关工程算例见表 3—17。

表 3—17　东非某地天然状态下黑棉土的物理力学特性

统计分析结果	天然状态下土的物理性质指标									灼烧失量 Q(%)	自由膨胀率 (%)
	天然密度 ρ (g/cm^3)	天然含水量 ω(%)	天然孔隙比 e	饱和度 S_r(%)	液限 (%)	塑限 (%)	塑性指数 I_P	液性指数 I_L	干密度 (g/cm)		
样本数	67	145	67	67	145	145	145	91	67	29	42
极小值	1.33	17.4	0.77	51.3	29.8	17.5	12.3	0.2	0.95	5.8	47
极大值	1.94	53.9	1.91	99.2	72.3	38.5	41.8	0.6	1.55	12.1	123
平均值	1.63	35.68	1.32	79.43	51.29	24.79	26.5	0.36	1.19	8.65	98.4

选取其中具有典型代表特性的黑棉土样本进行固结试验，分别选取一组强、中、弱膨胀性黑棉土如下：

(1)强膨胀性黑棉土

通过对黑棉土的固结试验得到其初始孔隙比 $e=0.94$，膨胀指数 $C_s=0.14$，膨胀压力为 300 kPa，假定土的最终孔隙水压力为零且不考虑超载的影响，则最后有效压力为 29.4 kPa。最后假定膨胀土层是均匀的，按一层土来考虑，则场区黑棉土地基总变形计算如下：

$$\begin{aligned}\rho &= \sum_{i=1}^{n}\Delta \\ &= \frac{0.14\times 3.6}{1+0.94}\times \lg\frac{29.4}{300} \\ &= 257\ \text{mm}\end{aligned} \tag{3—1}$$

(2)中膨胀性黑棉土

固结试验得到其初始孔隙比 $e=1.21$，膨胀指数 $C_s=0.1$，膨胀压力为 180 kPa，场区黑棉土地基总变形计算如下：

$$\begin{aligned}\rho &= \sum_{i=1}^{n}\Delta \\ &= \frac{0.1\times 3.6}{1+1.21}\times \lg\frac{29.4}{180} \\ &= 128\ \text{mm}\end{aligned} \tag{3—2}$$

(3)弱膨胀性黑棉土

固结试验得到其初始孔隙比 $e=1.41$，膨胀指数 $C_s=0.06$，膨胀压力为 110 kPa，场区黑棉土地基总变形计算如下：

$$\begin{aligned}\rho &= \sum_{i=1}^{n}\Delta \\ &= \frac{0.06\times 3.6}{1+1.41}\times \lg\frac{29.4}{110} \\ &= 51\ \text{mm}\end{aligned} \tag{3—3}$$

结合上文中关于黑棉土膨胀性分级可以看出，对于强膨胀性黑棉土，其地基变形量 ρ 分级中基本处于Ⅰ～Ⅱ级，中膨胀性黑棉土处于Ⅲ级，弱膨胀性黑棉土处于Ⅳ～Ⅴ级，甚至Ⅴ级以下。

四、东部非洲黑棉土地基换填处理深度的确定

1. 我国膨胀土地基的换填处理深度

理论和实践均已证明，埋置于一定深度（大气影响急剧层深度）之下的膨胀土虽然具有膨胀潜能，但因其含水量较稳定，因此其胀缩潜能是不会发挥出来的，也不会对建筑物的安全构成威胁。

基于此种认识，中华人民共和国国家标准《膨胀土地区建筑技术规范》（GBJ 112—87）规定：确定基础埋深应综合考虑“场地类型；膨胀土地基胀缩等级；大气影响急剧层深度；建筑物的结构类型；作用在地基上的荷载大小和建筑物的用途；有无地下室、设备基础和地下设施；基础的形式和结构；相邻建筑物的基础埋深”等条件。

中华人民共和国行业标准《公路路基设计规范》（JTG D—30—2004）第 7.8.2 条规定：高速公路及一、二级公路路基填土高度小于路面与路床的总厚度时，基底为膨胀土时，宜挖除地表 0.30～0.60 m 的膨胀土，并将路床换填非膨胀土或掺灰处理。若为强膨胀土，挖除深度应达到大气影响深度。第 7.8.3 条第 3 款规定：应对路堑、路床 0.80 m 范围内的膨胀土进行超挖，换填为符合该规范第 3.2.1 条规定的填料，或者进行土质改良或采取其他适宜的加固措施。对强膨胀土、地下水发育、运营中处理困难的路堑，路床的换填深度应加深至 1.0～1.5 m，并应采取地下排水措施。

中华人民共和国行业标准《公路路基设计规范》（JTG D—30—2015）规定：地基土为膨胀土时，应根据上部结构类型和膨胀土地基变形量，采取挖除膨胀土、换填非膨胀土或掺石灰改性处治等处理措施，地基处理深度应根据膨胀土地基分类等级确定，具体见表 3—18。

表 3—18　膨胀土地基分类表

膨胀土地基分类等级	膨胀土地基变形量 ρ(mm)	地基处理措施
Ⅰ	$\rho \geq 200$	路堤填筑高度小于 1.5 m 时，地基置换非膨胀土或改性土深度不少于 2.0 m

续上表

膨胀土地基分类等级	膨胀土地基变形量 ρ(mm)	地基处理措施
Ⅱ	$100 \leqslant \rho < 200$	路堤填筑高度小于 1.5 m 时，地基置换非膨胀土或改性土深度不少于 1.5 m
Ⅲ	$40 \leqslant \rho < 100$	路堤填筑高度小于 1.5 m 时，地基置换非膨胀土或改性土深度不少于 1.0 m
Ⅳ	$15 \leqslant \rho < 40$	路堤填筑高度小于 1.5 m 时，地基置换非膨胀土或改性土深度不少于 0.5 m
Ⅴ	$\rho < 15$	可不考虑膨胀土地基胀缩变形的影响

2. 东部非洲黑棉土地基换填处理深度

蒙内铁路处理深度 1 m 换填(黑棉土厚度约 1.4～1.5 m)，内罗毕南环线公路处理深度 1.5 m 换填(黑棉土厚度约 1.4～1.5 m)，埃塞俄比亚 AA 高速公路处理深度 1.4 m 换填(黑棉土厚度约 0.7～3 m)，亚的斯亚贝巴环城线公路处理深度 1 m 换填(黑棉土厚度约 0.7～3 m)。参考已有的东非黑棉土地区公路、铁路设计施工案例，在黑棉土埋深较浅的区域，1～1.5 m 设计换填深度基本能够满足要求。对于以上工程案例，计算得出的膨胀土地基变形量大多处于Ⅲ级或Ⅲ级以下。计算中还发现当取样点黑棉土厚度较大时，地基变形量有可能处于Ⅰ～Ⅱ级，此时 1～1.5 m 设计换填深度已经不能满足需要。由此可见当黑棉土厚度较大时，需要寻找出更加合理的处理深度。

结合上文东部非洲地区黑棉土 3.5 m 的大气影响深度以及 1.6 m 的大气急剧影响深度，并参照《公路路基设计规范》(JTG D—30—2015)以及东非地区黑棉土地区公路铁路地基处理经验，给出黑棉土地基处理深度见表 3—19。

表 3—19 黑棉土地基处理深度

黑棉土地基分类等级	黑棉土地基变形量 ρ(mm)	地基处理措施
Ⅰ	$\rho \geqslant 250$	路堤填筑高度小于 1.5 m 时，地基置换非膨胀土或改性土深度不少于 2.0 m，深度需要到达大气影响深度以下

续上表

黑棉土地基分类等级	黑棉土地基变形量 ρ(mm)	地基处理措施
Ⅱ	$250>\rho\geqslant200$	路堤填筑高度小于 1.5 m 时，地基置换非膨胀土或改性土深度不少于 2.0 m
Ⅲ	$100\leqslant\rho<200$	路堤填筑高度小于 1.5 m 时，地基置换非膨胀土或改性土深度不少于 1.5 m
Ⅳ	$40\leqslant\rho<100$	路堤填筑高度小于 1.5 m 时，地基置换非膨胀土或改性土深度不少于 1.0 m
Ⅴ	$15\leqslant\rho<40$	路堤填筑高度小于 1.5 m 时，地基置换非膨胀土或改性土深度不少于 0.5 m

注：$\rho<15$ 可不考虑膨胀土地基胀缩变形的影响。

基本处理原则如下：根据黑棉土地基等级进行分类处理，对于Ⅰ～Ⅱ地基，处理深度需要到达大气影响深度以下，对于Ⅲ～Ⅴ，由于其膨胀性相对较弱，且处于深处的土体膨胀对路基的影响较小，可以只考虑浅层黑棉土的膨胀变形，处理深度可以相应减小。

第五节　黑棉土改良措施

一、黑棉土改良适用性研究

膨胀土本身所发生的体积的转变和膨胀土本身的物理力学性质的变化是彼此有关联的，膨胀土改良的基本原理是提高膨胀土本身的水稳定性，并且大幅度地降低膨胀土发生的胀缩变形，减少由于水敏感性所带来的膨胀土土体的变形和不良的工程地质特性。根据蒙内铁路沿线膨胀土的物理力学试验研究成果，结合当地资源，提出了石灰＋火山灰改良膨胀土新方法，对不同掺配比下改良后膨胀土的膨胀性、压缩性、黏聚力、养护时间和水稳定性进行研究，评价其改良效果。

目前常用的膨胀土的改良方法基本上都是通过各类物理和化学过程来降低膨胀土颗粒的分散程度，提高土体的水稳定性。利用反离子层之间的各类阳离子的置换反应，使得反离子层的厚度，也就是结合水膜的厚度大幅度降低，减少了膨胀土土体的胀缩能力，最终使得膨胀土土体的结构强度和水稳定性得到明显的提高。

石灰作为一种成熟的膨胀土改良剂，其改良机理研究已经很成熟，国内石灰原材料供应充足，价格相对便宜，被广泛地应用于国内的膨胀土处理中，石灰可应用于蒙内铁路膨胀土处理。但是，仅仅以石灰作为膨胀土改良材料，施工时容易造成拌和不均匀、扬尘大、对作业人员身体构成危害、前期强度不足等缺陷。

肯尼亚位于非洲东部，地跨赤道，东非大裂谷纵贯南北，裂谷带多火山，由于火山喷发形成大量的火山灰。火山灰具有火山灰活性，存在着一定数量的活性二氧化硅、活性氧化铝等活性组分，这些活性组分在常温和有水的情况下与氢氧化钙反应，生成水化硅酸钙、铝酸钙等。

火山灰中的活性二氧化硅、活性氧化铝等成分在常温下可以与掺入的石灰生成的氢氧化钙反应，生成凝结性物质，理论上使用火山灰和石灰改良膨胀土具有很好的可行性，如若当地的火山灰能够应用于膨胀土改良，既可以降低施工成本又可以实现火山灰资源的有效利用，因此，本课题采用石灰—火山灰混合材料，对当地膨胀土进行改良，研究火山灰—石灰改良的可行性和效果。见图 3—29。

(a) 火山灰样品

(b) 石灰样品

图 3—29　改良剂样品

对火山灰取样分析，见表3—20。

表3—20 火山灰化学成分分析

成分	SiO_2	Al_2O_3	Fe_2O_3	CaO	MgO
含量(%)	43.91	14.46	17.74	8.46	15.43

由化学分析结果可知：火山灰主要成分为SiO_2、Al_2O_3、Fe_2O_3。三者总含量占76.11%，SiO_2含量占43.91%。CaO、MgO含量占23.89%，部分活性SiO_2、CaO和MgO在土中遇水和二氧化碳时发生碳化反应生成具有水硬性凝胶能力的水化物。

生石灰有效成分主要是CaO，对改良使用的石灰取样分析，见表3—21。

表3—21 生石灰化学成分分析

成　分	CaO	MgO	其他
含量(%)	74.03	1.42	24.55

化学成分分析结果表明，其有效成分CaO和MgO含量共占75.45%，MgO含量小于5%，改良所用生石灰为钙质石灰。

二、改良黑棉土的路用性能及评价

1. 自由膨胀率

在自由膨胀率试验中，参考国内膨胀土石灰改良的研究，蒙内铁路膨胀土石灰掺配比分别取0%、2%、4%、6%、8%，火山灰掺配比分别取0%、3%、6%、9%、12%、15%。对拌和均匀的掺配试样在恒温恒湿条件下养护5天，通过自由膨胀率试验，初步分析石灰—火山灰不同掺配比的改良效果。不同掺配下膨胀土自由膨胀率结果见表3—22。

表 3—22　石灰—火山灰改良自由膨胀率结果(%)

	石灰 0%	石灰 2%	石灰 4%	石灰 6%	石灰 8%
火山灰 0%	132	86	69	58	51
火山灰 3%	118	65	58	50	45
火山灰 6%	97	56	50	44	36
火山灰 9%	85	35	31	28	29
火山灰 12%	76	30	26	24	23
火山灰 15%	69	28	24	23	23

由表可以看出，石灰和火山灰对膨胀土的改良都有一定的效果，随着掺灰量的增大，改良效果明显。石灰—火山灰混合掺配下的自由膨胀率变化如图 3—30 所示。

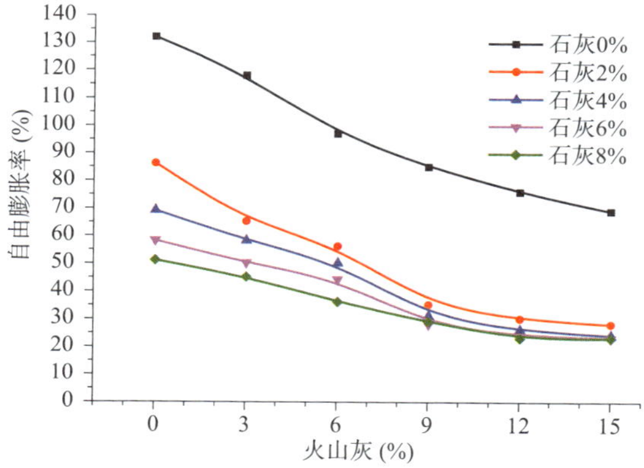

图 3—30　石灰—火山灰改良自由膨胀率

由图可以看出，仅使用单一的火山灰或单一的石灰改良，对膨胀土的改良效果均有不同程度的提高。当仅掺配石灰改良时，加入石灰量为 2%时，自由膨胀率从 132%下降到 86%，2%的石灰使自由膨胀率减少了 46%。石灰掺量从 2%增加到 4%，自由膨胀率又减小 17%。石灰掺量从 4%增加到 6%，自由膨胀率进一步减小了 11%。石灰掺量从 6%增加到 8%时，自由膨胀率再减少 7%。由此可以看出，掺加 2%的石灰对膨胀土的改良效果最为明显。再增大石灰掺加量，自由膨胀率虽然有所下降，下降幅度不大。

当仅掺配火山灰时，随着火山灰掺加量增加，自由膨胀率呈线性减小。但火山灰对膨胀土的改良效果没有石灰改良效果明显，掺灰量同样是6%，石灰改良后的自由膨胀率为58%，而火山灰改良后的自由膨胀率为97%。所以仅采用火山灰改良，效果不理想。

火山灰与石灰混合改良时，火山灰掺量为9%时，2%、4%、6%、8%的石灰掺量对应的自由膨胀率分别减少了51%、38%、30%、22%，2%石灰+9%火山灰改良效果最为明显，当火山灰掺量超过12%时，自由膨胀率趋于稳定。2%石灰+9%火山灰使自由膨胀率从132%下降到35%，2%石灰+12%火山灰使自由膨胀率从132%下降到30%，根据《铁路工程岩土分类标准》，自由膨胀率小于40%时，初步判定为非膨胀土。因此考虑改良效果和经济效益，选择2%石灰与10%火山灰混合改良时，在满足自由膨胀率的同时最为经济合理。

2. 无荷膨胀率

通过自由膨胀率试验得出，以2%石灰+10%火山灰为改良剂改良效果最为明显，在满足规范要求的同时经济合理，对于2%石灰+10%火山灰为改良剂是否最优，需要通过对改良后膨胀土的性质进一步研究。结合自由膨胀率的改良效果分析，对改良膨胀土无荷膨胀率试验混合掺灰量进行调整，掺配比如表3—23所示。

表3—23　无荷膨胀率石灰—火山灰配合比

石　灰	火山灰			
	0%	5%	10%	15%
2%	√	√	√	√

对掺配好的改良膨胀土在恒温恒湿条件下养护5天，通过击实试验得到改良后重塑土的最优含水率和最大干密度，在最优含水率和最大干密度条件下制作无荷膨胀率试样。不同掺配下改良膨胀土无荷膨胀率结果见表3—24。

表 3—24 无荷膨胀率改良效果(%)

取样地点	未改良	2%石灰	2%石灰+5%火山灰	2%石灰+10%火山灰	2%石灰+15%火山灰
DK350+800	21.1	8.5	6.7	3.1	1.9
DK355+700	12.5	6.0	4.1	3.4	2.6
DK429+350	20.1	9.6	7.4	3.3	2.1

由表可知,在 2%石灰的基础上,随着火山灰的增加,无荷膨胀率减小。2%石灰+10%火山灰改良后,无荷膨胀率从最大的 21.1%降低到 3.1%,三个工点膨胀土无荷膨胀率平均下降了 14.6%。2%石灰+10%火山灰与 2%石灰+15%火山灰改良效果差别不大,不同掺配比与无荷膨胀率关系如图 3—31 所示。

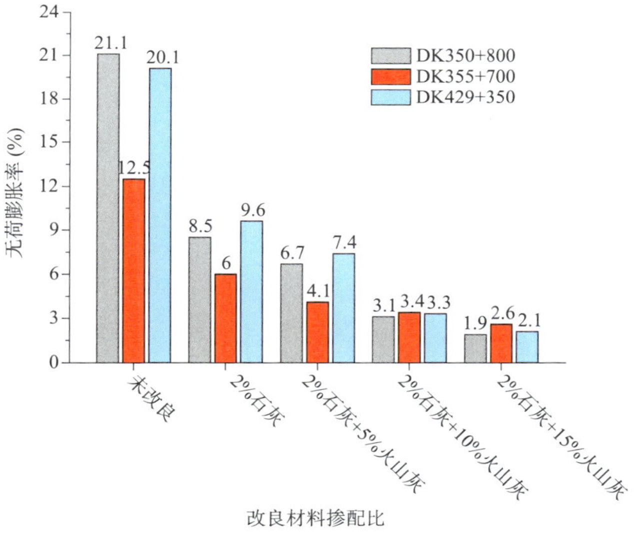

图 3—31 无荷膨胀率改良效果

由图 3—31 可以看出,在 2%石灰的基础上,火山灰小于 10%时,随着火山灰的增加,无荷膨胀率明显减小,火山灰大于 10%时,随着火山灰的增加,无荷膨胀率变化不大。因此,2%石灰+10%火山灰改良效果最佳。

对于不同的改良方案,无荷膨胀率变化与浸水时间关系如图 3—32、

图 3—33、图 3—34 所示。

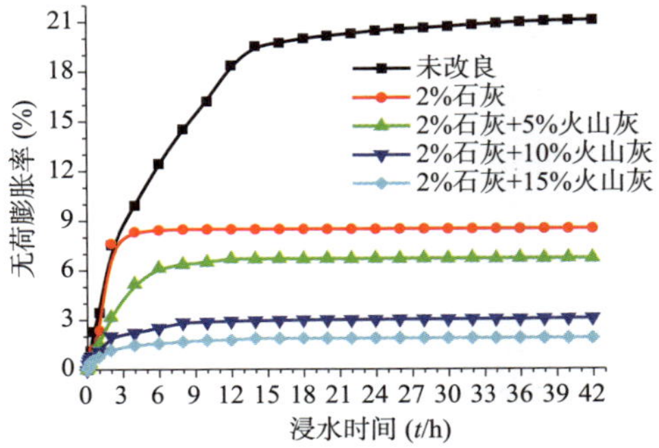

(a) 改良膨胀土无荷膨胀率

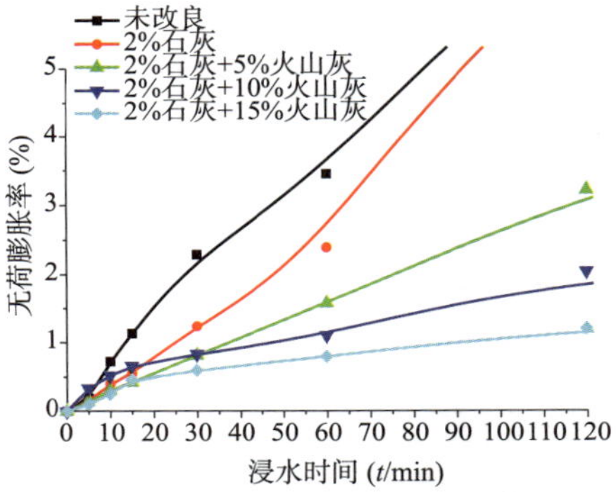

(b) 改良膨胀土前期浸水膨胀

图 3—32　DK350＋800 改良膨胀土无荷膨胀率

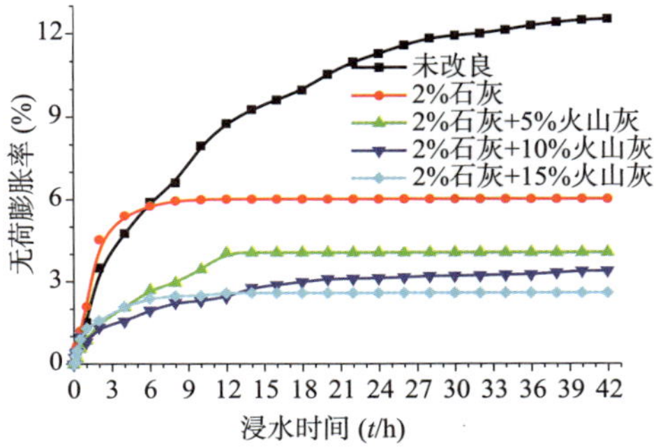

(a) 改良膨胀土无荷膨胀率

图　3—33

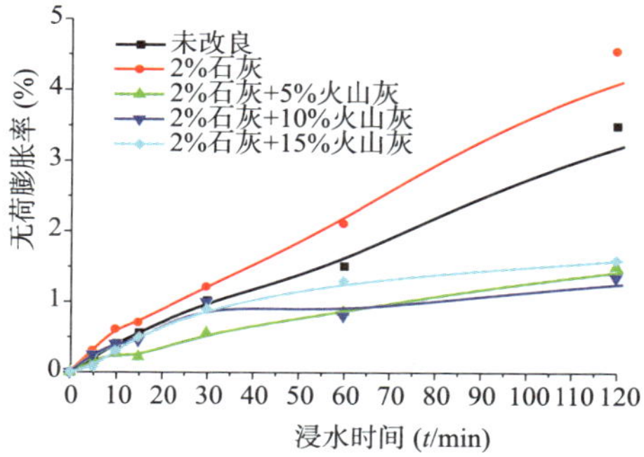

(b) 改良膨胀土前期浸水膨胀

图 3—33　DK355＋700 改良膨胀土无荷膨胀率

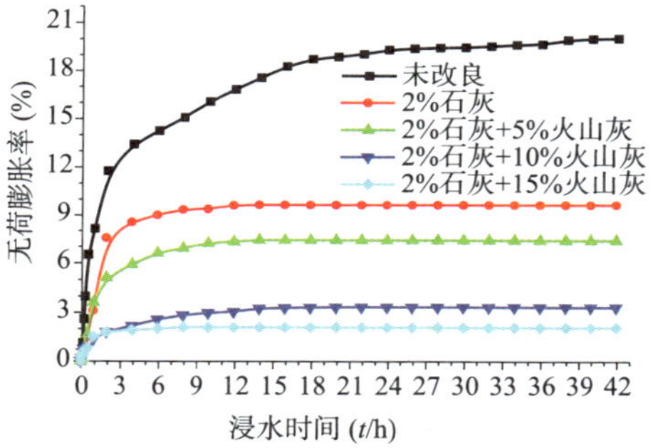

(a) 改良膨胀土无荷膨胀率

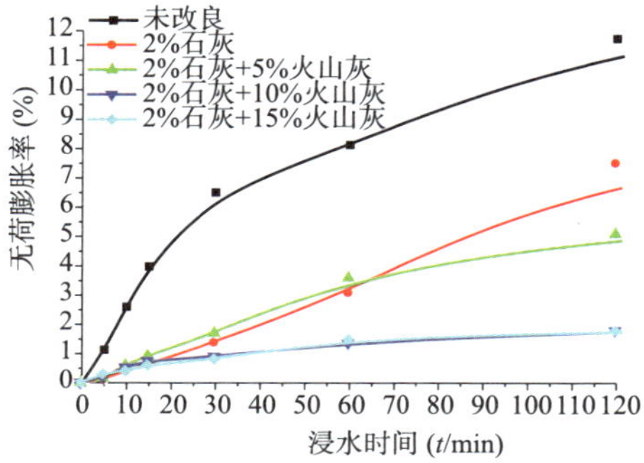

(b) 改良膨胀土前期浸水膨胀

图 3—34　DK429＋350 改良膨胀土无荷膨胀率

图 3—32、图 3—33、图 3—34 分别为 DK350＋800、DK355＋700、DK429＋350 三个工点典型膨胀土改良时无荷膨胀率与浸水时间关系图，(a)、(c)、(e)为整个浸水过程中无荷膨胀率的变化关系图，(b)、(d)、(f)为前期浸水过程中无荷膨胀率的变化。从整个浸水膨胀过程图中可以看出，未改良膨胀土浸水后，无荷膨胀率达到稳定至少需要12 小时，使用石灰—火山灰改良，无荷膨胀率稳定时间明显缩短，仅添加 2％石灰时，无荷膨胀率稳定时间缩短到 3 小时左右，石灰与火山灰混合改良时，无荷膨胀率稳定时间在 2 小时左右。从(b)、(d)、(f)前期浸水过程中无荷膨胀率的变化关系图中可以看出，在浸水膨胀的前期，未改良的膨胀土膨胀速率最快，在 2％石灰的基础上，随着火山灰的增加，前期膨胀速率减小，对膨胀土的膨胀抑制作用更加明显。

3. 强度与养护时间关系

影响膨胀土改良效果的因素除了石灰—火山灰的掺灰量外，养护时间也是影响改良效果的因素之一。石灰和火山灰改良，实质上是一个化学反应的过程，除此之外，石灰和火山灰混合改良与其他的改良剂混合改良不同之处在于，石灰中的有效成分氧化钙在有水的情况下可以与火山灰中的活性二氧化硅、活性氧化铝等反应生成具有水硬性凝胶能力的水化物。因此通过固结和剪切试验，以压缩系数和黏聚力为指标，研究养护时间对改良膨胀土力学性质的影响。改良掺配和无荷膨胀率试验相同，按照击实试验得到的相应的最大干密度和最佳含水率制作试样、分别养护 5 天、10 天、15 天、20 天、25 天、30 天。不同养护时间下改良膨胀土压缩系数和黏聚力见表 3—25。

表 3—25　改良膨胀土强度与养护时间关系

养护时间	未改良		2％石灰		2％石灰＋5％火山灰		2％石灰＋10％火山灰		2％石灰＋15％火山灰	
	压缩系数	黏聚力	压缩系数	黏聚力	压缩系数	黏聚力	压缩系数	黏聚力	压缩系数	黏聚力
天	MPa^{-1}	kPa	MPa^{-1}	kPa	MPa^{-1}	kPa	MPa^{-1}	kPa	MPa^{-1}	kPa
0	0.61	51	0.46	59	0.39	65	0.31	72	0.28	76
5	0.59	50	0.40	65	0.32	72	0.26	79	0.25	80

续上表

养护时间	未改良		2%石灰		2%石灰+5%火山灰		2%石灰+10%火山灰		2%石灰+15%火山灰	
	压缩系数	黏聚力	压缩系数	黏聚力	压缩系数	黏聚力	压缩系数	黏聚力	压缩系数	黏聚力
10	0.60	51	0.36	69	0.29	76	0.23	85	0.21	86
15	0.61	51	0.33	71	0.28	78	0.23	86	0.2	88
20	0.61	50	0.32	72	0.27	77	0.22	87	0.19	89
25	0.60	50	0.32	72	0.28	78	0.22	87	0.19	89
30	0.61	50	0.32	72	0.27	78	0.22	87	0.19	89

压缩系数、黏聚力随养护时间的关系如图 3—35 所示。

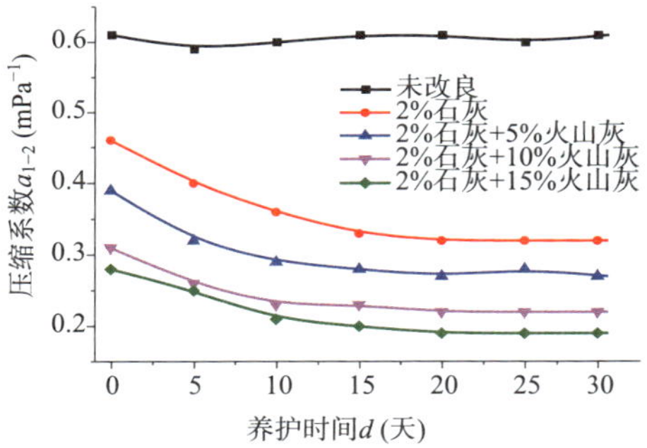

(a) 压缩系数与养护时间关系

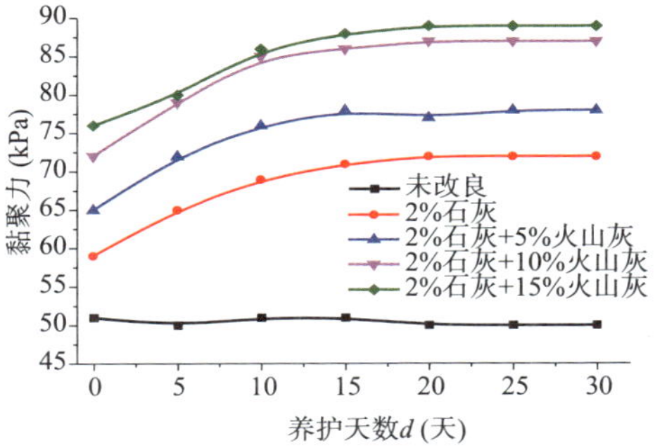

(b) 黏聚力与养护时间关系

图 3—35　改良膨胀土强度与养护时间

由图 3—35(a)可以看出，2%石灰改良后压缩系数明显减小，随着火山灰的增加，压缩系数近似呈线性减小，火山灰从 10%增加至 15%时，压缩系数下降幅度明显减小。在无养护的情况下，2%石灰＋10%火山灰改良后，压缩系数从改良前的 0.61 MPa^{-1}减小至 0.31 MPa^{-1}，压缩性由高压缩性变为中压缩性。

从养护时间上分析，随着养护时间的增加，压缩性随之减小，2%石灰改良时，压缩系数趋于稳定需要 15 天左右，石灰＋火山灰改良时，养护天数从 10 天增加至 15 天，压缩系数变化不大，养护时间超过 15 天后，压缩系数达到最低，趋于稳定值。

图 3—35(b)为不同改良剂改良黏聚力与养护时间的关系，加入石灰和火山灰改良能够明显提高膨胀土黏聚力。在没有养护的情况下，加入 2%石灰后，膨胀土黏聚力从改良前的 51 kPa 增加到 59 kPa，黏聚力提高了 8 kPa。在 2%石灰的基础，火山灰掺量分别为 5%、10%时，黏聚力分别为 65 kPa 和 72 kPa，从图 3—35(b)可以看出，火山灰掺量从 10%提高到 15%后，改良效果不再明显。综合考虑，2%石灰＋10%火山灰改良效果最好。

从养护时间上分析，在 0～15 天内，随着养护时间的增加，改良膨胀土黏聚力增长曲线呈抛物线(凸曲线)，养护时间超过 15 天后，黏聚力达到稳定。

从黏聚力、压缩系数与养护时间的研究可知，养护时间在 10～15 天时，石灰与火山灰化学反应最为充分，此时膨胀土黏聚力和压缩系数达到最优。

4. 水稳定性和渗透性分析

裂隙性是膨胀土的典型特性之一，在干湿循环作用下，膨胀土裂隙发育，膨胀土土体的裂隙对工程性质影响极大。一方面，裂隙的存在破坏土体的整体性，使其强度大为削弱；另一方面，裂隙也加剧了大气对土体的影响，使水分的入侵与土体的风干更为剧烈，在干湿循环作用下，膨胀土体内出现裂隙发育，反复干湿循环进一步促进裂隙的发育，裂隙的存在为水分入侵膨胀土土体提供了良好的通道。

对于肯尼亚地区，由于旱季和雨季分明，降雨差异明显，常年温度较高，年平均降雨量大于蒸发量，因此，膨胀土吸水膨胀、失水收缩往复循环，雨季与旱季的交替加剧了膨胀土的胀缩变形，从而加剧了膨胀土地区对建筑物的破坏程度。根据肯尼亚气候环境选取干湿循环参数后采用室内试验方法，研究蒙内铁路未改良膨胀土和 2%石灰+10%火山灰改良处理后的膨胀土在干湿循环作用下的土体渗透性。不同干湿循环次数下，改良前后膨胀土渗透系数见表 3—26。

表 3—26　改良前后膨胀土渗透系数

DK350+800	干湿循环次数				
	0	1	2	3	4
改良前	5.32×10^{-8}	3.64×10^{-7}	2.92×10^{-6}	7.51×10^{-5}	8.46×10^{-5}
改良后	3.15×10^{-9}	6.98×10^{-9}	5.12×10^{-8}	6.36×10^{-8}	6.83×10^{-8}

由表 3—26 可以看出，对于改良前膨胀土试样，在最大干密度和最优含水率下，没有进行干湿循环的膨胀土渗透系数为 5.32×10^{-8} cm/s，在第二、三、四次干湿循环后，每进行一次干湿循环，膨胀土渗透系数增大一个数量级，第四次干湿循环膨胀土渗透系数数量级与第三次干湿循环渗透系数数量级相同，即进行三次干湿循环后，膨胀土渗透性趋于稳定。

2%石灰+10%火山灰改良后的膨胀土试样，在最大干密度和最优含水率下，没有进行干湿循环的膨胀土渗透系数为 3.15×10^{-9} cm/s，同样是在没有进行干湿的情况下，改良后的膨胀土渗透系数比未改良膨胀土渗透系数小一个数量级。在第一次和第二次干湿循环后，膨胀土渗透系数增大一个数量级，第二次干湿循环后，土体渗透系数数量级不再变化，渗透性趋于稳定。

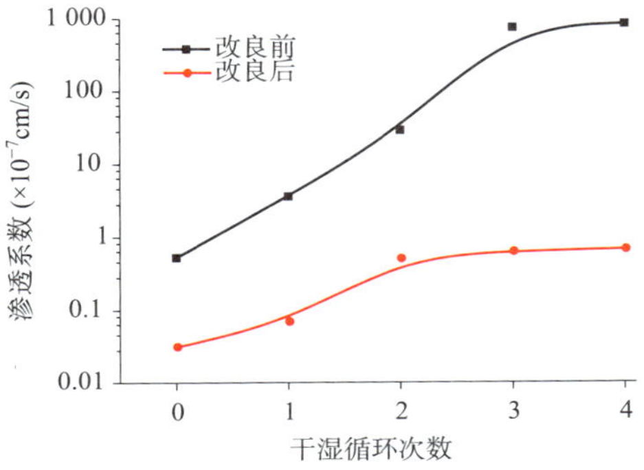

图 3—36　改良前后膨胀土渗透系数

由图 3—36 可以看出:随着干湿循环次数的增加,膨胀土渗透系数增大,原因是往复的胀缩变形使膨胀土土体内部裂隙发育,改良后膨胀土随着干湿循环次数的增加,其渗透性增幅明显小于改良前膨胀土,说明改良后的膨胀土对干湿循环造成的裂隙发育抑制作用更为明显,改良后膨胀土对水的敏感性明显降低,干湿循环渗透系数变小。

三、黑棉土改性前后微细观结构分析

长期的工程实践和研究表明,膨胀土的宏观工程性状在很大程度上受到其微细观性质的影响和控制,复杂的物理力学性状是其微细结构特性的集中体现。土体孔隙及分布特征对土体宏观物理力学性质有重要影响。土体随着外部作用力和内部结构的改变,孔隙与土壤发生结构形式变化,孔隙结构的变化直接导致力学性能变化。本章借助核磁共振和电镜扫描技术,从定性和定量两方面,分析改良处理前后膨胀土微细观结构。对蒙内铁路沿线膨胀土孔隙进行等级划分,对比分析改性前后孔隙分布及变化,确定影响膨胀土性质的孔隙参数。对评价孔隙形状指标进行优化,使用优化后的新指标对改良前后膨胀土孔隙形状进行分析。

土体的微观结构是指土颗粒内部的晶体结构、矿物组分、形态及其相互关系,宏观结构是指土层的赋存状态及不同性状土体在空间的相对位置、组合单元的形态及接触特征。对土体结构的研究,不同国家划分标准不同。欧美国家对土体结构的划分基本分为两大类,主要以宏观和微观两个层次对土体结构进行划分。前苏联和东欧国家主要以宏观、中观和微观三个层次对土体结构进行划分。随着计算机技术和科技的进步,研究层次越来越深入,目前,对土体结构的研究进一步划分为宏观、细观、微观、纳观四个层次。各个研究层次的尺寸划分见表 3—27。

表 3—27　土体结构尺寸划分

	宏　观	细　观	微　观	纳　观
范围(m)	$>10^{-3}$	$10^{-3}\sim10^{-4}$	$10^{-4}\sim10^{-7}$	$10^{-7}\sim10^{-10}$

土体细观结构在几何尺度上介于微观与宏观,主要是指土颗粒或颗粒聚合体之间的相对位置、排列特征、接触状态、粒间连结、胶结物及胶结状态、粒

间孔隙大小与形状等特征，但与微观结构之间又不存在明显界限，所以有些学者将二者划为同一层级。

基于微观结构变化的土体力学特性研究是当前土力学领域中广泛关注的前言课题之一，越来越多的学者已经着手对土体力学的微观行为进行研究，并取得了一定的成果。土体在宏观上表现的变形破坏等特征，均由微观结构的变化积累发展而成这一观点已经得到众多学者的认可。

很多学者通过借助电镜扫描、压汞、CT 扫描等现代化技术手段，对土的微细观研究取得了很大的成就。高国瑞利用扫描电子显微镜对黄土的微结构特征进行研究，发现孔隙结构的变化是黄土湿陷的核心要素。吴义祥以图像信息分析处理技术为基础，针对结构性黏土作定量分析，研究膨胀土胀缩的结构机理。王常明对海积软土的定量指标进行汇总，并在微观定量研究方面给出结构因子的观点。谢定义利用电镜扫描对黄土孔隙进行研究，得到了稳定的孔隙分布曲线。陶高梁利用 SEM 试验通过图像分析得到了土体的孔隙分布，研究了孔隙与膨胀土胀缩性质的关系。王清对不同类型黏土微结构分析，提出了定量评价指标。王宝军通过 SEM 试验对黏土孔隙结构进行了三维分析。

许多学者对膨胀土的孔隙结构从定性和定量两方面进行了大量研究，取得了丰硕的成果，然而，由于土体的结构单元非常复杂多变，不同地区、不同成因的膨胀土结构千差万别，因此，本章通过核磁共振技术和扫描电子显微镜技术，对改良前后肯尼亚膨胀土从定性分析和定量两方面进行微细观分析，对改良前后膨胀土土体的孔径分布情况、孔隙面积大小、孔隙形状进行对比分析，探讨孔隙结构对膨胀土性质的影响。

1. 改良前后膨胀土核磁共振分析

对改良前和改良后膨胀土分别做核磁共振分析，改良前所用膨胀土土样取自 DK350＋800、DK355＋700、DK429＋350 三个工点，取土深度 1.15～1.35 m，为扰动后的风干土样。根据改良研究，2％石灰＋10％火山灰混合改良效果最好，对 2％石灰＋10％火山灰改良后的三个工点的膨胀土做核磁共振分析，对改良前和改良后膨胀土分别做三组核磁共振分析，试验样品在最大干密度和最佳含水率条件下制备，样品为直径 25 mm、高 40 mm 的圆柱体，试验前需要对样品进行饱和处理，考虑到膨胀土对含水量变化非常敏感，饱和过程中膨胀土内部孔隙结构会产生变化，因此，对样品采用煤油饱和处理。

采用 MicroMR12-025V 型号核磁共振分析仪，共振频率 11.793 MHz，磁体温度控制在 32.00±0.02 ℃，探头线圈直径 25 mm 的线圈，试验参数设置为 *CPMG*：*SF*＝11 MHz，*O*1＝793 347.2 Hz，*P*1＝3 μs，*P*2＝6.6 μs，*SW*＝250 KHz，*TW*＝4 000 ms，*RFD*＝0.002 ms，*RG*1＝20 db，*DRG*1＝3，*NS*＝32，*DR*＝1，*PRG*＝3，*NECH*＝18 000，*TD*＝450 182，*TE*＝0.1 ms。改良前和改良后核磁共振 T_2分布如图 3—37。

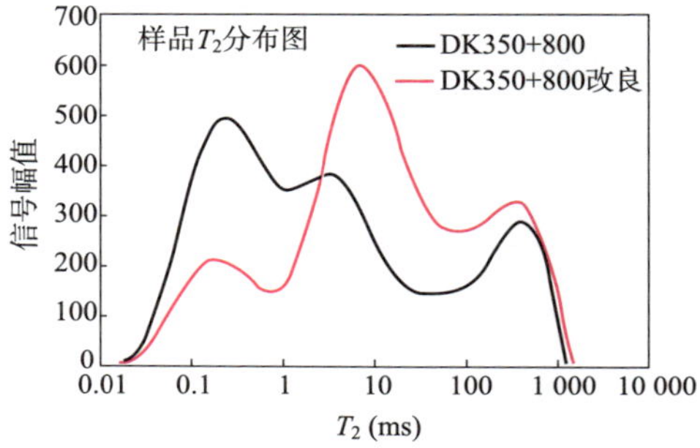

(a) DK350+800

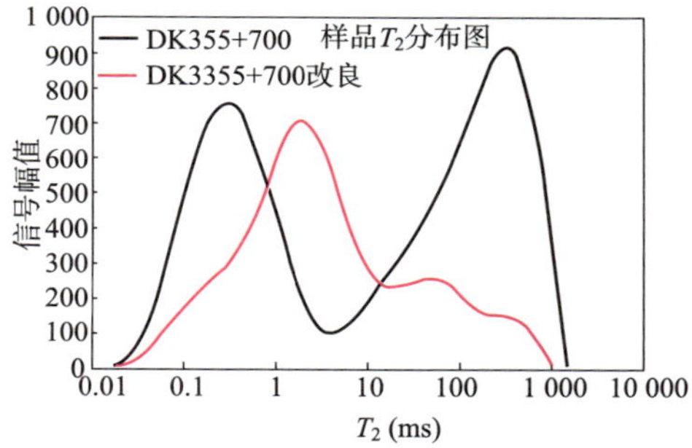

(b) DK355+700

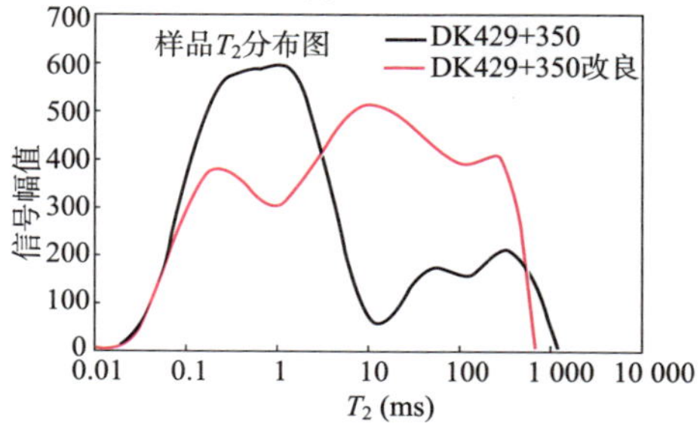

(c) DK429+350

图 3—37 膨胀土改良前后 T_2分布

对于孔隙中的流体，有三种不同的弛豫机制：自由弛豫、表面弛豫和扩散弛豫。可表示为：

$$\frac{1}{T_2}=\frac{1}{T_{2自由}}+\frac{1}{T_{2表面}}+\frac{1}{T_{2扩散}} \tag{3—4}$$

式中　T_2——通过 CPMG 序列采集的孔隙流体的横向弛豫时间；

$T_{2自由}$——在足够大的容器中(大到容器影响可忽略不计)孔隙流体的横向弛豫时间；

$T_{2表面}$——表面弛豫引起的横向弛豫时间；

$T_{2扩散}$——磁场梯度下由扩散引起的孔隙流体的横向弛豫时间。

核磁共振试验测试孔隙的能力与回波间距 TE 有关，当 TE 越来越大时，核磁共振测试细微孔隙的能力变弱，因此采用短 TE，且采用短 TE 时表面弛豫起主要作用，即 T_2 直接与孔隙尺寸成正比：

$$\frac{1}{T_2}\approx\frac{1}{T_{2表面}}=\rho_2\left(\frac{S}{V}\right)_{孔隙} \tag{3—5}$$

式中　ρ_2——T_2 表面弛豫率；

$\left(\frac{S}{V}\right)_{孔隙}$——孔隙的比表面积。

因此，T_2 分布图实际上反映了孔隙尺寸的分布。假设孔隙是一个半径为 r 的圆柱体，蒙内膨胀土黏土矿物成分主要由蒙脱石、高岭石、绿泥石等组成，其中蒙脱石在黏土矿物中含量最高，蒙脱石的表面弛豫率 ρ=1.8 μm/s，因此公式(3—5)中 ρ_2 取 1.8 μm/s，把 T_2 弛豫时间分布图转化为孔径分布图，横坐标表示孔隙半径，以微米为单位，纵坐标表示该孔径下占总孔径的百分比，转化后的孔径分布如图。

由图 3—38 可知，改良前和改良后的膨胀土孔隙半径都比较小，最大半径不超过 100 μm，根据改良前后孔径分布可以看出，改良前和改良后直径在 0～0.1 μm 范围内的孔隙个数都比较多，说明微小孔隙的数量非常多，改良前三个试样直径在 0～0.1 μm 范围内的孔隙个数百分比分别为 42.2%、36.2%、48.7%，改良处理后直径在 0～0.1 μm 范围内的孔隙个数明显减少，分别为 18%、27.3%、26%左右，直径在 0.1～4 μm 范围内的孔隙个数百分比改良后有所增加，直径超过 4 μm 的孔隙个数百分比改良后整体上呈减小趋势。

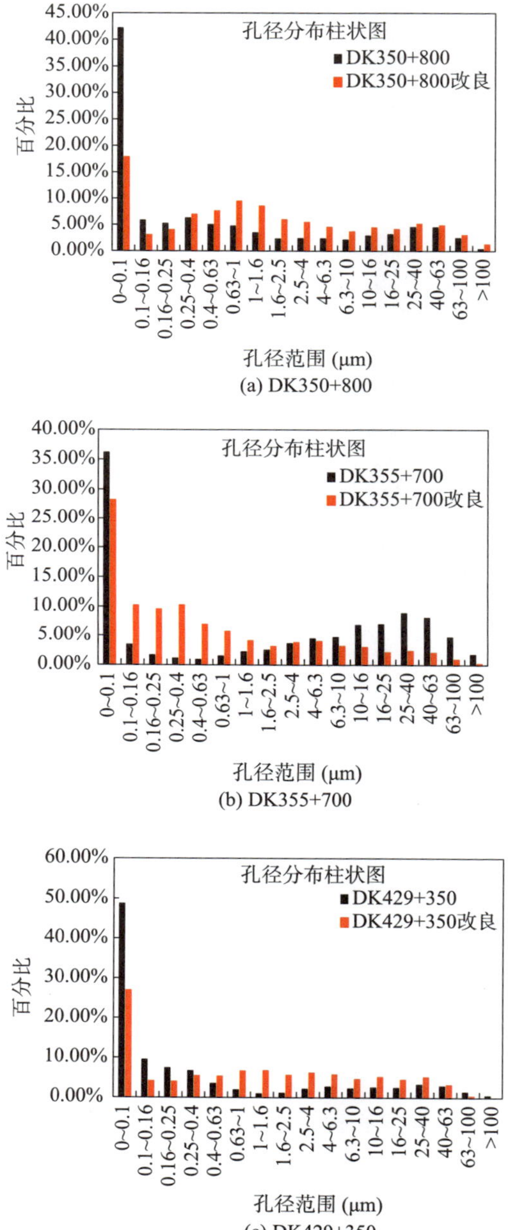

(a) DK350+800

(b) DK355+700

(c) DK429+350

图 3—38　膨胀土改性前后孔隙分布

改良前后，单凭孔隙的数量变化不能更好地解释影响膨胀土胀缩变形的原因，小孔隙数量虽然明显减小，但小孔隙面积小，大孔隙个数变化不大，但大孔隙面积大。因此，接下来的一节，利用扫描电子显微镜（SEM）获取一定放大倍数的微观图像，对膨胀土从孔隙面积、孔隙周长分析其改良前后膨胀土微细观孔隙结构变化。

2. 膨胀土微结构类型分析

太沙基 1925 年第一次提出黏性土微结构具有蜂窝结构的概念，1926 年瑞士工程地质学家提出了土颗粒片架排列结构，进入八十年代，计算机科学和扫描电子显微镜快速发展，计算机图像处理技术越来越成熟，促进了微细观结构的研究进程。

国内外文献中表征土结构形态特征的微结构模型种类繁多，其中比较完善且具有代表性的是 B. 奥西波夫提出的结构模型。通过对不同成分、不同成因、不同时代及不同成岩程度的黏性土微结构进行全面的研究，根据黏性土及碎屑物质在微结构中的相互关系、结构单元体在空间上的定向情况、单元体之间的接触连接类型、结构致密程度、孔隙空间特征等建立微结构模型，将黏性土微结构分为层流状、紊流状、基质状、骨架状、海绵状、蜂窝状、伪球状、畴状八种类型，如图 3—39 所示。

不同的结构具有的特征如下：

（1）蜂窝状结构

即 K. 太沙基的蜂窝状结构，蜂窝壁以面-面、面-边排列的微集聚体构成，孔隙空间基本是由集聚体间的蜂窝状孔隙构成。这种结构多含有大量黏粒，是所有黏土中最疏松、强度最低的一种，结构单元体间的接触连接基本上是凝聚型。

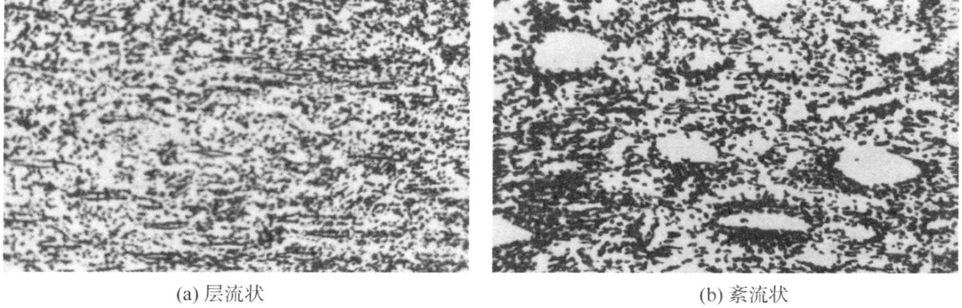

(a) 层流状　　(b) 紊流状

图　3—39

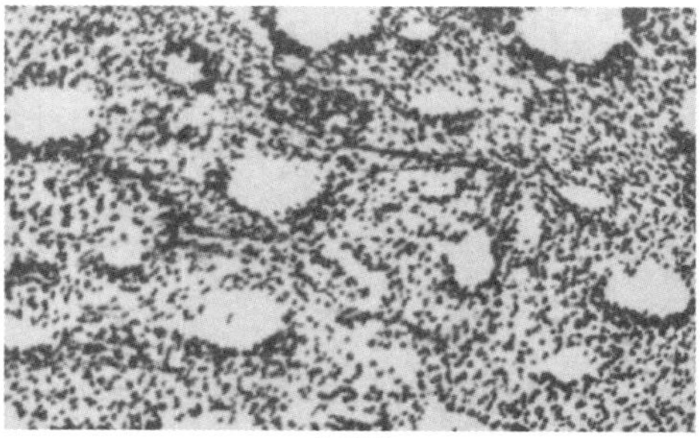

(c) 基质状

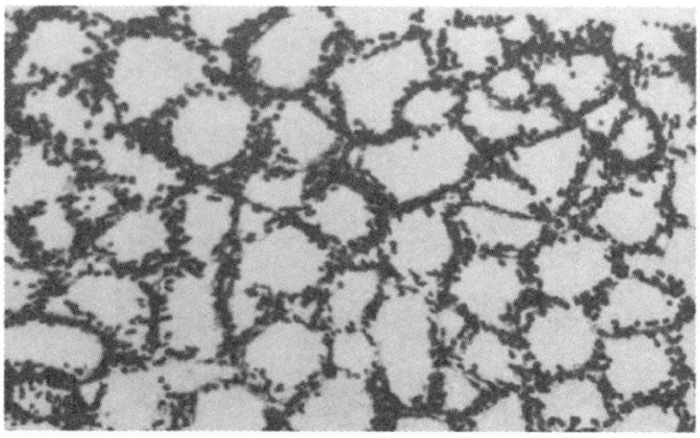

(d) 骨架状

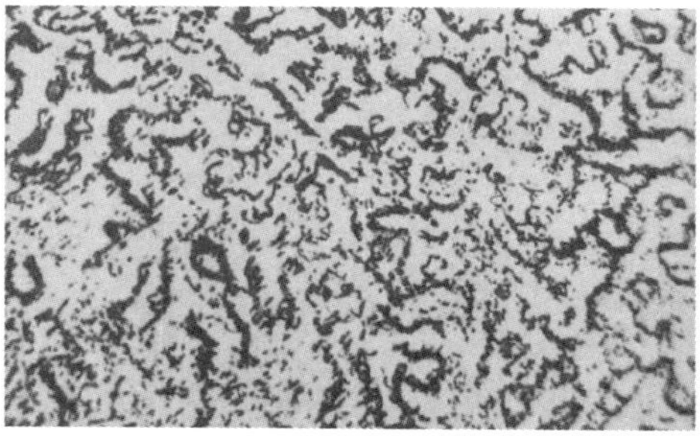

(e) 海绵状

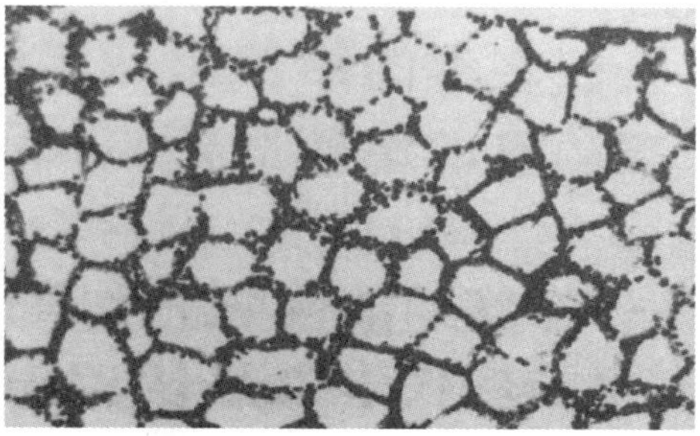

(f) 蜂窝状

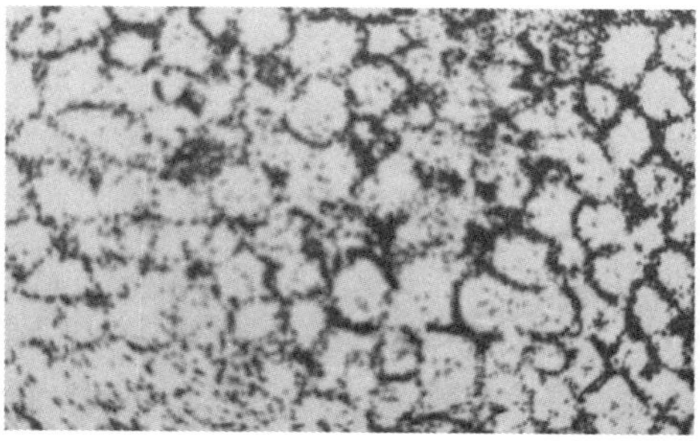

(g) 伪球状

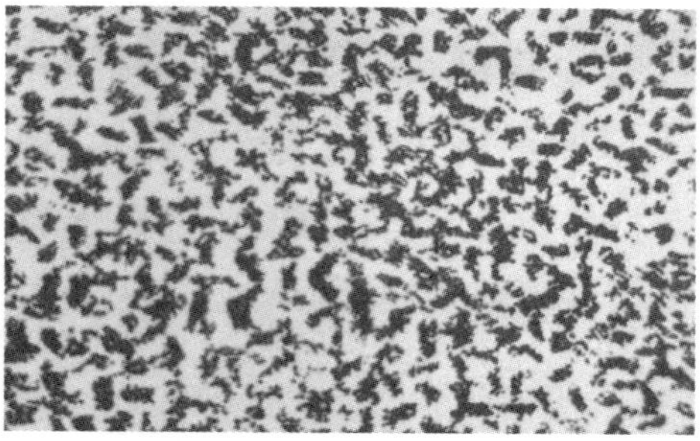

(h) 畴状

图 3—39　微结构类型

(2)骨架状微结构

基本上是由原生矿物的粉粒构成的一种疏松的、孔隙均匀的骨架状态、其中黏土物质分布不均匀,也不组成连续的基质,结构单元体无定向排列,孔隙空间为均匀分布的粒间及集聚体间的开口孔隙,孔隙外形多种多样。骨架状微结构比蜂窝状致密,但单元体间仍以凝聚型接触为主。

(3)基质状微结构

以出现连续的、无定向分布的黏土物质为特征,基质中含少量不规则分布的颗粒,黏土物质呈集聚状,集聚体以面-面、面-边、边-边排列。结构联结为凝聚型、过渡型及混合型。

(4)紊流状微结构

由沿层理呈良好定向的叶片状黏粒集聚体组成,以面-面呈流动状排列,结构具有紊流水流的外貌而得名。孔隙空间分布不均匀,孔隙呈沿层状伸长的形状。

(5)层流状微结构

这种结构的特点是结构单元体为均一的微集聚体,且沿层理呈极高度定向排列,以面-面排列,极少数以面-边排列,使结构具层流水状外貌而得名。孔隙基本上是沿层理延伸的裂隙状,层流状微结构为含大量黏土物质的沉积物所特有的,这种结构可以是原生的,也可以是次生的。

(6)畴状微结构

这种微结构多是由沿晶轴定向排列的高岭石微晶体组成的短柱状微叠聚体构成,微叠聚体间无定向排列,以面-边、边-边组合。孔隙多为微叠聚体间的等轴状大孔隙及微叠聚体内的裂隙状小孔隙,这种微结构常见于花岗岩风化的高岭石黏土中。

(7)伪球状微结构

这种微结构由球形微集聚体构成,孔隙为集聚体间及集聚体内两种,当叶片状黏粒呈面-面、面-边组合时,就形成球状集聚体。

(8)海绵状微结构

由直径达 80 微米的大集聚体构成,这种大集聚体由以面-边、面-面组合的叶片状微集聚体组成,形似海绵状的小蜂窝状连续的结构网。

采用型号为 JSM-6490LV 扫描电子显微镜,如图 3—40,最高分辨率可达到3.0 nm,其低真空模式下可以观察高真空环境下因为过多的含水量或非导电界面而不能观察的样品。

电镜扫描成像条件要求较高,在扫描前要进行相应的处理,试验样品大小为 10 mm×10 mm×10 mm,在制备样品时,由于切痕会破坏土样原有的内部结构,故采取借助机械外力掰开的方法,取开裂面中心处半径 5 mm 范围内土样获取 SEM 图像,试样用超低温冷冻干燥的方法干燥处理,在低真空环境下

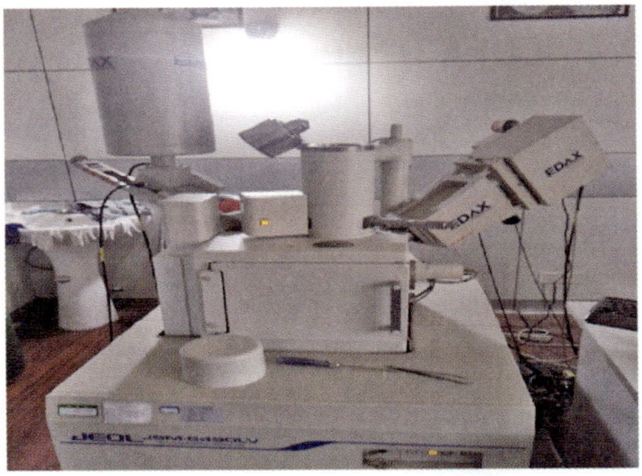

图 3—40　JSM-6490LV 型号扫描电子显微镜

获取 SEM 图像，对细观结构形貌生成1 000 倍、2 000 倍、3 000 倍、5 000 倍四种放大倍数的高分辨率图像，5 000 倍下改良前后膨胀土 SEM 图像如图 3—41 所示。

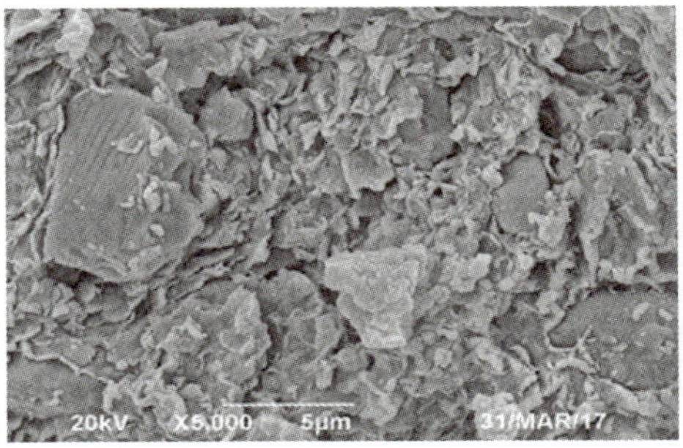

(a) DK350+800改良前SEM

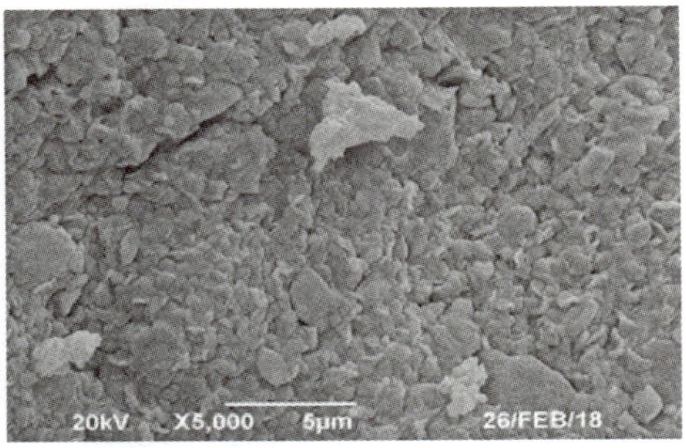

(b) DK350+800改良后SEM

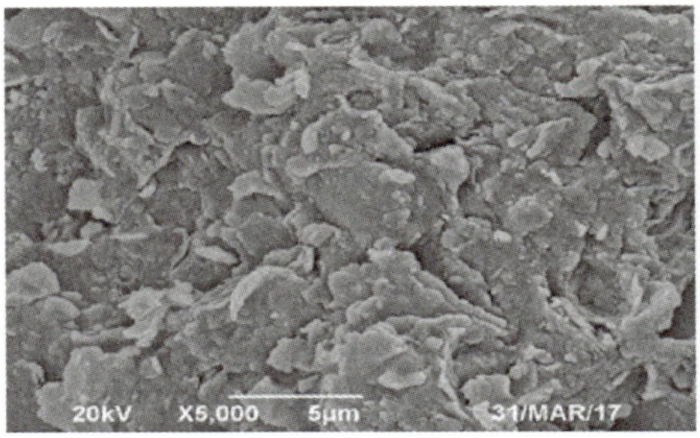

(c) DK355+700改良前SEM

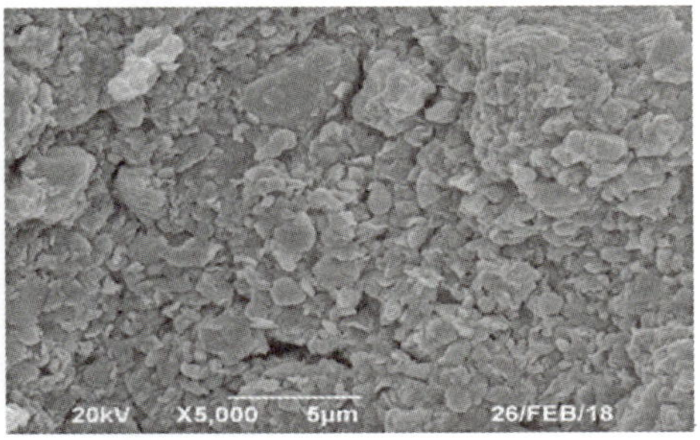

(d) DK355+700改良后SEM

图　3—41

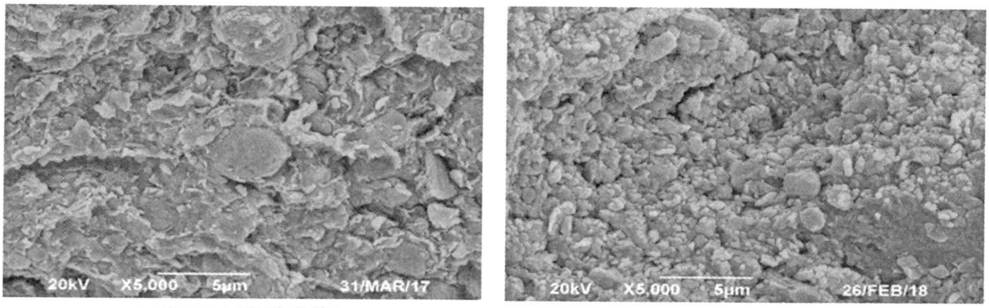

(e) DK429+350改良前SEM　　(f) DK429+350改良后SEM

图 3—41　改良前后膨胀土 SEM 对比

蒙内铁路未改良的膨胀土黏土矿物含量高，而硅氧四面体和铝氧八面体是构成黏土矿物的两种基本层单元，蒙脱石为典型的 2∶1 型黏土矿物，具层间结构。

由图 3—41 改良前后 5 000 倍 SEM 图像对比可以看出，改良前膨胀土颗粒多呈片状结构，扁平状聚集体与卷曲叶片状为主，大小不一，片状结构间彼此呈平行层状排列。单元体与单元体之间以面-面接触为主，兼有面-边接触等多种接触形式，裂隙发育明显，孔隙多且大。根据晶格扩张膨胀理论，对于面面接触层状结构，水能够比较容易进入层与层之间生成夹水层，使得层间距变大，在宏观尺度上表现出遇水膨胀的性质。改良前膨胀土的微观结构有利于产生宏观胀缩性质。

对膨胀土进行改性处理后，形成具有蜂窝状、骨架状、海绵状的混合结构。石灰-火山灰反应生成具有凝胶性的物质，形成团粒结构、颗粒及矿物聚合体，孔隙充填胶结的程度增加，提高了土颗粒的胶结紧密程度。由于大孔隙被胶结填充，膨胀土内部孔隙减少，形成的许多微细孔隙使孔隙通道变得曲折狭小，降低了孔隙的连通性，对流体的流通形成阻碍，从而抑制了膨胀土的胀缩特性。

四、膨胀土微细观结构定量分析

图像研究有利于认识土体的力学行为和工程现象的本质，然而土体细微结构，研究的基础是定量获取图像信息及其变化特征，由于影响土体微观图像成像的因素较多，其往往不能直接用于定量分析，所以需要通过图像处理技术来相对准确地定量表达土体的孔隙和颗粒实际状况。当放大倍数太大时，孔隙率统计值已经偏离了土工试验值，这显然不符合常规，说明该放大倍数下土体微观结构已经“失真”，而当放大倍数过小时，对微观研究意义已不大，通常情况下颗粒越大，放大倍数应越小，获取的信息才具普遍性。

通过室内试验计算求得土样的真实孔隙率 n 与获取的土样不同放大倍数 SEM 图像通过 Imagej 提取的孔隙率对比，选取合适的放大倍数进行细观结构分析，室内试验计算孔隙率见表 3—28。

表 3—28　膨胀土室内试验计算孔隙率

取样地点	初始干密度(g/cm^3)	颗粒密度	理论计算孔隙率 n
DK350＋800	1.56	2.61	40.19
DK355＋700	1.61	2.56	37.09
DK429＋350	1.54	2.52	38.87

对二值化转换后的 SEM 图像，根据 SEM 图像上已有的长度尺寸使用 analyze-set scale 命令对图像进行图像尺寸标定，建立长度和像素转换关系。见图 3—42。

图 3—42　DK350＋800 图像尺寸标定

对建立好尺寸与像素转换关系的照片，使用 Image-adjust-Brightness/contrast 命令将灰度图像转换为高对比度的黑白图像。可以指定某个色阶作为阈值，通过阈值调整，将 SEM 图像的孔隙和土颗粒分别用不同的颜色显示，最终将孔隙显示为黑色，土颗粒显示为白色。见图 3—43。

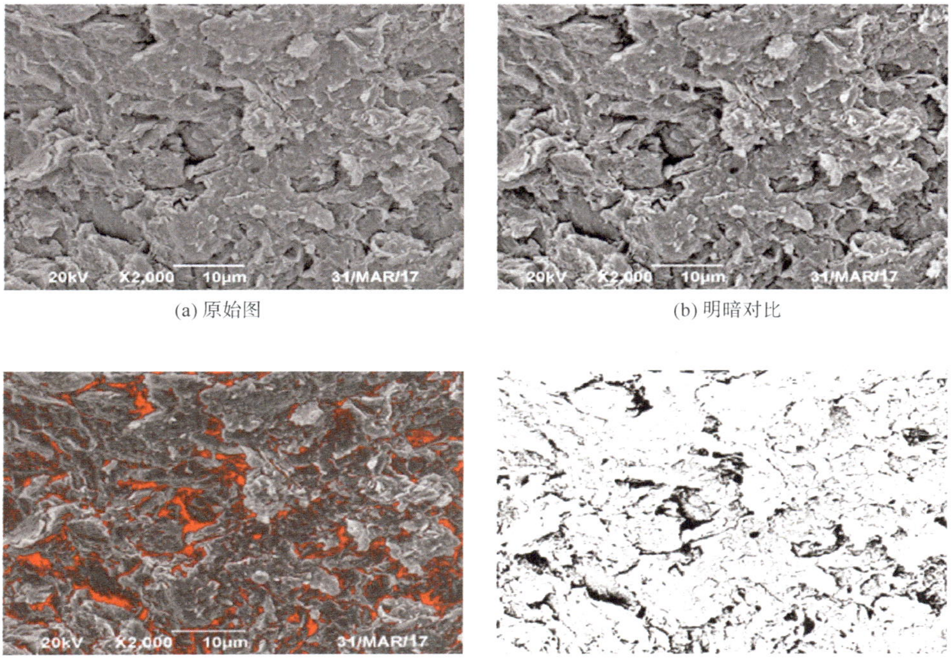

(a) 原始图　　(b) 明暗对比

(c) 阈值设定　　(d) 孔隙提取

图 3—43　SEM 图像预处理

通过 imageJ 软件分别对预处理好的改良前放大倍数为 1 000、2 000、3 000、5 000 的 SEM 图像使用 analyze-analyze particles 命令提取孔隙参数，与理论计算孔隙率进行比较。见表 3—29。

表 3—29　膨胀土理论计算孔隙率与图像提取孔隙率对比

里　程	放大倍数	理论计算孔隙率 n	提取孔隙率(%)	误差(%)
DK350＋800	1 000	40.19	27.58	31.38
	2 000		39.28	2.26
	3 000		19.17	52.30
	5 000		17.44	56.61

续上表

里　程	放大倍数	理论计算孔隙率 n	提取孔隙率(%)	误差(%)
DK355+700	1 000	37.09	24.66	33.51
	2 000		37.73	1.73
	3 000		22.57	39.15
	5 000		23.14	37.61
DK429+350	1 000	38.87	27.57	29.07
	2 000		40.08	3.11
	3 000		24.37	37.30
	5 000		30.46	21.64

由表结果可知，对于放大倍数为 2 000 倍的 SEM 图像提取的孔隙率与理论计算的得到的孔隙率误差最小，分别为 2.26%、1.73%、3.11%，而放大倍数在 1 000 倍左右或者超过 3 000 倍时，其孔隙率误差均超过了 20%。当放大倍数小于 2 000 倍时，有些孔隙由于太小导致无法提取，从而使提取得到的孔隙率偏小，而当放大倍数过大时，总体图像面积变小，由于孔隙分布随机性的影响，有的区域孔隙分布多，有的区域孔隙分布相对较少，或者大孔隙不均匀分布的影响，导致放大倍数较大的 SEM 提取的孔隙率误差很大，不具有代表性。因此，对膨胀土采用 2 000 倍左右的放大倍数，土样放大倍数在 2 000 倍左右就可以满足获取内部孔隙分析的要求。

膨胀土孔隙定量分析

由改良前膨胀土核磁共振结果可知，直径在 0～0.1 μm 的孔隙居多，孔隙直径分布范围主要在 0～2.5 μm，因此，对 imagej 提取的 SEM 图像，以核磁共振结果为参考，将孔径分布范围换算成面积，按孔隙面积参数将孔隙分为大孔隙、中孔隙、小孔隙三个等级，大孔隙、中孔隙、小孔隙面积划分见表 3—30。

表 3—30　孔隙面积划分表

孔隙类型	小孔隙	中孔隙	大孔隙
孔隙面积	0～0.01 μm^2	0.01～4 μm^2	>4 μm^2

使用 ImageJ 对三个工点改良前后 2 000 倍 SEM 图像预处理，分别提取孔隙参数，结果见表 3—31。

表 3—31　SEM 微细观参数汇总表

取样地点	孔隙面积（μm^2）		孔隙周长（μm）		孔隙率（%）	
	改良前	改良后	改良前	改良后	改良前	改良后
DK350＋800	659.45	253.52	7295.60	5317.68	39.28	7.87
DK355＋700	924.89	399.38	9873.17	7714.74	37.73	12.44
DK429＋350	764.19	261.08	6021.84	5271.60	40.08	8.12

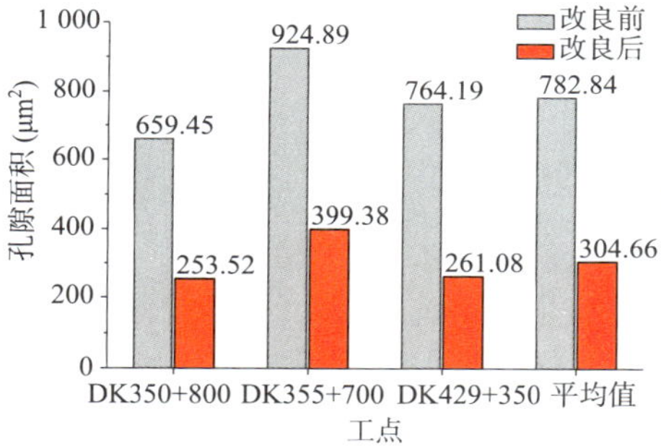

(a) 孔隙总面积

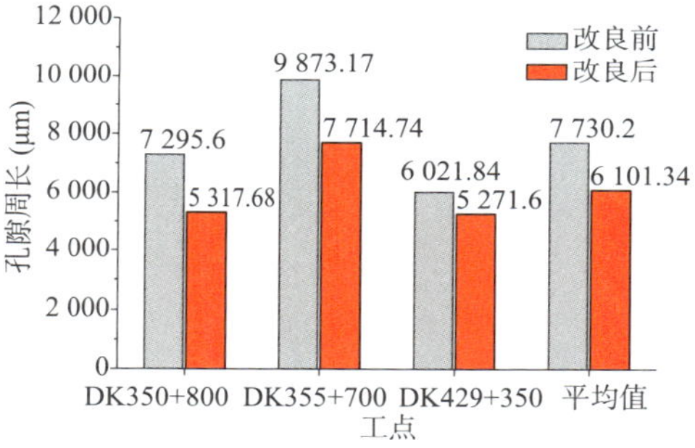

(b) 孔隙总周长

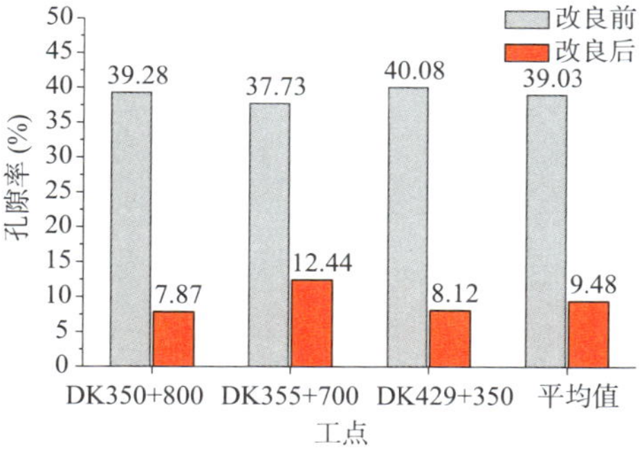

(c) 孔隙率

图 3—44　改良前后孔隙对比

由表 3—31、图 3—44 可知，改良处理后，孔隙面积分别由改良处理前的 659.45 μm^2、924.89 μm^2、764.19 μm^2 减少到 253.52 μm^2、399.38 μm^2、

261.08 μm²，孔隙面积明显减少。孔隙率分别由改良处理前的 39.28%、37.73%、40.08%降低到 7.87%、12.44%、8.12%，孔隙率显著降低。改良处理前后，孔隙周长变化幅度相对较小。

对改良处理前后孔隙面积和孔隙周长，按照大孔隙、中孔隙、小孔隙三种孔隙类型，分析每一种孔隙类型的孔隙面积和孔隙周长的改良前后差异，结果见表 3—32。

表 3—32　2 000 倍 SEM 分析结果

里程	孔隙类型	孔隙面积（μm²）		孔隙面积百分比（%）		周长长度（μm）		周长百分比（%）	
		改良前	改良后	改良前	改良后	改良前	改良后	改良前	改良后
DK350＋800	小孔隙	36.05	36.99	5.47	14.59	1629.83	1692.89	22.34	31.84
	中孔隙	277.03	209.52	42.01	82.64	4 160.53	3 585.00	57.03	67.42
	大孔隙	346.37	7.02	52.52	2.77	1 505.24	39.79	20.63	0.75
DK355＋700	小孔隙	43.03	41.05	4.65	10.28	1 948.41	1 899.10	19.73	24.62
	中孔隙	339.72	346.73	36.73	86.82	5 424.04	5 714.53	54.94	74.07
	大孔隙	542.15	11.60	58.62	2.90	2 500.72	101.11	25.33	1.31
DK429＋350	小孔隙	16.37	30.74	2.14	11.78	729.49	1 402.94	12.11	26.61
	中孔隙	283.45	220.82	37.09	84.58	3 541.64	3 798.65	58.81	72.06
	大孔隙	464.37	9.51	60.77	3.64	1 750.71	70.01	29.07	1.33

按照孔隙类型细分后，表 3—32 中不能直观地看出改良前后孔隙变化规律，图像能够更加清晰直观的表达，对表 3—32 中数据进行作图分析，如图 3—45。

由图 3—45 分析可知，DK350＋800 改良处理后，小孔隙面积没有变化，改良处理前后孔隙面积分别为 36.05 μm²、36.98 μm²，但改良处理后，小孔隙面积占全部孔隙面积的百分比变大了，由改良前的 5.47%提高到 14.59%。改良处理后，中孔隙面积有所下降，下降幅度不是很明显，由 277.03 μm² 下降到 209.51 μm²，同样的，中孔隙面积占全部孔隙面的百分比变大，由 42.01%

提高到 82.64%，中孔隙面积百分比明显变大。改良处理后，变化最大的是大孔隙，从 346.37 μm² 下降到 7.02 μm²，大孔隙面积百分比由 52.52%下降到 2.77%。

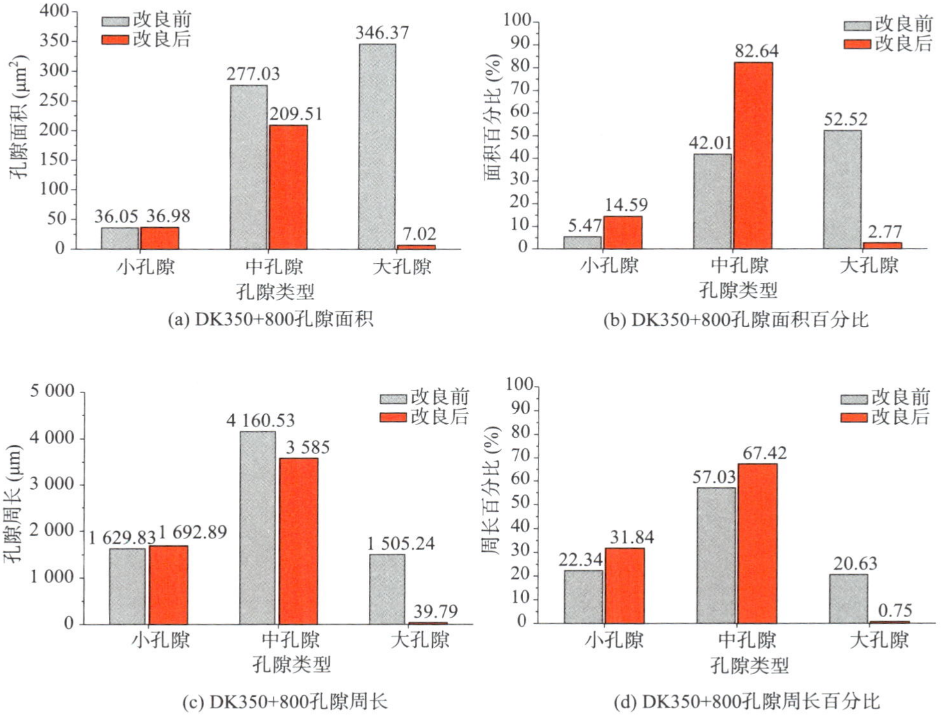

图 3—45 DK350＋800 改良前后孔隙对比分析

改良处理前后，小孔隙周长变化甚微，中孔隙周长略微下降，而由于大孔隙面积显著减小，对应的孔隙周长也显著减小。因此，改良处理后，孔隙周长减少的主要原因是大孔隙周长的减少。

改良处理前后，DK355＋700 小孔隙面积几乎不变，面积大小和 DK350＋800 试样相差无几，小孔隙面积百分比略有变大，中孔隙面积亦是变化不大，但中孔隙面积百分比显著增多，提高至 86.82%，变化最为明显的大孔隙，改良前大孔隙面积占孔隙总面积的 58.62%，改良后降低至 2.9%。

改良处理前后，DK355＋700 中孔隙和小孔隙周长同样变化不大，中孔隙周长百分比有所增大，从 54.94%提高到 74.04%。由于改良后大孔隙面积大幅度减小，大孔隙周长随之大幅度减少。

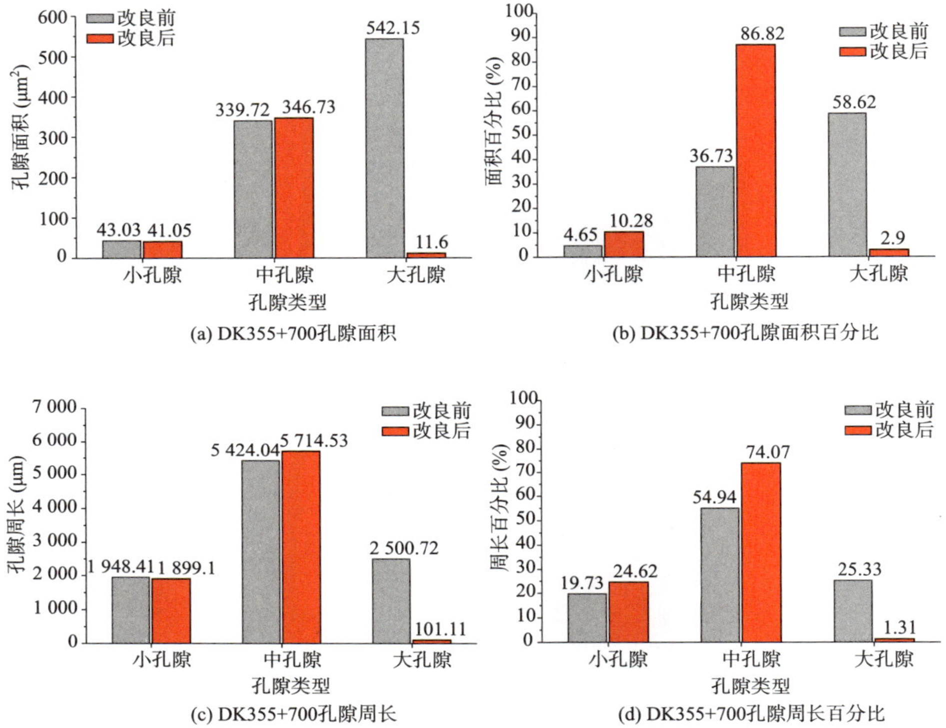

图 3—46　DK355＋700 改良前后孔隙对比分析

改良处理前后，DK429＋350 孔隙面积和周长变化趋势与 DK350＋800、DK355＋700 一致，中孔隙面积百分比明显增大，大孔隙面积大幅度减少。

通过分析膨胀土试样内部孔隙变化可以得出，改良处理前后小于 0.01 μm^2 的小孔隙没有变化，说明小孔隙对膨胀土的胀缩性影响不大。石灰＋火山灰改良处理后，中孔隙面积明显增加，大孔隙面积大幅度减小，膨胀土膨胀率大幅度下降，自由膨胀率从 90％以上下降到 40％以下，膨胀潜势由强膨胀土变为非膨胀土，说明影响膨胀土膨胀、收缩的主要是中孔隙和大孔隙，中孔隙百分比越大、大孔隙百分比越小，对膨胀土的胀缩性质的抑制作用越大。

孔隙评价指标优化

对于微细观结构颗粒或孔隙的评价一般用无量纲数值表达，即形状因子。

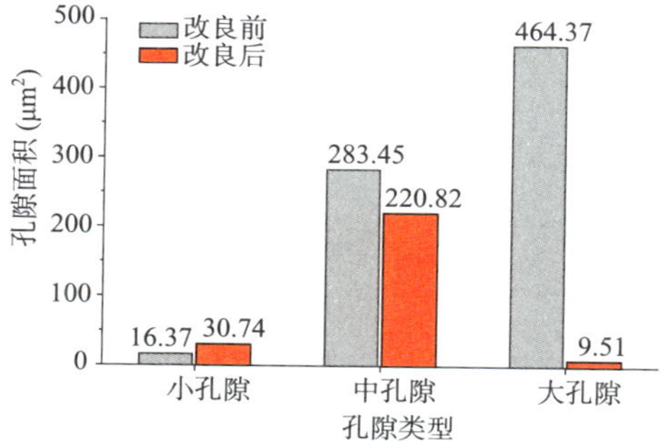

(a) DK429+350孔隙面积

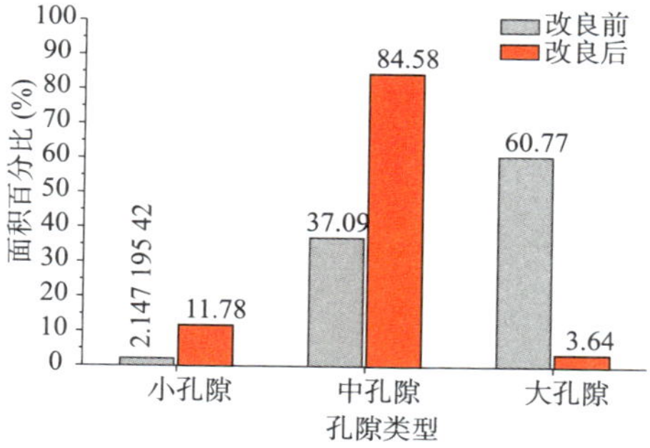

(b) DK429+350孔隙面积百分比

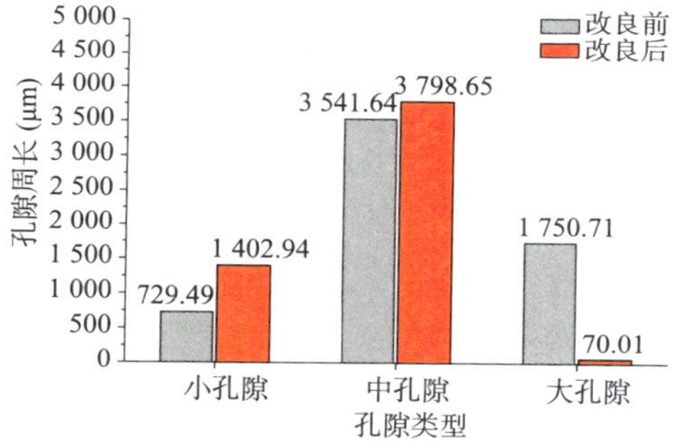

(c) DK429+350孔隙周长

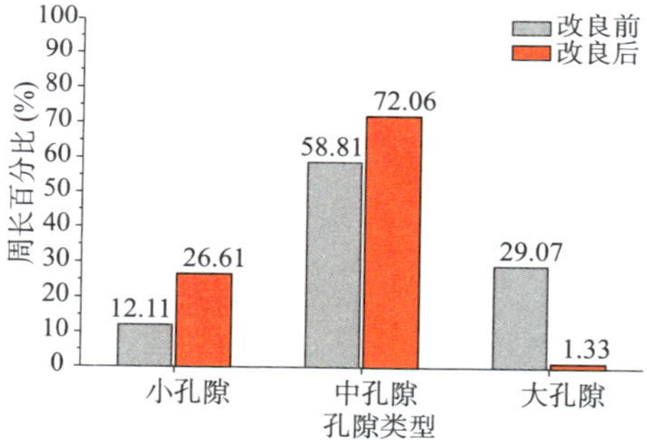

(d) DK429+350孔隙周长百分比

图 3—47　DK355＋700 改良前后孔隙对比分析

有扁圆度、形状系数、圆形度等指标。

扁圆度 K

$$K=\frac{B}{L} \tag{3—6}$$

式中　L——图像中颗粒最长弦；

B——垂直于最长弦的颗粒最大宽度。

形状系数 F

$$F=\frac{C}{S} \tag{3—7}$$

式中　C——与颗粒或孔隙等面积的圆周长；

S——颗粒或孔隙的周长。

圆形度 R

$$R=4\pi\frac{S}{L^2} \tag{3—8}$$

式中 S——区域面积；

L——区域周长。

扁圆度 K 是描述细观颗粒形状的参数，B 和 L 分别相当于椭圆的短轴和长轴，K 值越大，土颗粒形状越接近于圆形，其值越小越细长。扁圆度 K 只是以颗粒垂直长短轴比值表征颗粒形状，没有用到颗粒面积和周长参数。形状系数 F 计算时，需要将颗粒或孔隙的面积等效成等面积圆形的圆周长，形状系数 F 的取值范围在 0 到 1 之间，F 值越大则越趋近于圆形，当 F 等于 1 时，区域为标准圆形。同样，圆形度 R 也是在将颗粒或孔隙等效成圆的基础上评价颗粒或孔隙形状。

以上评价孔隙的指标 K 和 R 都是基于把孔隙等效为圆形后再进行评价，而实际中土孔隙多为不规则形状，相对于圆形来说，椭圆形更接近于真实孔隙形状。

$$S=\pi ab \tag{3—9}$$

$$L=2\pi b+4(a-b) \tag{3—10}$$

式中 S——椭圆面积；

L——椭圆周长；

a——椭圆半长轴；

b——椭圆半短轴。

Imagej 获取的 SEM 参数有孔隙面积和孔隙周长，因此，将孔隙等效为椭圆时，利用孔隙面积和周长两个参数，求出椭圆短轴和长轴，以短轴 b 和长轴 a 的比值 r 球形系数表征孔隙形状。

$$r=b/a \tag{3—11}$$

式中 r——球形系数；

b——椭圆半短轴；

a——椭圆半长轴。

同样，r 的取值范围在 0～1 之间。r 越大，孔隙形状越接近圆形，r 越小，孔隙形状越扁长。

现举例验证球形系数 r 的准确性，假设有一个椭圆形的孔隙，其短轴为

5，长轴为 10，此孔隙的球形系数 r 为 0.5。使用形状系数公式计算，得到孔隙的形状系数 F 为 0.86。使用圆形度公式计算，孔隙的圆形度 R 为 0.74。由以上结果可以看出，形状系数 F 和圆形度 R 表征孔隙形状偏差较大，对于不规则的孔隙，球形系数 r 表征孔隙形状更为精确。

五、孔隙形态分析

孔隙的大小影响膨胀土胀缩性质，同样大小的孔隙，不同的形状对膨胀土性质同样有影响。以改良前后 DK350＋800 工点膨胀土试样为研究对象，以优化后的新指标球形系数 r 对改良前后膨胀土孔隙形状统计分析，见图 3—48。

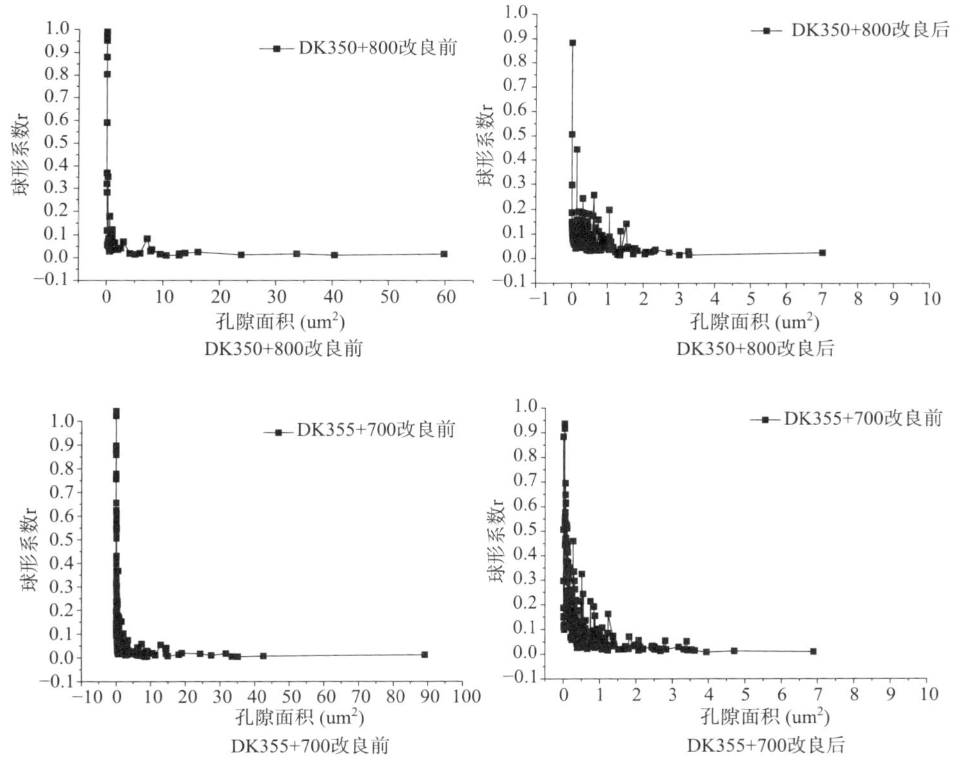

图 3—48　改良前后球形系数分布

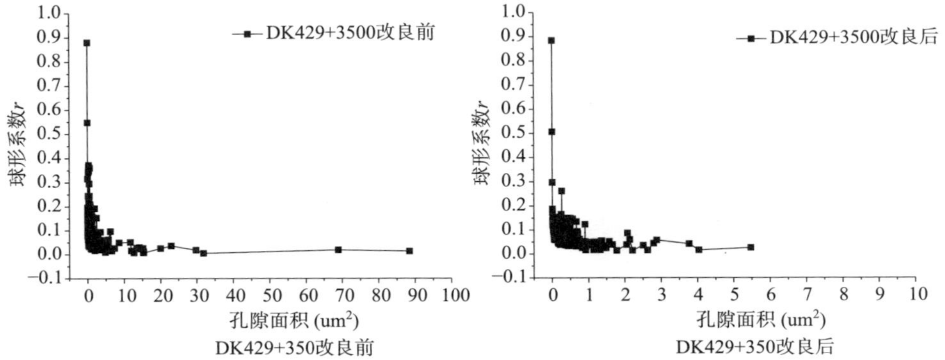

图 3—48　续

从图 3—48 可以看出，孔隙面积与球形系数呈反比，孔隙面积越小，球形系数越大，换言之，孔隙面积越小，形状越接近圆形。改良前三种孔隙中，大孔隙面积＞中孔隙面积＞小孔隙面积，改良后，中孔隙面积＞小孔隙面积＞大孔隙面积，而大孔隙的球形系数多在 0.05 以下，中孔隙球形系数在 0.1～0.5 范围变化，小孔隙则更接近于圆形，球形系数大于 0.7。

由于孔隙面积跨度较大，相应的球形系数变化范围随之变大。因此，分别以平均值表征三种类型的孔隙面积和球形系数，分析改良前后差异。如表 3—33。

表 3—33　不同孔隙类型平均球形系数

里程	孔隙类型	平均孔隙面积（μm^2）		平均球形系数 r	
		改良前	改良后	改良前	改良后
DK350＋800	小孔隙	0.004	0.004	0.84	0.84
	中孔隙	0.130	0.089	0.29	0.32
	大孔隙	12.828	7.020	0.02	0.02
DK355＋700	小孔隙	0.004	0.004	0.83	0.84
	中孔隙	0.125	0.106	0.27	0.31
	大孔隙	15.490	5.800	0.02	0.01

续上表

里程	孔隙类型	平均孔隙面积(μm^2)		平均球形系数 r	
		改良前	改良后	改良前	改良后
DK429＋350	小孔隙	0.004	0.004	0.84	0.85
	中孔隙	0.167	0.093	0.33	0.31
	大孔隙	17.199	0	0.03	/

对三个工点的实验结果，以改良前后的平均孔隙面积、平均球形系数为研究对象，分别作图进行对比分析，如图 3—49、图 3—50、图 3—51。

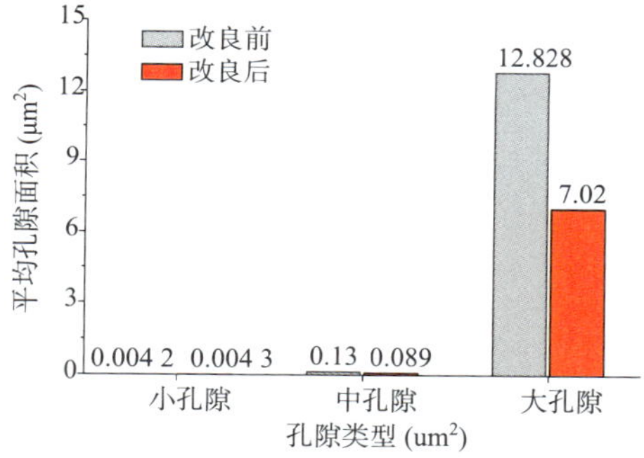

(a) DK350+800平均孔隙面积

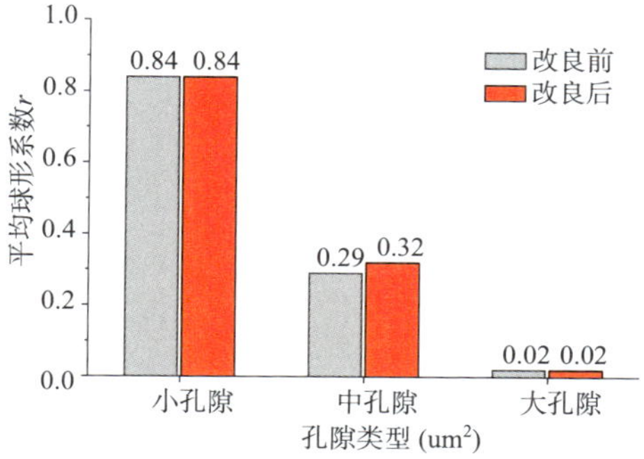

(b) DK350+800平均球形系数

图 3—49　DK350＋800 不同孔隙类型平均孔隙面积和球形系数

DK350＋800 改良前后，小孔隙平均面积不变，平均形状系数不变，平均形状系数为 0.84,说明小孔隙几乎以圆形存在。中孔隙平均孔隙面积略有下降,说明改良后中孔隙整体变小,图(b)中孔隙平均球形系数从 0.29 增大到 0.32,亦反应出中孔隙平均面积变小。大孔隙平均孔隙面积从 12.828 μm^2 下降到 7.02 μm^2,而平均球形系数不变,改良前后都是 0.02,大孔隙平均面积大、球形系数小,以裂缝形式存在于土体内部。

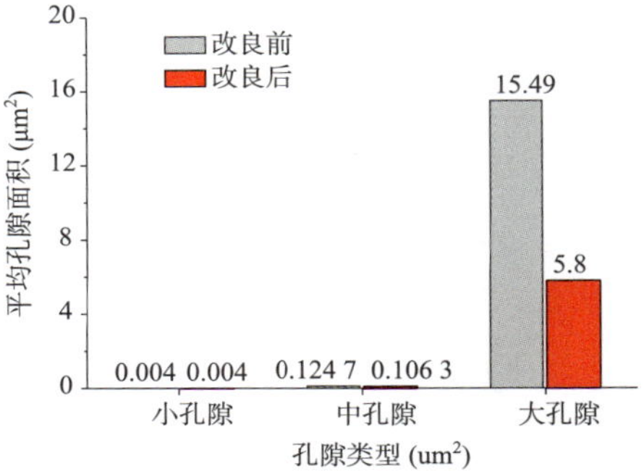

(a) DK355+700平均孔隙面积

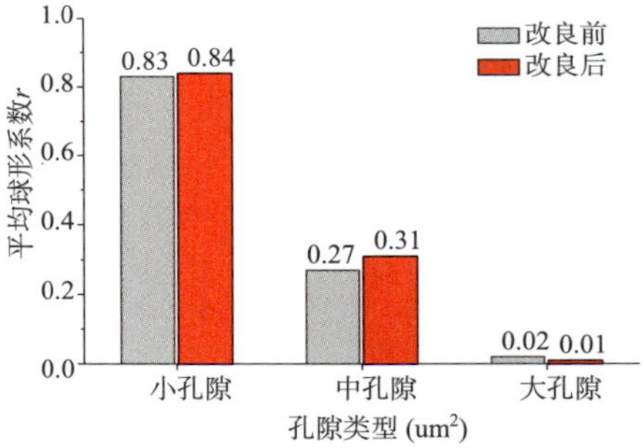

(b) DK355+700平均球形系数

图 3—50　DK355＋700 不同孔隙类型平均孔隙面积和球形系数

DK355＋700 改良前后小孔隙和中孔隙变化与 DK350＋800 相同,改良后,小孔隙稳定不变,中孔隙平均孔隙面积下降,平均球形系数变大。大孔隙平均孔隙面积变小,平均球形系数很小,以裂缝形式存在于土体内部。

DK429＋350 改良前后小孔隙稳定不变,中孔隙平均面积变小,平均球形系数从 0.33 变为 0.31,而改良后大孔隙全部消失,孔隙以小孔隙和中孔隙类型存在,以中孔隙为主。

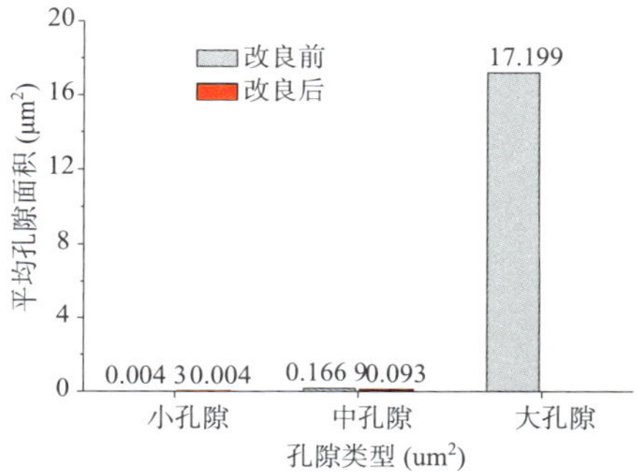

(a) DK429+350平均孔隙面积

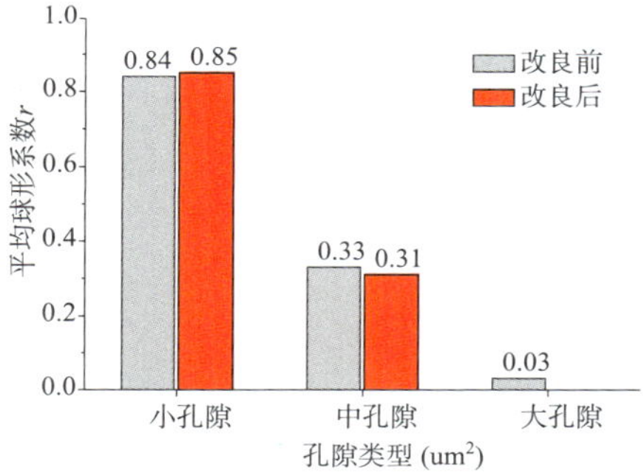

(b) DK429+350平均球形系数

图 3—51 DK429+350 不同孔隙类型平均孔隙面积和球形系数

对三个工点膨胀土试样孔隙形状分析可知，改良处理后，小孔隙稳定不变，r=0.84，接近于圆的形式存在。中孔隙平均孔隙面积下降，平均球形系数 r=0.31，总体增大，且改良后土体孔隙以中孔隙为主。少数存在的大孔隙平均球形系数在 0.02 左右，以裂缝的形式存在于土体内部。

第六节 黑棉土边坡病害及加固

一、黑棉土边坡破坏形式

1. 路基破坏

膨胀土地区路基不均匀胀缩，易产生大幅度的横向波浪形变形。这种变形随季节而变化，雨季路基渗水软化，在行车荷载作用下，形成泥浆并挤入基层，从路面裂缝、伸缩缝溅浆冒泥。路面溅浆冒泥多在雨季发生，在其他季节如有地下水浸湿路基时亦可发生。

2. 路堑破坏类型

(1)剥落

膨胀土路堑边坡表层受物理风化作用，膨胀土破碎呈细粒状，在重力作用下沿坡面滚落。这种剥落现象主要发生在旱季，旱季愈长，水分蒸发愈强烈，剥落愈严重。一般强膨胀土较弱膨胀土剥落更甚，阳坡比阴坡严重。剥落物堆积于边坡脚或边沟内常造成边沟堵塞。

(2)冲蚀

膨胀土坡面松散土层在降雨或地表径流的集中水流冲刷下，沿坡面形成沟状冲蚀。冲蚀沟深 0.1～0.5 m，宽度可达 0.1 m。冲蚀主要发生在雨季，特别是大雨或暴雨季节。冲蚀的发展使膨胀土路堑边坡变得支离破碎，既破坏了坡面的完整性，也不利于植物的生长。

(3)泥流

泥流是由膨胀土坡面松散土粒与坡脚剥落堆积物在雨季被水流裹带、搬运形成。主要发生在坡面风化剥落严重且地表径流汇集处，泥流常造成边沟或涵洞堵塞，严重时可冲毁路基、淹埋路面。

(4)溜塌

膨胀土边坡表层，土体吸水饱和，在重力与渗透压力作用下，沿坡面向下产生塑流状的溜塌。这种溜塌现象是膨胀土边坡表层最普遍的一种病害，常发生在雨季，与降雨稍有滞后关系，可在边坡的任何部位发生，与边坡坡度无关。溜塌上方有弧形水坎，无明显裂缝与滑面，塌体移动距离较短，且很快自行稳定于坡面。溜塌厚度大多在 1.0 m 以内，不超过 1.5 m。

(5)坍滑

边坡浅层膨胀土体在湿胀干缩效应与风化作用影响下，土体强度衰减，丧失稳定，沿一定滑面整体滑移和伴有局部坍落。坍滑现象常发生在雨季，较降雨稍有滞后。滑面清晰且有擦痕，滑体裂隙密布，多在坡脚或弱的夹层处滑出，破裂面上陡下缓，滑动带含水量明显高于滑体。坍滑若继续发展，可牵引形成滑坡。坍滑一般出现在风化作用层内，厚度为 1.0～3.0 m。

(6)滑坡

膨胀土滑体大多出现在浅层部位，厚度在 6.0 m 以内，一般为 1.0～3.0 m，与大气风化作用密切相关。滑坡具有弧形外貌和明显的滑床，滑床后壁陡直，前缘比较平缓，主要受裂隙控制，滑坡多呈牵引式出现，具叠瓦状，成群发生，滑体呈纵长形。膨胀土滑坡主要与土的类型和土体结构有关，与边坡的高度和坡度并无明显关系。因此，采用放缓边坡来防治滑坡往往效果不明显，必须采取其他有效的防护加固措施。

3. 路堤破坏类型

(1)沉陷

膨胀土初期结构强度较高，施工时不易被粉碎和压实。路堤填筑后，大气物理风化作用和湿胀干缩效应使土块崩解，在路面和路基自重与行车荷载作用下，路堤易产生不均匀下沉。若伴随有软化挤出，则可产生很大的沉陷量。路堤愈高，沉陷量愈大，沉陷愈普遍，尤以桥台处填土的不均匀下沉更为严重，从而造成桥台跳车。不均匀下沉也导致路面的平整度下降，严重时可使路面变形破坏，甚至屡修屡坏。

(2)纵裂

路肩部位常因机械碾压不到位，使填土达不到要求的密实度，后期沉降相对较大。同时因路肩临空，对大气物理作用特别敏感，干湿交替频繁，肩部土体失水收缩远大于堤身，故在路肩沿线方向常产生纵向干裂，形成长达数十至数百米的张开裂缝。缝宽约 2～4 cm，距路肩外缘 0.5～1.0 m。

(3)坍肩

路堤肩部土体压实不够，又处于两面临空部位，极易受风化影响使强度衰减。当有雨水渗入时，特别是当有路肩纵向裂缝时，容易产生坍塌。塌壁高度多在 1.0 m 以内，严重者大于 1.0 m。

(4)溜塌

路堤边坡与路堑边坡表层溜塌基本相似，但路堤边坡溜塌多与边坡表面压实不够有关。溜塌多发生在路堤边坡的坡腰或坡脚附近。

(5)坍滑

膨胀土路堤填筑后，边坡表层与内部填土的初期强度基本一致。但随着通车时间的延续，路堤经受几个干湿季节的反复收缩与膨胀作用后，表层填土风化加剧，裂隙发展。当有水渗入时，膨胀土膨胀软化，强度降低，导致发生边坡坍滑。

(6)滑坡

路堤滑坡与填筑膨胀土的类别、性质、填筑质量和基底条件有关。若用强膨胀土填筑堤身，则会形成人为的软弱带；填筑质量差，土块未按要求打碎，基底有水或淤泥未清除，处理不彻底，边坡防护工程施工不及时，边坡表层破坏未及时整治等，都有可能造成滑坡。因此，膨胀土路堤有从堤身滑动的，也有从基底滑动的。

二、黑棉土边坡加固措施

膨胀岩(土)是含有大量亲水矿物，如蒙脱石和伊利石，因吸水或失水导致含水率变化时会产生较大体积变化的岩石(黏性土)，具有遇水膨胀、软化、崩解和失水收缩、开裂的特性，其一旦失稳破坏，将严重威胁铁路的安全运营。

膨胀土路堑边坡设计是一个复杂的工程地质问题。根据目前的调查结果看，一般采用1∶2～1∶3的坡率，但也出现不稳定，特别是有软弱夹层时，边坡采用1∶5～1∶8也不一定稳定。边坡的坡率大小不是唯一因素，即用常规土力学分析方法，并不能妥善解决膨胀土路堑的边坡稳定问题。

膨胀土路堑边坡的破坏形式是多样的，但从破坏的深度上来分，可归纳为浅层破坏和深层破坏两种类型。浅层破坏是指发生在大气影响层内的变形，主要受气候变化、风化程度、裂隙发育程度等因素影响，是膨胀土路堑边坡破坏的主要形式；超过这层厚度的边坡变形即为深层破坏，主要是由边坡存在不利结构面引起的。设计时，需要针对边坡具体地质条件对稳定性进行验算。长期以来，对深层破坏的膨胀土挖方路基边坡多采用挡土墙、桩板墙等刚性防护措施，但是，由于刚性防护结构不能缓解膨胀土胀缩变形所产生的膨胀力，尤其是中强膨胀土的膨胀力大，常使这些支挡结构产生变形破坏。另外，挡土墙、桩板墙等支挡结构存在与周围环境不协调的问题。近年来，我国针对膨胀土挖方边坡破坏机理，研究提出了防治膨胀土边坡变形破坏的柔性支护，既解决了膨胀土挖方边坡稳定问题，又使线路与周围环境融为一体。

我国膨胀土边坡常用的防护措施主要有：刚性防护、柔性防护和复合型防护。刚性防护主要指：以圬工结构为主，辅以其他必要的综合处治措施相结合的处理方案。其主要形式为：实体式护面墙、干砌片石护坡、浆砌片(卵)石护坡、水泥混凝土预制块护坡、锚杆铁丝网喷浆或喷射混凝土护坡等。柔性防护是指采用化学改良、土工织物等材料为主，辅以其他必要的综合处治措施相结合的处理方案，包括封面和植物防护两大类型。封面柔性防护主要形式有：灰浆抹面、捶面、喷浆或喷射混凝土等。植物防护主要有：种草、铺草皮、植树等。复合型防护指当单一的刚性或柔性防护措施效果不佳时，采用上述两种或两种以上防护措施相结合的边坡处治方案。工程实践中常采用的主要形式有：框格骨架＋种草、窗孔式护面墙＋种草、拱架护坡＋种草、六角空心砖护坡＋种草、石灰土捶面＋无砂大孔混凝土骨架＋坡脚挡土墙、锚杆框架＋植草、表层土改性＋浆砌片石骨架＋多级挡墙等。其中，柔性挡土墙加固膨胀土边坡表现出很强的生命力，在试验研究和工程实践中取得了良好效果。

方案一“片石混凝土挡土墙＋有加固锚杆挂网喷混凝土＋浆砌片石护坡”边坡综合治理方案

本方案的具体设计方法和措施为：膨胀岩（土）深路堑边坡高度 $H>14$ m 时，路堑边坡坡脚设 C30 片石混凝土挡土墙加固。挡土墙墙身采用 C30 片石混凝土浇筑，高 8.0 m。墙顶面宽 1.5 m，墙背倾斜度为 1∶0.2，墙胸倾斜度为 1∶0.25，墙底倾斜度为1∶0.2，在距离墙胸埋深面 2 m 的范围设置倒梯形排水沟，此外墙体中应按照规范要求设置排泄水孔数，墙背后设不小于 0.5 m 厚砂夹卵石反滤层，反滤层下设 0.3 m 厚 M7.5 浆砌片石平台，与侧沟平台顺接。

片石混凝土挡土墙墙顶后设 2 m 宽平台，堑坡每 8 m 分一级，边坡坡率放缓至1∶1.25，墙顶平台以上路堑部分边坡采用有加固锚杆挂网喷混凝土加固防护。边坡分级处设 2 m 宽平台，平台采用 M7.5 水泥砂浆砌片石防护，厚 0.4 m，并设置倾向路堑内侧的 4% 横向排水坡。锚杆采用直径 28 mm HRB400 螺纹钢筋，长度 10 m，间距2.4 m，与水平面倾角 25°（下倾）。格梁采用 C35 混凝土浇筑，间距 2.4 m，截面尺寸 0.4×0.4 m，并设 0.1 m 高、0.1 m 宽的截水槽，下设 0.1 m 厚 C25 混凝土垫层。顶上其余路堑边坡采用膨胀土路堑的水泥砂浆砌片石（带截水槽）护坡防护，参见图 3—52。

方案二“重力式挡土墙＋锚杆格梁＋中部大平台”边坡治理方案

膨胀岩（土）深路堑边坡坡脚设 8 m 高重力式挡土墙，顶宽 1.5 m，埋深 2.0 m。面坡坡率 1∶0.25，背坡坡率 1∶0.25，底坡 0.2∶1.00。挡土墙墙顶

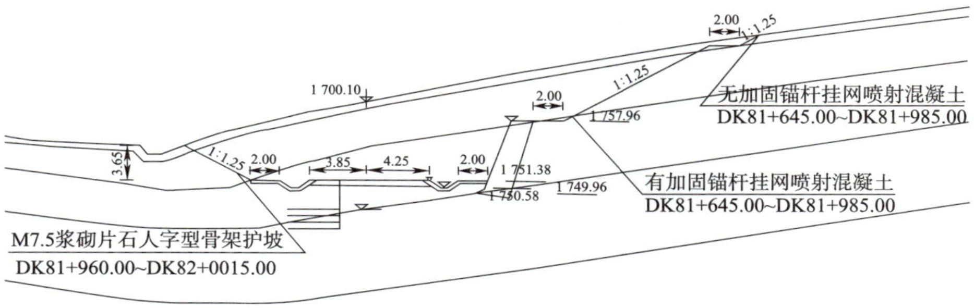

图 3—52　边坡治理方案示意图

后设 2 m 宽平台，堑坡每 6 m 分一级，边坡坡率放缓至 1∶1.75。墙顶平台以上整级路堑边坡采用锚杆格梁加固防护，锚杆格梁防护分级处设 2 m 宽平台，平台采用 M7.5 水泥砂浆砌片石防护，厚 0.4 m，并设置倾向路堑内侧的 4% 横向排水坡。锚杆采用直径 28 mm HRB400 螺纹钢筋，长度 10 m，间距 2.4 m，与水平面倾角 25°（下倾）。格梁采用 C35 混凝土浇筑，间距 2.4 m，截面尺寸 0.4×0.4 m^2，并设 0.1 m 高、0.1 m 宽的截水槽，下设 0.1 m 厚 C25 混凝土垫层。顶上其余路堑边坡采用 4×3 m^2 的水泥砂浆砌片石人字型骨架（带截水槽）护坡防护，主骨架厚 0.8 m。边坡中部分级处设 8 m 宽大平台，平台采用 M7.5 水泥砂浆砌片石砌筑，厚度 0.4 m，并设置倾向路堑内侧的 4%横向排水坡。格梁及人字型骨架内采用空心块植草绿化防护。参见图 3—53。

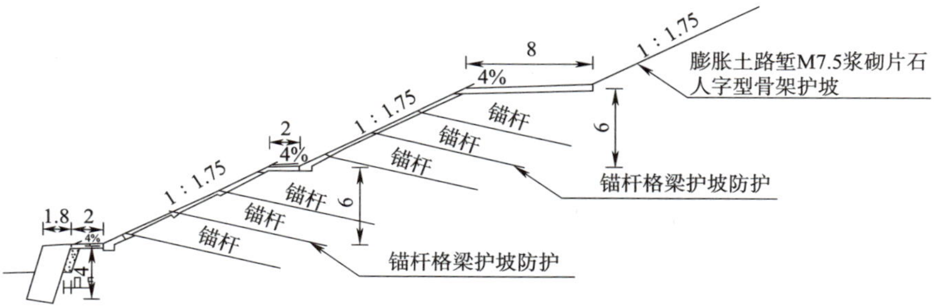

图 3—53　“重力式挡土墙＋锚杆格梁＋中部大平台”边坡治理方案示意图

第四章　裂谷区路基工程

第一节　概　　述

裂谷区地质有相当一部分是特殊地质或复杂地质，如火山区域或软土地质等，增大了裂谷区铁路路基建设的难度。而在裂谷区铁路路基工程集中，在工程投资中比例较大。路基工程指路基本体工程、路基边坡支挡防护与加固工程、过渡段工程(包括路基桥梁过渡段工程和路基涵洞过渡段工程)、路基排水工程(包括地表水和地下水)及改沟改渠工程等。路基是铁路工程的重要组成部分，是承受轨道和列车荷载的基础，路基的地基处理、路堤填筑、边坡支挡防护以及排水设施等必须具有足够的强度、稳定性和耐久性，使之能够抵抗各种自然因素的作用，保证轨道的稳定和列车的安全运行。因此，裂谷区路基设计的技术研究对项目意义重大，参见图 4—1。

铁路线路总体呈东南至西北走向，沿线工程地质条件复杂且地势高低起伏，尤其是裂谷两侧高差较大。沿线地带初步划分为三大区域：东部熔岩高原区、裂谷区和西部熔岩高原区。路基工点类型主要有：路堤坡面防护、路堑坡面防护、高路堤、低路堤、深路堑、浸水路堤、滨海路基、陡坡路基和软土路基等。

图 4—1　正在进行边坡防护的路堑

位于裂谷区的本次内马一期工程地质与路基研究范围主要位于东部熔岩高原区和裂谷区，总结分述见表 4—1。

表 4—1　内马一期工程地质概况表

区　　域	里　　程	地　　形	基岩特征	覆盖层特征
东部熔岩高原区	0＋000～32＋000	火山岩高原西部，起伏较小，略向东部倾斜；谷底、深沟厚度较大	基岩多有出露，主要为响岩、粗面岩和玄武岩等	第四系覆盖层普遍较薄，以黑棉土为主；植被发育，有茂密荆棘灌木丛或呈稀树草原状

续上表

区域		里程	地形	基岩特征	覆盖层特征
裂谷区	东翼山区	32+000～71+000	地势起伏不大，略向东南倾斜，受断裂下陷运动影响严重，边缘侧为陡峭山脊	基岩局部出露，主要为粗面岩，局部为流纹岩；陡坡地段多形成危岩，易引发落石	第四系覆盖层较薄，仅在地势低洼处存在；山间植被较发育
	谷底区	71+000～106+000	两侧峭壁相夹形成"地堑"地形；谷内大多比较平坦，以平原为主；中部分布规模不一的火山	基岩以玄武岩、凝灰岩为主，局部地段基岩出露	谷底个别低洼处带小型水塘；地表大多被第四系地层覆盖，植被覆盖率高
	西翼山区	106+000～120+000	地势升高，地形变化大，陡峭山脊之间多为较平缓的山谷，山脊走向与大裂谷近似平行	基岩以第四系玄武岩、凝灰岩为主，局部出露	第四系覆盖层较厚，沟谷间植被发育

裂谷区路基有相当一部分处于特殊地质或复杂地质，如火山区域或软土地质等，地表分布有粉土、粉质黏土以及存在于小型火山堆的火山渣材料。由于火山渣较松散，承载力较低，难以承受铁路荷载，路基基底应进行强夯或换填处理，以满足铁路承载力及变形要求。对于深路堑地段应设置挡墙或桩板墙进行支护处理，并做好堑顶天沟排水措施，以防止降雨冲刷路基及雨水渗透入火山渣土体所带来的安全问题。但沿线缺乏国内常规的基床填料，且铁路施工沿线水资源匮乏。针对这些复杂地质和地形，工程师们充分利用当地材料，找出适合裂谷区的路基填料。鉴于篇幅有限，本书重点阐述具有创新性的火山渣路基的研究内容和成果。

第二节　裂谷区路基地基分布特征

地基是工程的支撑体，接受由基础传来的全部荷载。地基本身又是地质体，从属于建设地点自然环境条件下的表层地质构成。研究各类工程地质的可能性、适宜性和稳定性是一门十分重要的科学技术学科。

地基失去稳定就意味着工程的破坏。与建筑等其他行业不同的是，路基地基在变形破坏类型、破坏机理、强度和变形等方面有着自己的独特性。路基地基因承载力问题造成的破坏模式有整体破坏和局部剪切破坏，其中整体破坏主要发生在软土地区；路基斜坡地基上软弱夹层处理不当时，路基容易沿软弱夹层产生滑移；路基地基承载力受周围地形、地貌和水等因素影响；地基承载力不足或过大的沉降差异都会导致路基的破坏。

路基地基的主要问题在于弄清地基的工程地质特性，由此选择最经济合理的基础方案，使得路面荷载能够合理地分布在地基中，使得地基能够稳妥地支撑上部工程结构。

一、裂谷区工程地质的形成

工程地质条件的形成和一系列相互影响的复杂地质作用密不可分，这些长期以来不断进行着的地质作用被分为两类，即内动力地质作用和外动力地质作用。

内动力地质作用起源于地球内部，包括岩浆作用、地震作用、板块构造作用和变质作用。在肯尼亚地区，内动力地质作用最明显的特质是地壳水平运动，形成了大裂谷地貌。裂谷断裂的第四纪活动性地貌表现较为明显，在裂谷的两侧一些地段，第三系或第四系被断裂、断错。由于裂谷中火山和断裂活动的交错进行，不同时代的断裂被后一阶段的火山喷发物不同程度地覆盖，尤其是裂谷中心地带末期火山岩的喷发，覆盖了不少较新活动断裂的形迹。

自中生代裂谷形成以来，火山活动频繁，尤其晚新生代以来更为盛行，它们的喷发同裂谷活动也密切相关。火山活动从晚上新世开始，继续到更新世；玄武岩和响岩构成熔岩高原山地的主体。渐近系高原熔岩主要有两期，早期为裂谷性溢出的席状高原玄武岩流，属中新世，可能部分为渐新世，分布于大裂谷带两侧；晚期为火山喷发性熔岩，多成火山锥，有的延续到更新世。

外动力地质作用则作用于地球的表面，在陆地上它们的外营力可以是水流、风和冰川等，在海洋则可以是潮汐和波浪等。在一定的大地构造沉积环境中，在较长的地质历史（<10 亿年）之内，形成一定的沉积岩石共生组合体（亦称沉积构造），亦即大地构造沉积环境控制沉积岩层组合。如在稳定地台区内的开阔盆地可形成潮湿（或干燥）河湖相砂泥质沉积层系，地台上的大陆裂谷或拗拉谷则形成自上而下为碱性基性火山岩堆积—红色粗碎屑砂砾岩—长石砂岩—页岩—巨厚碳酸盐岩沉积岩组合。在被动大陆边缘形成滨、浅海碳酸盐岩（或镁质碳酸盐岩含石膏及岩盐层）组合。活动大陆边缘则形成半深海、砂泥质复理石组合或岛弧海碎屑，碳酸盐岩及火山喷发组合等。

二、裂谷区地层分布

裂谷区域地层大致可以分为三大部分：第一部分为结晶基底，属前寒武系，是一套深变质岩系，其分布较广；第二部分是伴随东非大裂谷形成而发育的新近纪至第四纪火山岩，其分布范围也较广，主要在裂谷内及其附近；第三部分是新近系和第四系，分布面积较零星，主要见于区域西南部 Serengeti 平原，裂谷内也有少量分布。

区内出露地层主要为新生界地层，以第四系冲、洪积及火山堆积地层为主，第四系和新近系火山岩层沿线均有出露。第四系覆盖层分布不均，在谷底区和两翼沟谷内分布较厚，其他地段较薄。第四系火山岩主要分布于裂谷两翼山区，风化层厚度较大，且风化不均匀。新近系岩层主要分布于大裂谷和裂谷两翼火山熔岩流区。土层特征分布情况见表 4—2 所示

表 4—2　土层分布特征表

系统	成因	土层	主要分布范围	描　　述	级别	承载力(kPa)
第四系全新统	人工堆积层	人工填土	沿线城镇、村庄及既有公路、米轨附近	弃填土：未经碾压人工堆积层	Ⅰ级普通土	不均
				填筑土：经碾压处理填筑土	Ⅲ级硬土	

续上表

<table>
<tr><th>系统</th><th>成因</th><th>土层</th><th>主要分布范围</th><th>描述</th><th>级别</th><th>承载力(kPa)</th></tr>
<tr><td rowspan="11">第四系全新统</td><td rowspan="3">残积层</td><td>黏土</td><td rowspan="3">裂谷两翼山区低洼地带和山脊表层</td><td>灰褐色,俗称黑棉土,软塑至硬塑,地表大量裂隙,具膨胀性,含植物根系</td><td>Ⅱ级普通土</td><td>150</td></tr>
<tr><td>粉质黏土</td><td>灰黄色,粉质含量高,多夹有砂层,为新进火山灰沉积而成,软塑至硬塑</td><td>Ⅱ级普通土</td><td>150</td></tr>
<tr><td>粉砂</td><td>黄褐色,土质不均,粉质含量高,局部含粉质黏土夹层,为新进火山灰沉积而成,松散至稍密,表层含植物根系</td><td>Ⅰ级松土</td><td>150</td></tr>
<tr><td rowspan="8">火山堆积层</td><td>粉质黏土</td><td>沿线裂谷谷底区及裂谷西翼山区</td><td>灰褐色,软塑到硬塑,土质不纯,多夹有凝灰岩质砂砾层,厚度不均,含植物根系</td><td>Ⅱ级普通土</td><td>150</td></tr>
<tr><td>粉土</td><td>谷底区地表</td><td>灰黄色,稍密到中密,土质不纯,多夹有凝灰岩质砂砾层,厚度不均,含有植物根系</td><td>Ⅱ级普通土</td><td>120</td></tr>
<tr><td>粉、细砂</td><td>谷底区表层</td><td>黄褐色,松散至稍密,砂质不纯,通常含有少量的凝灰岩质颗粒,厚度不均</td><td>Ⅰ级松土</td><td>120～150</td></tr>
<tr><td>中、粗、砾砂</td><td>裂谷谷底区</td><td>黄褐色,砂质不纯,通常含有凝灰岩质粗颗粒,稍湿,稍密至中密</td><td>Ⅰ级松土</td><td>150～300</td></tr>
<tr><td>细角砾土</td><td>谷底区及西翼山区局部</td><td>灰褐色,稍密至中密,土中的凝灰质角砾含量约30%,粒径1～3 cm,呈次棱、次圆状</td><td>Ⅲ级硬土</td><td>300</td></tr>
<tr><td>碎石土</td><td>西翼山区山脚及斜坡一带</td><td>灰褐色、黄褐色,稍密,稍湿,母岩成分以粗面岩、凝灰岩为主,块径多为3～10 cm,少量18～30 cm,含量约55%,粉质黏土充填</td><td>Ⅲ级硬土</td><td>300～400</td></tr>
</table>

续上表

<table>
<tr><th>系统</th><th>成因</th><th>土层</th><th>主要分布范围</th><th colspan="2">描　　述</th><th>级别</th><th>承载力（kPa）</th></tr>
<tr><td rowspan="7">第四系全新统</td><td rowspan="7">冲、洪积层</td><td>粉质黏土</td><td rowspan="2">沿线裂谷谷底区、山区沟谷、河谷地带</td><td colspan="2">灰色、棕黄色，软塑至硬塑，局部土质不纯，夹有砂砾层，厚度不均，含有植物根系</td><td>Ⅱ级普通土</td><td>100～150</td></tr>
<tr><td>粉土</td><td colspan="2">灰黄色，稍密至中密，土质不纯，多夹有砂砾层，厚度不均，含有植物根系</td><td>Ⅱ级普通土</td><td>100～150</td></tr>
<tr><td>粉、细砂</td><td>河道</td><td colspan="2">黄褐色，松散至稍密，沙之不存，通常含有少量的黏粉粒，厚度不均</td><td>Ⅰ级松土</td><td>100～150</td></tr>
<tr><td>中、粗、砾砂</td><td>沟谷表层</td><td colspan="2">黄褐色，稍湿，稍密至中密</td><td>Ⅰ级松土</td><td>150～300</td></tr>
<tr><td>细圆砾土</td><td rowspan="2">山间沟谷及山前出口处</td><td colspan="2">黄褐色，圆棱状，次棱角状，成分为粗面岩及流纹岩、玄武岩等，中、粗砂、粉土充填，稍湿，稍密至中密</td><td>Ⅱ级普通土</td><td>300～400</td></tr>
<tr><td>碎石土</td><td colspan="2">浅灰色，圆棱状，次棱角状，分选性差，砾石成分为粗面岩、流纹岩等，中、粗砂、粉土充填，稍湿，稍密</td><td>Ⅲ级硬土</td><td>300～500</td></tr>
<tr><td>块石土</td><td>陡崖、沟谷及山间出口处</td><td colspan="2">灰褐色，次棱状，块径多为 30～200 cm，母岩成分主要为粗面岩等火成岩，粉质黏土或砂类土充填，稍湿，中密</td><td>Ⅲ级硬土</td><td>400</td></tr>
<tr><td rowspan="3">第四系更新统</td><td rowspan="3"></td><td rowspan="3">玄武岩</td><td rowspan="3">裂谷两翼山区</td><td rowspan="3">深绿至黑灰色，斑状结构，杏仁构造，主要矿物组成为斜长石、辉石、橄榄石，有气孔和少许杏仁石</td><td>全风化层：较薄</td><td></td><td></td></tr>
<tr><td>强风化层：一般呈碎块状，颜色灰暗，节理面多铁锈色，结构疏松、岩质较软</td><td>Ⅳ级软石</td><td>500</td></tr>
<tr><td>弱风化层：岩质致密、坚硬</td><td>Ⅴ级次坚石</td><td>1 000</td></tr>
</table>

续上表

系统	成因	土层	主要分布范围	描述		级别	承载力(kPa)
第四系更新统		响岩	全范围	青灰色,隐晶结构,块状构造,节理裂隙发育,岩质坚硬,抗风化能力较强	全风化层:较薄		
					强风化层:一般呈碎块状	Ⅳ级软石	500
					弱风化层:岩质坚硬,节理不发育,锤击声清脆	Ⅴ级次坚石	800
		凝灰岩		浅黄色、灰白色,成岩作用差,有层理,近水平状	全风化层:厚度较大	Ⅲ级硬土	250
					强风化层:一般呈碎块状,颜色灰暗,节理面多含锈色,岩质较软	Ⅲ级硬土	400
					弱风化层:岩质致密、坚硬	Ⅳ级软石	600
		粗面岩		浅灰至浅黄色,有气孔,多斑状、粗面状结构,石英含量变化较大	全风化层:一般呈土状	Ⅲ级硬土	250
					强风化层:一般呈碎块状	Ⅳ级软石	500
					弱风化层:岩质坚硬,节理不发育,锤击声清脆	Ⅴ级次坚石	800
		流纹岩		灰褐色,隐晶质结构,流纹状构造,多为强风化和弱风化,裂隙面呈黄褐色	强风化层:节理很发育,岩芯以碎块为主	Ⅳ级软石	500
					弱风化层:节理发育	Ⅴ级次坚石	800

续上表

系统	成因	土层	主要分布范围	描　　述		级别	承载力(kPa)
第四系更新统		角砾岩	全范围	灰黄色，角砾状结构，块状构造，胶结性差，裂隙发育	全风化层	Ⅲ级硬土	250
					强风化层	Ⅲ级硬土	400
					弱风化层	Ⅳ级软石	600
		玄武岩	火山熔岩流区	灰褐色，隐晶质结构，块状构造，有气孔和少许杏仁石，裂隙及柱状节理发育	全风化层：一般呈土状	Ⅲ级硬土	250
					强风化层：一般呈碎块状，颜色灰暗，节理面多铁锈色，结构疏松、岩质较软	Ⅳ级软石	500
新近系					弱风化层：岩质致密、坚硬	Ⅴ级次坚石	1 000
		响岩	全范围	青灰色，隐晶结构，块状构造，节理裂隙发育，岩质坚硬	全风化层：一般呈土状	Ⅲ级硬土	300
					强风化层：一般呈碎块状	Ⅳ级软石	500
					弱风化层：岩质坚硬，节理不发育，锤击声清脆	Ⅴ级次坚石	800
		凝灰岩		灰青色，凝灰质结构，块状构造，成岩作用差，有层理，近水平状	全风化层：一般呈土状	Ⅲ级硬土	250
					强风化层：一般呈碎块状，颜色灰暗，节理面多含锈色，岩质较软	Ⅲ级硬土	400

续上表

系统	成因	土层	主要分布范围	描述		级别	承载力（kPa）
新近系		凝灰岩	全范围	灰青色，凝灰质结构，块状构造，成岩作用差，有层理，近水平状	弱风化层：岩质致密、坚硬	Ⅳ级软石	600
		粗面岩		浅灰到浅黄色，有气孔，多斑状、粗面状结构，石英含量变化较大	全风化层：一般呈土状	Ⅲ级硬土	250
					强风化层：一般呈碎块状	Ⅳ级软石	500
					弱风化层：岩质坚硬，节理不发育，锤击声清脆	Ⅴ级次坚石	800
		角砾岩		灰黄色，角砾状结构，块状构造，胶结性差	全风化层	Ⅲ级硬土	250
					强风化层	Ⅲ级硬土	400
					弱风化层	Ⅳ级软石	600

根据表中土层分布情况，裂谷区地基土具有以下特征：

裂谷区出现的特殊土质主要有两种，一种是粉质黏土中的黑棉土，具膨胀性，灰褐色，含植物根系；一种是玄武岩中疏松多孔的部分，因质轻易碎，称为浮石层。

裂谷区分布较为广泛的岩石有玄武岩、凝灰岩、粗面岩等火山区域岩石，同时存在少量火山岩、流纹岩、角砾岩等岩石。

同时我们不能忽略常规土质的特殊性，比如裂谷区粉质黏土在承载力上普遍偏高等。

三、裂谷区地层分布分析

一般来讲，某个地区各类地层分布的深度是相对稳定的，这与当地的地质形成年代和构造运动结果有关。但由于东非大裂谷火山区域活跃的构造运动，当地在土层类型上表现出很大的差异性和复杂性。不仅表现在小范围内出现粉土、粉质黏土、粉砂、中砂以及细角砾土等土质种类的复杂上，更表现在这些土质种类可以分布在各种深度且厚度没有规律性上。如图 4—2 所示。

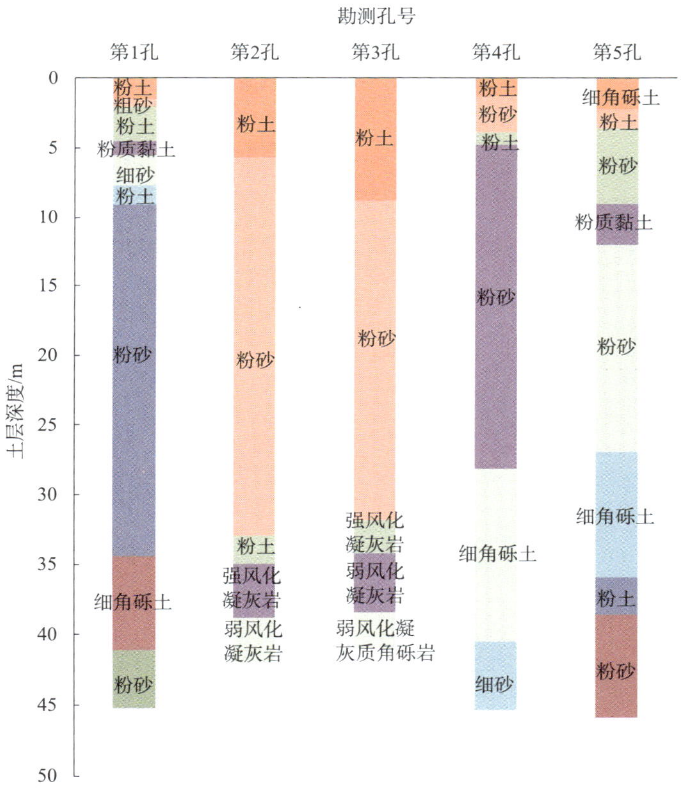

图 4—2 裂谷区火山堆积地层分布

注：本图数据资料来自于前期裂谷区地质勘察资料中 Erusiai1 大桥附近 244 m 范围内的五个钻孔内土体分布结果。

该分布情况使得难以对裂谷区土质类型进行区域性划分，只有对各类地层的物理力学性质指标进行整体性统计才更为切合当地情况。利用内马铁路一期工程沿线的地质勘察资料统计出分布最为广泛的典型岩性地层（粉质黏土、粉土、粉砂和中砂）的物理力学性质指标取值范围。根据实际工程的需要，针对 2579 组数据分别选取了 5 个物理指标（含水量、孔隙比、液限、塑限、液性指数）和 4 个力学指标（粘聚力、内摩擦角、压缩系数、承载力标准值）进行统计。其中，各典型岩性地层物理力学性质指标统计列表如下：

表 4—3　裂谷区各典型地层物理指标取值范围

可能深度（m）	岩性	含水量 ω（%）	孔隙比 e	液限 ω_L（%）	塑限 ω_p（%）	液性指数 I_L
0.00～13.50	粉质黏土	2.2～51.2	1.150～2.594	32.2～56.2	20.5～44.3	−1.80～0.89
0.00～28.20	粉砂	6.5～49.5	0.673～2.686	41.1～43.2	30.6～31.8	−0.07～0.74
0.00～15.70	粉土	6.8～57.4	0.651～3.023	24.3～56.6	18.8～48.2	−2.59～0.94
0.00～13.00	中砂	14.0～50.4	0.692～2.387	—	—	—
0.00～7.55	细角砾土	26.0～29.2	1.817～2.247	—	—	

表 4—4　裂谷区各典型地层力学指标取值范围

可能存在深度（m）	岩性	黏聚力 C_q（kPa）	内摩擦角 φ_q（°）	压缩系数 $\alpha_{0.1-0.2}$（1/MPa）	承载力标准值 σ_0（kPa）
0.00～13.50	粉质黏土	27.0～33.0	20.3～20.9	0.110～1.340	150～200
0.00～28.20	粉砂	13.0～15.0	26.9～30.1	0.160～1.370	120～180
0.00～15.70	粉土	7.0～47.0	19.4～30.1	0.120～1.160	80～200
0.00～13.00	中砂	—	—	0.140～1.000	200～250
0.00～7.55	细角砾土	—	—	0.360～0.380	300～400

可以看出，裂谷区地基浅层土层的分布是极其复杂的，很多时候在桩基施工前都要进行一定数量的钻孔取样以保证小范围内土层分布与前期勘察结论不出现过大偏差。

裂谷区地基土体整体承载性能较为稳定，但鉴于其分布的复杂性，在地基处理施工前应认真做好地质核对，若与设计不符，应及时上报申请变更设计。对于一般路基，在填筑施工前清除基底表层植被，挖除树根，做好临时排水设施。原地面坡度陡于 1∶5 时，应自上而下开挖台阶，然后进行基底平整和碾压。对黑棉土处理主要采用全部挖除换填处理方法。对石膏坑洞采取清除弃渣，整平压实坑底，分层回填坑洞；对断层带，采取浅挖低填的形式通过；对浮石层地段，施工之前，对浮石层分布范围和厚度进行探查，对影响线路稳定的浮石层采用清除换填的方式处理；对岩熔空腔采用回填灌浆处理；对基岩顺层地段，以浅挖低填的路基形式通过，并适当放缓边坡，加强地表排水；对蚁穴采取翻挖换填处理；对水坑采取排除坑内积水，清除水坑底的非适用土，分层换填合格土。

值得注意的是，火山渣（细角砾土）在裂谷区广泛分布，呈气孔状、颗粒状构造。由于火山活动的多次间歇性喷发，火成岩与黏土、火山渣及火山灰交替产出现象明显，形成软弱夹层，在地质测绘及钻探过程中均能发现，如图 4—3 所示，软弱夹层一般厚 0.2～5 m，具有数层交替出现特点，对深路堑、桥梁基础及隧道影响较大。

图 4—3　土层分布图

第三节　天然火山渣物理力学特性

在裂谷区沿线，存在着一定的小型死火山丘，蕴含着相当方量的天然火山渣。根据前期勘察资料，裂谷区沿线附近没有满足中国铁路路基标准的填料，路基填筑需要大量外运。如果能够验证将火山渣作为路基填料一部分的可能性，将会节省大量的人力物力，对沿线铁路路基的修筑产生巨大的经济价值。气候方面，东非地区气温随地形变化较大。每当到了雨季，早间和下午经常会有短时间的大幅度降雨，造成路基边坡的冲刷和渗透破坏，对于道路的使用性能有较大影响；旱季时，路基施工季节降雨量较小，蒸发量大，土体干燥松散，路基土含水量难以达到最佳状态，影响路基压实效果。

东非地区铁路沿线的火山渣用于路基填筑存在以下问题：(1)火山渣的工程性能差异很大，由于形成年代和环境条件的不同，在物理与力学指标差异大，控制难度高。(2)不同地区火山渣填料的路用性能不明确，需要在填料选择，碾压工艺，检测指标等方面进一步试验研究。(3)东非地区属季节性降雨，大部分时间水资源缺乏，同时采购价格高昂，若不进行技术攻关，既不利于施工质量控制，也会导致施工成本大幅增加。

气候和地质条件对于各种条件下的路基稳定性都有着关键性的影响。本书将东非地区大量的火山渣作为填料用于铁路路基填筑工程，旨在减少普通路基填料的开采，在节约土地资源、保护自然环境和降低工程造价等方面带来可观的经济效益和社会效益。同时，针对我国规范中缺少内马铁路对应的火山岩地区地质、填料规范的情况，根据铁路路基的基本要求，对火山岩地区的地质和地材开展专门研究，确定特殊地质条件下的勘察、设计、施工、检测的规划，补充我国铁路标准，实现中国铁路标准的属地化。

一、天然火山渣的成因、分类及分布特征

火山渣是一种火山喷发中经过高温燃烧喷出后冷却形成的矿渣状多孔轻质材料，粒径一般在0～40 mm。孔隙是由于泡沫破裂、气体逃逸而形成，气孔常为不规则状、圆形和长圆形，大小由数毫米至数厘米不等。火山渣通常为黑色、黄色、红色和棕色。自然形态以粗粒状火山堆积形式存在，见图4—4，主

要靠颗粒间的嵌挤形成不规则排列，火山渣是开采较容易。火山渣是火山喷发过程中，富含气体的岩浆通过火山通道喷出后，在空中急速冷凝成固态后撞击地面碎裂而成的熔岩块，粒径>4.75 mm。

图 4—4 天然火山渣堆

火山熔渣：火山溶渣为火山喷发堆积物质，灰黑色、黑色絮状结构，形状多变，多孔隙，且空隙大小不均，粒径 0.1～0.8 m 不等，熔渣质地较坚硬，质量较重，局部可见熔岩流动痕迹。该层主要为火山爆发后物质松散状堆积于地表形成，其性质类似于松散块石堆积。火山熔渣具絮状结构、质量较重、质地较坚硬、多孔隙、松散、形状多变、表层承受铁路荷载易破碎及变形沉降等特点，易造成路基填方不均匀沉降等工程病害。火山熔渣结构本体较硬，石质属软岩较软岩，由于其形状的不规则，骨架间形成许多较大的空隙，路基应防止在铁路动荷载作用下基床本体较小细颗粒物质发生移动形成较大空隙影响工程安全，因此可对该层进行强夯、碾碎压实、换填或注浆处理。

肯尼亚裂谷区的火山灰和火山渣主要存在于内马铁路沿线。具体填料分布情况如下图 4—5，由图可知，在裂谷区沿线，同样存在着一定的小型死火山丘，蕴含着相当方量的天然火山渣和黏土，而直接可用于填筑路基的填料较少。如果能够验证将当地火山渣和黏土作为路基填料一部分的可能性，将会节省大量的人力物力，对沿线铁路路基的修筑产生巨大的经济价值。

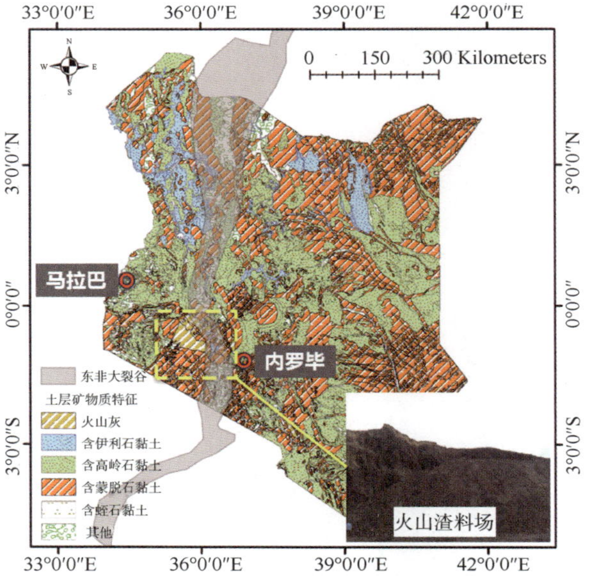

图 4—5　肯尼亚内马铁路沿线火山渣分布情况

二、天然火山渣的物理力学特性

肯尼亚地区天然火山渣的基本物理力学性能暂不明确。本书对该地区天然火山渣的物理力学性能进行了测试及总结。利用筛分试验、颗粒密度试验、击实试验、压碎试验以及单轴压缩试验等对肯尼亚地区火山渣性能进行全方位的研究。

1. 天然火山渣物理性质

火山渣是一种呈青黑色，部分呈锈红色的颗粒体材料，其含有较多孔隙，具有密度、强度较低的特点。以肯尼亚内马铁路里程 DK103 料场的火山渣为例，如图 4—6 所示。

图 4—6 DK103 火山渣外观

(1)颗粒级配分析

肯尼亚地区的天然火山渣每个粒径范围内均有一定的含量，粒径主要分布在 2～100 mm 之间。在内马铁路沿线选取多处火山渣原料进行筛分，得到各组天然火山渣的筛分试验结果范围如下图 4—7 和表 4—5 所示。由此可知，肯尼亚地区的天然火山渣颗粒粒径均匀。满足《铁路路基设计规范》(TB 10001—2016)对铁路路基填筑的料源要求。

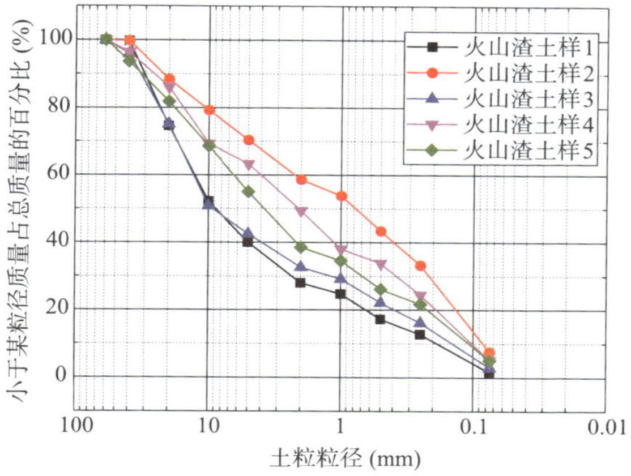

图 4—7 天然火山渣土样筛分曲线

表 4—5　火山渣颗粒等级结果分析表

大于 0.075 mm(%)	土定名	级配	填料等级
92.5～98.5	细角砾/中角砾	连续/间断	A/B

(2)密度与孔隙率

天然火山渣颗粒孔隙较多，包含众多内部孔隙和外部孔隙，因此具有较高孔隙率、是一种典型的轻质材料，表观密度和颗粒密度差距较大。火山渣颗粒密度较大，范围在 2.31～2.38 g/cm^3 内。而不同粒径的火山渣表观密度相差较大，如下表 4—6 所示。当粒径大于 10 mm 时，火山渣表观密度会随着粒径减小逐渐增大，粒径小于 5 mm 时，表观密度明显增大。

表 4—6　天然火山渣表观密度

粒径(mm)	0～2	2～5	5～10	10～20	20～40	40～60
表观密度(g/cm^3)	1.58	1.30	1.02	1.15	1.03	1.01

(3)形状特性

火山渣是火山喷发中岩浆经过高温燃烧喷发后冷却形成的一种矿渣状多孔轻质的颗粒材料，具有形状不规则、棱角较多的特点，如下图 4—8。颗粒体形状显著影响材料工程特性，为揭示颗粒形状对于材料工程性质的影响规律，首先需研究如何对颗粒形状进行评价。

(a) 40~60 mm　(b) 20~40 mm　(c) 10~20 mm　(d) 5~10 mm

图 4—8　不同粒径组下的火山渣颗粒形状

采用面积周长法计算火山渣颗粒的形状分形维数。对于形状不规则的几何平面，面积周长法计算公式为：

$$l^{1/D_P} \propto A^{1/2}$$

可得分形维数计算公式：

$$l(\varepsilon)=aA(\varepsilon)^{D_P/2}$$

$$D_P=2K$$

$$K=\frac{\log[l(\varepsilon)]}{\log[A(\varepsilon)]}$$

式中　D_P——分形维数。

当周长的对数与面积的对数呈线性关系时，表明该颗粒的形状具有良好的分形特征。运用上式对四个粒径区间上的 100 个颗粒进行分形维数曲线拟合，计算结果如下表 2 和图 4—9。结果表明，四条曲线线性拟合较好，相关系数均在 0.9 以上，因此，火山渣颗粒具有良好的分形特征。此外，分形维数还反映了颗粒周界的曲折程度，颗粒轮廓越是复杂多变，分形维数愈大。由表 2 可知，粒径越小，火山渣颗粒分形维数越大。因此，粒径越小，火山渣颗粒形状越复杂，分形特征和形状之间的自相似性更强。

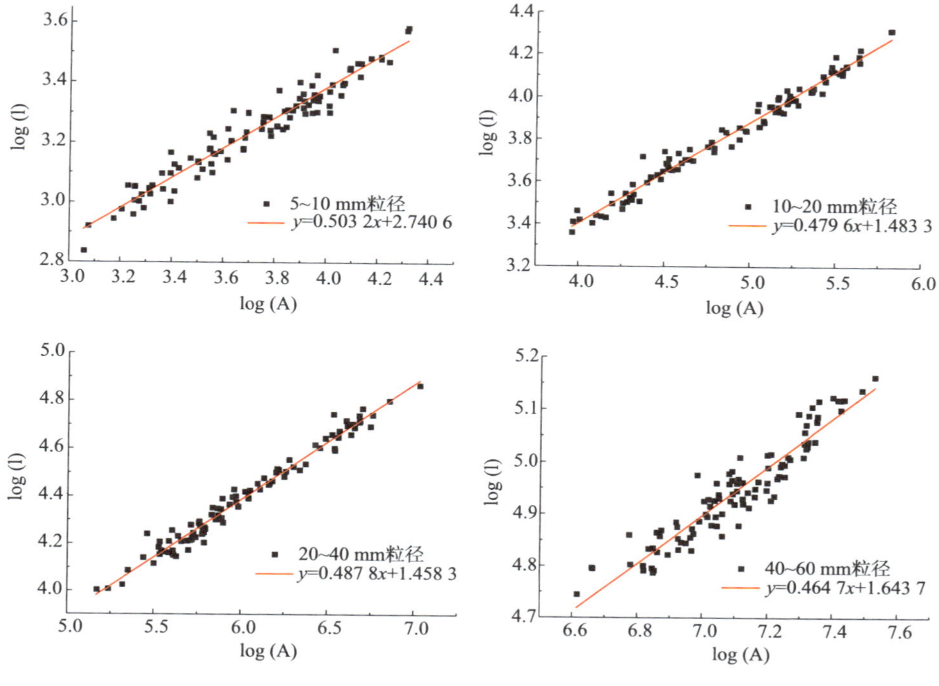

图 4—9　不同粒径下火山渣颗粒分形维数计算图

表 4—7　不同粒径下火山渣颗粒分形维数及相关系数

粒径范围/mm	分形维数	相关系数
[5,10]	1.065	0.967
[10,20]	0.959	0.989
[20,40]	0.978	0.987
[40,60]	0.929	0.940

为分析火山渣颗粒与一般岩体颗粒形状的区别，采集了洗净后的卵石和级配碎石的图像；取粒径在 5～10 mm，10～20 mm 和 20～40 mm 的 3 个粒径组，每个粒径组分别取 100 个颗粒与火山渣颗粒进行对比。三种不同颗粒试样如图 4—10。

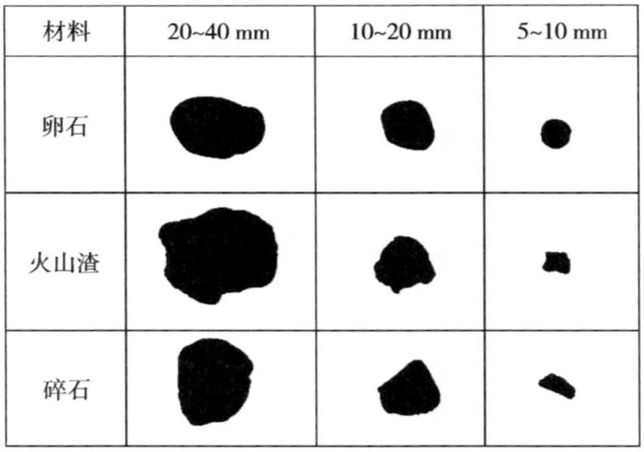

图 4—10　火山渣颗粒与一般岩体颗粒形状对比图

对比不同颗粒在粒径组中的形状指标均值，结果如图 4—11(a)～(d)所示。由图可知，在材料粒径为 5～10 mm 时，卵石的长扁度和圆度最大，级配碎石的长扁度和圆度最小，而火山渣居中；实际表现为碎石更加扁平细长，卵石呈类椭圆形。在粒径为 20～40 mm 时，火山渣的球度最大，其长扁度仅低于级配碎石。粒径为 5～40 mm 时，火山渣的粗糙度和棱角度均比卵石和级配碎石的大，因此火山渣棱角更多，表面更粗糙。此外，火山渣的长扁度和圆度随粒径变化不如卵石和级配碎石显著，表明火山渣形状分布更加均匀。

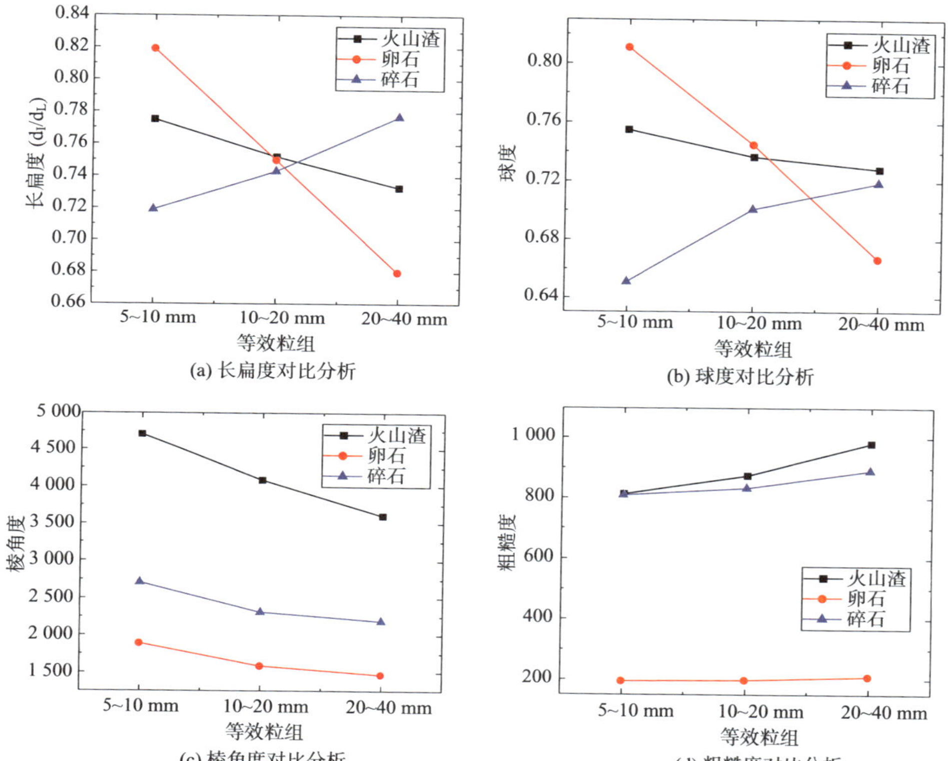

(a) 长扁度对比分析　(b) 球度对比分析　(c) 棱角度对比分析　(d) 粗糙度对比分析

图 4—11　火山渣颗粒与一般岩体颗粒对比分析

(4)化学特性

材料的化学成分显著影响着填筑稳定性。因此，对东非地区天然火山渣进行 XRD 颗粒成分分析，通过对比分析样本的频谱图可以发现，现场分布的火山渣材料化学矿物成分有一致性。天然火山渣的主要晶相为拉长石，次要晶相为透辉石，主要化学成分有 SiO_2、Fe_2O_3、Al_2O_3、MgO 以及 CaO，化学稳定性好，很难与酸发生反应，可用于路基填筑。

(5)击实特性

由于火山渣试样粒径较大，采用重型标准击实试验。击实曲线如图 4—12

所示。由图可见，整个击实曲线较平缓，说明了火山渣对含水率不敏感，故含水率可以不作为火山渣填筑压实的主要控制指标。

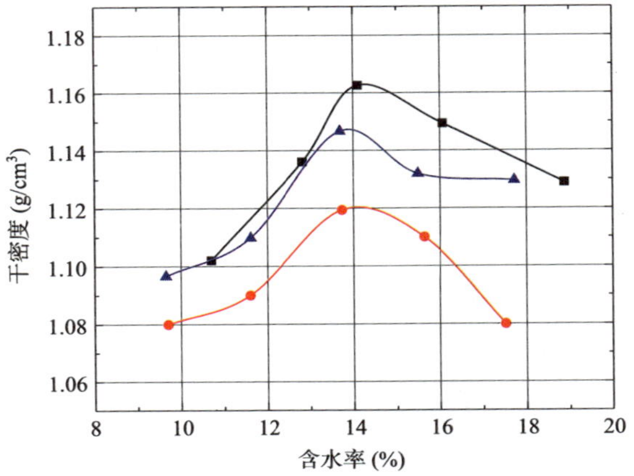

图 4—12　天然火山渣击实曲线

为分析不同击实能对压实度的影响程度，在室内开展了不同的击实次数（击实能）下填料的最大干密度和最佳含水率的变化规律研究，试验结果如表所示。由表 4—8 可知，随着击实次数（即击实功）的增加，最大干密度和最佳含水率的变化也非常小。故在进行现场碾压试验中，需确定合理的碾压遍数。

表 4—8　不同击实次数下的击实结果

填料情况	不同击实次数（层数为 5）	最大干密度（g/cm^3）	最佳含水率（%）
天然火山渣	15	1.04	14.1
	25	1.12	13.6
	35	1.14	13.4

击实后的火山渣发生颗粒破碎，导致级配发生变化。因此，对击实后土样再做颗粒分析，并与击实前天然颗粒分析结果进行对比，结果如表所示。由表 4—9 可知，击实后的细粒含量有了增加，材料样本由压实前的 A 组料变成了压实后的 B 组料。结果表明击实过程中火山渣填料粒径发生明显变化。因此在填料分类定名以及采用压实质量检测方法时，建议在碾压后的路基上

取料进行分析。

表 4—9　天然火山渣击实前后对比

击实情况	细粒含量%	Cu	Cc	级配情况	土体分类
击实 25 次前	6.7	71.06	2.41	良好	细角砾 A 料
击实 25 次后	25.1	24	0.25	不良	含土砾砂 B 料

2. 天然火山渣强度特性

(1)破碎特性

火山渣单颗粒中含有大量孔隙，在压实和荷载的作用下会发生破碎，从而改变原有级配曲线和力学特性，其破碎前后状态对填筑会造成一定的影响。对火山渣进行单颗粒破碎试验，如图 4—13 所示。

压缩前　压缩中

产生贯穿裂缝　颗粒破碎

图 4—13　单颗粒破碎试验

经过颗粒破碎实验测得力—变形曲线，举例如图 4—14 所示，由于火山渣颗粒棱角分明，形状不规则，加载过程中往往伴随着棱角被不断研磨，致使测量的力与竖向位移曲线呈逐渐增大的锯齿状，每一次加载的应力波峰都表示颗粒局部的破碎，细颗粒含量增多。

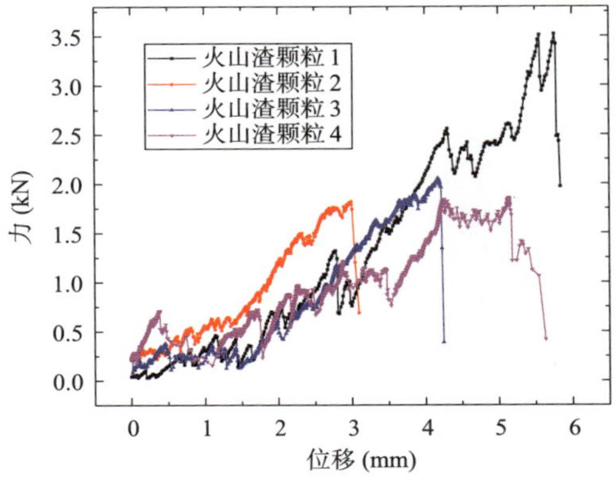

图 4—14　火山渣破碎力与位移曲线

破坏力与颗粒初始粒径的关系如图 4—15 所示，随着颗粒粒径的增加，颗粒的破坏力也越来越大，在粒径较小的区间内，破坏力分布比较集中，而使大颗粒破坏的力分布的比较离散。

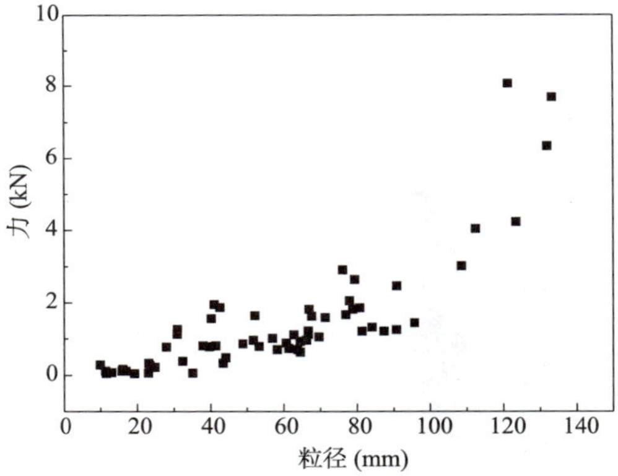

图 4—15　颗粒破碎试验力—粒径分布图

对单颗粒破碎后的火山渣采用体积法进行级配分析，20 mm 粒径以下的颗粒含量从 0.5%增长到 8.14%，大部分颗粒直接破碎到下两级的粒径，因此颗粒级配曲线每一级都有增加，在破碎过程中由于棱角破裂会有细小颗粒出现，细颗粒含量有增长。具体分析如图 4—16 所示。同时随着火山渣孔隙率越大，强度越低，也越容易发生颗粒破碎，近似成二次相关，分布规律如图 4—17 所示。因此在实际工程选择填料时，要在碾压过程中使火山渣颗粒达到一定的破碎程度，保持碾压后路基的稳定性。

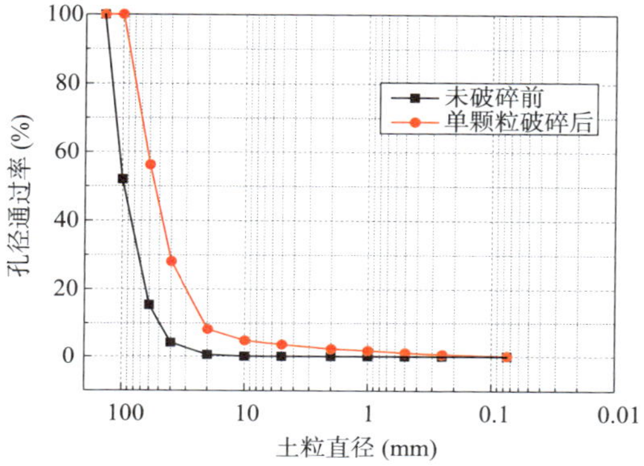

图 4—16　火山渣单颗粒破碎前后级配对比

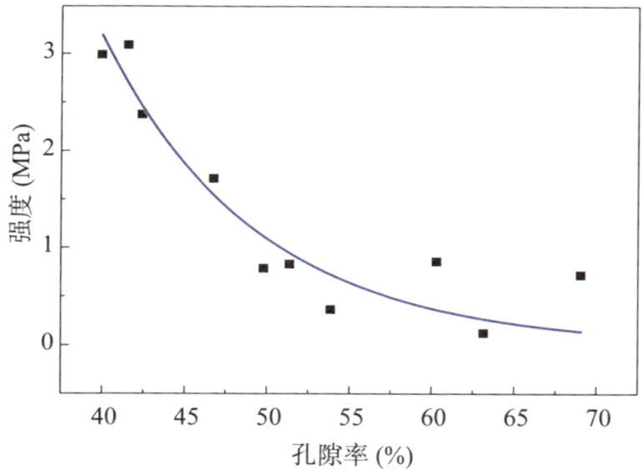

图 4—17　颗粒破碎孔隙率—强度分布图

(2)压碎试验

压碎值是衡量颗粒材质在逐渐增加的荷载下抵抗压碎的能力，是表征颗粒材质力学性质的指标。该指标是中国公路工程路面结构基层、底基层集料的设计控制指标，可反映颗粒强度特征。对火山渣采用压碎试验，试验结果见表 4—12。由表可知，火山渣的压碎值略高于三级、四级公路路面结构基层、底基层要求集料的压碎值控制值 40％，天然火山渣压碎值较高，不宜直接作为路基填料。

表 4—10　火山渣压碎试验结果统计

材料	施加力（KN）	规格(mm)	试验总质量（g）	2.36 以上总质量(g)	2.36 以下总质量(g)	压碎值（%）
天然火山渣	30	9.5～16 mm	750	422.5	327.5	43.7
	50	9.5～16 mm	750	328	422	56.3
	100	9.5～16 mm	750	223	527	70.3
	150	9.5～16 mm	750	182	568	75.7
	200	9.5～16 mm	750	145	605	81.0
	200	9.5～16 mm	800	0.075 以下为 23 g 占总质量的 2.9%		

(3)洛杉矶磨耗试验

洛杉矶磨耗率试验测定的是标准条件下级配碎石抵抗摩擦、撞击的能力，用洛杉矶磨耗率表示。一般磨耗损失小的颗粒，颗粒坚硬，耐磨，抗冲击与边缘剪切能力强，耐久性好。各国对道砟的洛杉矶磨耗值的要求：澳大利亚＜25%，美国＜40%，加拿大＜20%。火山渣洛杉矶磨耗试验结果见表 4—11。由表可知，火山渣磨耗值大于各国对道砟的磨耗值要求，不宜直接用作道砟铺筑层。

表 4—11　火山渣磨耗试验结果

粒径(mm)	组　别	原始质量(g)	500 r 后大于 1.7 mm 质量(g)		洛杉矶磨耗率
16～20 mm	1	2 500	525	79%	78.5%
	2	2 500	534.5	78.62%	
	3	2 500	552.5	77.9%	
10～16 mm	1	2 500	462	81.52%	82.26%
	2	2 500	470.5	81.18%	
	3	2 500	398	84.08%	

第四节　火山渣填料路用性能及评价

天然火山渣的级配可以达到Ⅰ级铁路对路基填筑的料源要求，但火山渣的密度小、孔隙率大、黏聚力小，会造成填筑过程中发生颗粒破碎导致沉降等问题。如能利用密度较大且孔隙率较小的材料与之进行合理掺配，预期可以合理改善天然火山渣的工程特性。

一、火山渣填料物理性质及其变异特性

(1)火山渣填料颗粒分析

为充分利用当地材料，将火山渣和黏土进行掺配，以5%为梯度差，从80%火山渣+20%黏土一直到20%火山渣+80%黏土(共计13组)进行颗粒级配分析试验，结果如表4—12。由表可知，所有的混合料填料种类分类均为B料。初步来看，上述所有混合料的填料分级均初步满足Ⅰ级铁路基床底层的料源要求。

表4—12　同比例混合料的颗粒级配分析结果

掺配情况	粗粒含量	Cu	Cc	级配情况	土体分类
20%粉质黏土+80%火山渣	38.5	45.09	0.31	不良	细角砾B料
25%粉质黏土+75%火山渣	46.7	76.68	0.36	不良	细角砾B料
30%粉质黏土+70%火山渣	45.0	60.69	0.69	不良	含土细角砾B料
35%粉质黏土+65%火山渣	42.7	64.24	0.23	不良	含土细角砾B料
40%粉质黏土+60%火山渣	29.0	35.26	0.23	不良	含土砾砂B料
45%粉质黏土+55%火山渣	65.3	28.68	0.17	不良	含土细角砾B料
50%粉质黏土+50%火山渣	50.2	111.23	0.31	不良	含土砾砂B料
55%粉质黏土+45%火山渣	25.89	25.89	0.19	不良	砾砂B料
60%粉质黏土+40%火山渣	22.1	20.45	0.26	不良	含土砾砂B料

续上表

掺配情况	粗粒含量	Cu	Cc	级配情况	土体分类
65%粉质黏土+35%火山渣	28.2	33.14	0.17	不良	含土砾砂B料
70%粉质黏土+30%火山渣	30.1	35.41	0.17	不良	含土砾砂B料
75%粉质黏土+25%火山渣	19.1	12.22	0.34	不良	含土砾砂B料
80%粉质黏土+20%火山渣	81.6	12.89	0.27	不良	砾砂B料

(2)火山渣填料击实特性

对上述13组混合料进行击实试验，并对结果进行归纳汇总于表4—13。由表可知，随着火山渣掺配比例的增大，填料的最大干密度呈减小趋势。随着火山渣含量的增大，混合填料的最佳含水率是呈减小趋势，因此在黏土中掺入一定比例的火山渣，可以减少施工用水量，符合肯尼亚干旱季节施工缺水的实际情况。

表4—13　不同掺配比例击实结果

掺配情况	最大干密度(g/cm^3)	最优含水率(%)	击实后分类
100%低液限粉质黏土	1.46	18.4	粉质黏土C料
80%粉质黏土+20%火山渣	1.47	14.7	含土砾砂B料
75%粉质黏土+25%火山渣	1.29	15.1	细角砾B料
70%粉质黏土+30%火山渣	1.35	15.3	含土砾砂B料
65%粉质黏土+35%火山渣	1.33	14.4	细角砾B料
60%粉质黏土+40%火山渣	1.19	15.7	细角砾B料
55%粉质黏土+45%火山渣	1.20	14.3	细角砾B料
50%粉质黏土+50%火山渣	1.28	15.1	含土细角砾A料
45%粉质黏土+65%火山渣	1.23	14.1	含土砾砂B料
40%粉质黏土+60%火山渣	1.20	14.6	砾砂B料
35%粉质黏土+65%火山渣	1.09	14.0	细角砾B料

续上表

掺配情况	最大干密度(g/cm³)	最优含水率(%)	击实后分类
30%粉质黏土+70%火山渣	1.23	15.1	含土砾砂B料
25%粉质黏土+75%火山渣	1.15	13.4	含土砾砂B料
20%粉质黏土+80%火山渣	1.13	14.0	细角砾B料
100%火山渣	1.12	13.9	含土砾砂B料

对击实数据进行比较分析时发现，选取可在现场简易测量的三个掺配进行击实实验：70%火山渣+30%黏土，50%火山渣+50%黏土，30%火山渣+70%黏土，将上述三个掺配比例连同天然火山渣、细粒土的击实结果汇总于图4—18。由此可知，掺配30%的火山渣的最优含水率为15.3%，为三种掺配中最优含水率最低的，能很大程度地节约用水量。

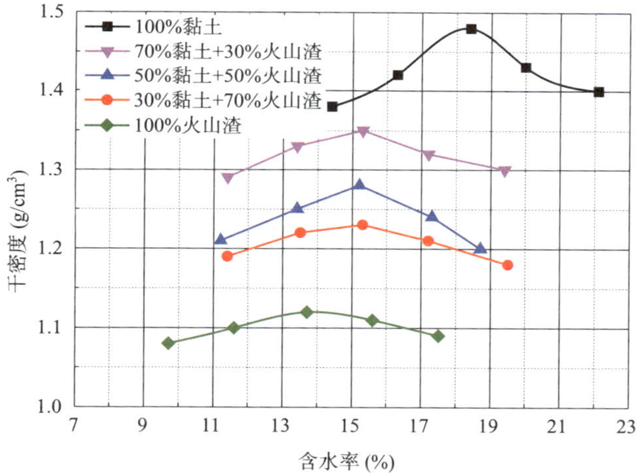

图4—18　不同填料掺配含水率变化

(3)火山渣填料级配修正

由于火山渣颗粒内部孔隙的存在，导致火山渣的表观密度和颗粒密度有很大的差别。在与黏土进行掺配确定混合料的级配时，选择不同的密度指标对级配的影响很大，采用孔隙率作为压实质量验收指标时，如果采用颗粒密度，将火山渣内部孔隙与颗粒之间的孔隙都作为压实质量检测中的孔隙率，导致压实质量检测的力学指标合格，而孔隙率大于验收标准的矛盾现象。因此如何考虑火山渣颗粒内部孔隙，明确火山渣内部孔隙的处理方法，是多孔填料在填料分类与压实质量检测时需要解决的问题。

常规的筛分试验以 d_{60}、d_{30}、d_{10} 指标作为级配判别标准，其计算过程都与质量有着密切关系。填料的级配指标，其归根结底是要反映填料颗粒的体积、粒径的分布情况，而不是质量。质量只是用来反映体积的参数。而我国填料现状为：火山活动并不频繁，且山岳众多，其石料密实，且分布广泛。故制定规范时，应该主要是针对常规石质，制定级配计算规则。而常规的石质，其工程特点为：天然干密度大、空隙率非常小，经过击实后的石料孔隙率仍非常小；而火山渣作为一种疏松多孔的物质，同种粒径的表观密度差异很大。因此，通过常规的筛分试验方式进行裂谷区火山渣填料的指标判定是不适用的，会造成判定结果的失真。

本书提出以同体积换算致密质量，即“体积法”为核心的级配判定方法，即将被低估的多孔火山渣料在填料中占有的实际体积进行还原。换而言之，就是应该将多孔火山渣料质量，通过密度比，换算成等体积的常规石料的质量。这样，规范现有的级配判定标准才能更加准确地判定含多孔火山碴填料的级配，具体算式如下：

$$\text{某粒径范围火山渣级配计算质量}=\frac{\text{该粒径范围多孔火山渣实际质量}}{\text{该粒径范围多空火山渣料表观密度/常规石料密度}}$$

此方法将在进行筛分累积计算、绘制级配曲线之前，将火山渣填料换算质量成与其等体积的常规石料的质量，这一步会将火山渣填料被低估的体积进行还原，从而修正级配判定。对 70％粉质黏土和 30％火山渣掺配后的筛分曲线采用体积法和原始级配计算方法进行了对比，如下图 4—19：

经验证，换算后混合填料从 B3 料提升为 B2 料，不均匀系数 Cu 较换算前增大了 58.6％。可见，现有规范采用质量分数的级配计算方法对多孔的火山渣填料会产生较大误差，因此建议在进行级配判定时，需提前进行换算质量法进行级配修正。

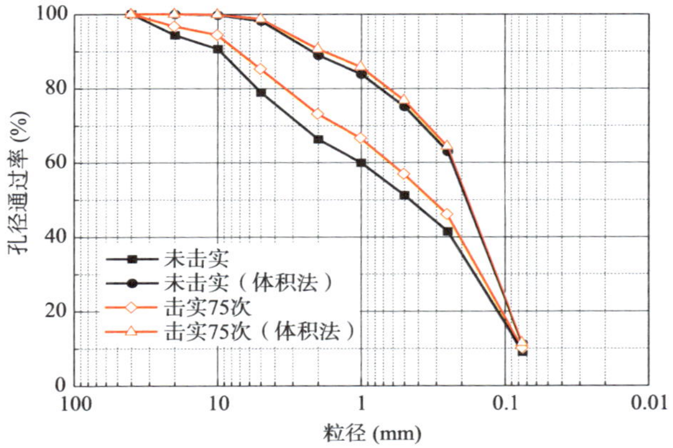

图 4—19　规范质量法与换算质量法(体积法)分析对比

二、火山渣填料力学性质及其变异特性

(1)火山渣填料压缩、剪切性能

为给现场施工中火山渣压实遍数和分层数提供室内实验参考。本书分析不同锤击数和不同击实层数的火山渣填料的力学性能，在对不同击实条件下的火山渣填料击实完后取样进行压缩剪切试验，试验结果如表 4—14 所示。同时当压实遍数增加和分层数增加时，压缩模量和黏聚力也随之变大，在施工过程中可增加压实遍数和分层数。掺入 30%火山渣后材料压缩模量增大，但材料黏聚力减小。因此，掺配细粒土后火山渣的强度有了明显改变。

表 4—14　压缩剪切试验结果汇总

土样	分层	击实次数	含水率(%)	干密度(g/cm^3)	压缩模量(MPa)	黏聚力(kPa)	内摩擦角(°)
100%细粒土(粉质黏土)	5	25	19.0	1.44	8.99	176	25.3
	3	25	17.6	1.45	9.73	152	30.0
	5	35	18.0	1.45	9.84	176	25.3
	4	25	19.8	1.44	6.32	124	28.8
	5	15	18.6	1.46	7.84	147	30.4

续上表

土样	分层	击实次数	含水率（%）	干密度（g/cm³）	压缩模量（MPa）	黏聚力（kPa）	内摩擦角(°)
70%细粒土（粉质黏土）+30%火山渣	5	25	14.7	1.22	42.57	92	27.5
	3	25	15.1	1.20	44.40	68	28.8
	5	35	14.6	1.19	52.45	79	30.8
	4	25	15.3	1.24	40.81	117	29.6
	5	15	14.1	1.18	41.78	106	26.6

(2)火山渣填料剪切性能

选用大型 Geotest 摩擦—剪切仪，考虑了三种不同掺配比：30%火山渣+70%黏土、40%火山渣+60%黏土、50%火山渣+50%黏土。同时在 30%火山渣+70%黏土状态下设计了 3 种压实度状态：0.90，0.93 和 0.95。为了控制试验只受单一条件的影响，当掺配比变化时试样均采用 0.93 的压实度和最优含水率，当压实度变化时试样均采用 15.3%的含水率。

50%火山渣+50%黏土掺配比下火山渣填料在不同垂直压力下的剪应力—剪位移关系曲线如图 4—20 所示。由图 4—20 可知，在 0～2%的小应变条件下，应力随应变的增大呈近似线性增长的变化趋势；在应变为 2%～4%时，应力仍呈增长趋势，但明显呈非线性现象，在应变为 4%左右时达到最大主应力，即土体破坏点，随应变的继续增大，火山渣掺配土质砾砂改良填料开始破坏，其所承受应力开始呈现衰减趋势。火山渣掺配土质砾砂改良填料的应力—应变曲线均为具有明显峰值的应变软化型曲线。这是由于当应力达到峰值后，试样中的贯穿性剪切面尚没形成，但由于火山渣粗颗粒含量较多，局部区域又存在颗粒翻滚滑移而导致孔隙增大的趋势，必然导致土体结构变松，减弱土体强度，反映在应力应变曲线上为应变软化型。

根据《土工试验规程》要求，取剪应力—剪切位移关系曲线上的峰值或稳定值作为抗剪强度，如无明显峰值，则取水平位移达到 10%时的剪应力作为抗剪强度。不同掺配比下火山渣填料剪切特性如图 4—21，黏土掺配量越大，材料黏聚力有小幅度增大，内摩擦角越小。这是由于黏土渣充填了孔隙，密实

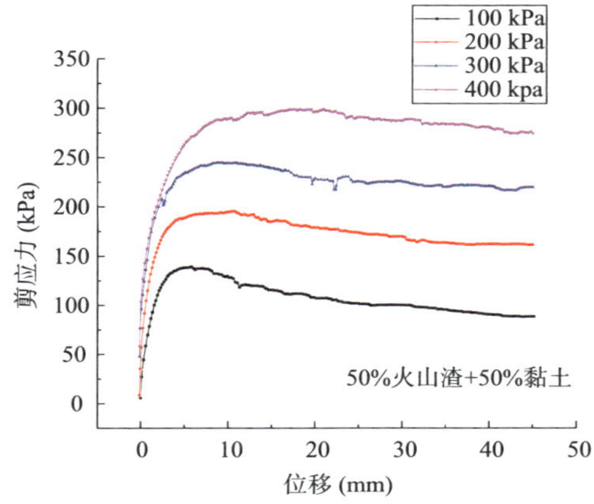

(a) 50%火山渣+50%黏土剪切特性曲线

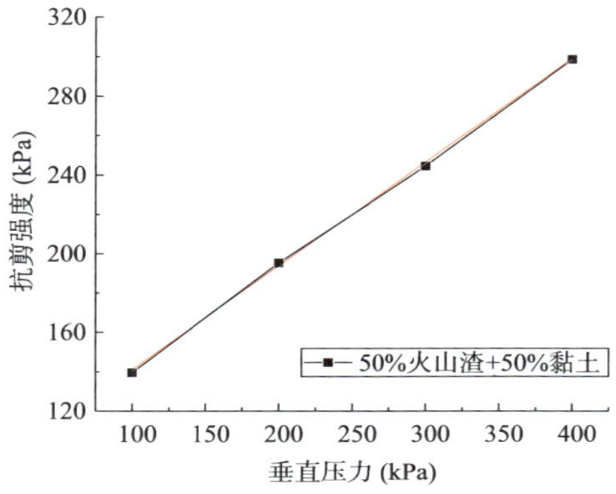

(b) 50%火山渣+50%黏土压力—强度曲线

图 4—20　不同垂直压力下的剪应力—剪位移关系

度增高，其抗剪强度越高。

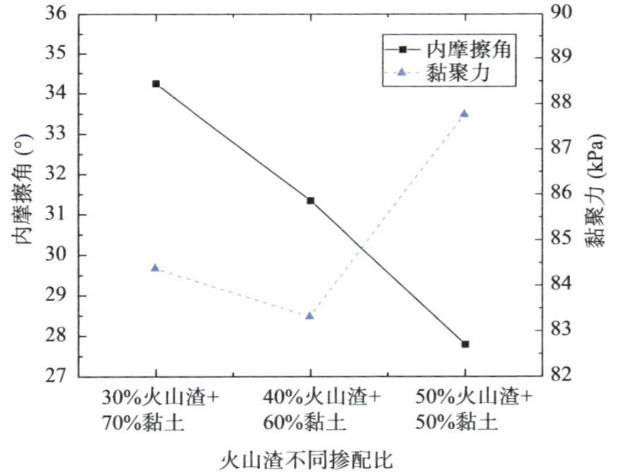

图 4—21　不同掺配比下火山渣填料的剪切特性

不同压实度状态下试样的峰值剪应力和法向应力的关系如图 4—22 所示，由图可知，当压实度相同时，随着法向压力的增大，抗剪强度也增大，对两者进行线性拟合，得到其相关系数均大于 0.98。说明火山渣填料的强度比较符合莫尔库伦准则。法向压力相同时，随着压实度的增大，抗剪强度逐渐增大。因此，在现场压实中可增大压实度来提高火山渣填料的强度。

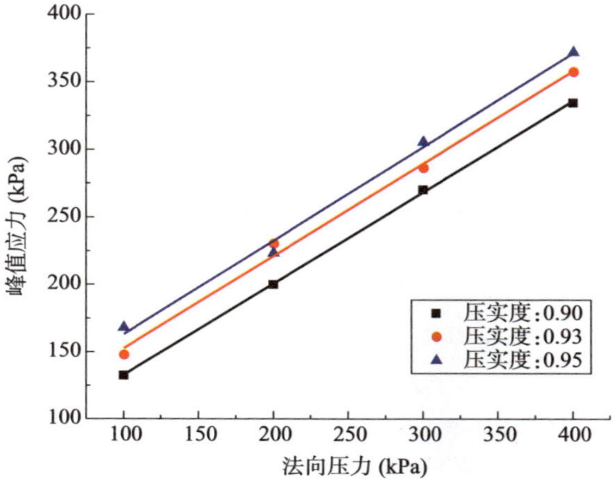

图 4—22　火山渣填料抗剪强度的线性拟合

如图 4—23 所示，随着压实度的增大，黏聚力和内摩擦角逐渐增大。当压实系数增大时，颗粒之间越来越紧密，粗细颗粒间的咬合作用增大，外力克服骨料间的摩擦力所做的功也逐渐增大，内摩擦角也增大。但火山渣填料中黏土质量占 70%，抗剪强度主要取决于细料，因此内摩擦角的变动幅度不大。

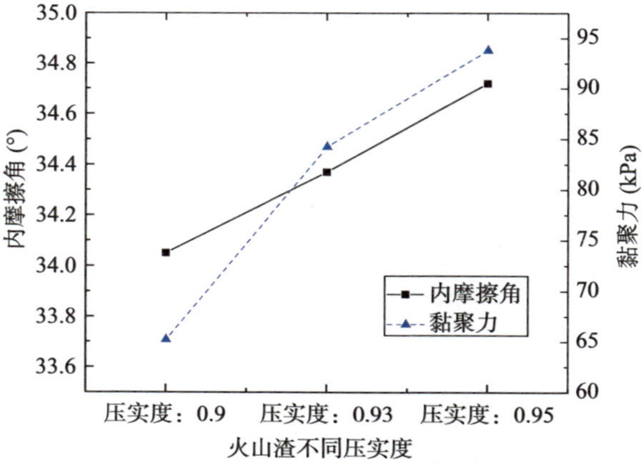

图 4—23　强度参数与压实度的关系

(3)火山渣填料破碎特性

针对火山渣填料在压实过程中易破碎的特点，本书研究火山渣以及火山渣填料击实过程中的破碎特性，确定击实后粒径大小，为现场的火山渣及火山渣填料的压实检测提供参数。记录破碎变化率见表4—15。击实能与破碎变化率曲线如图4—24所示。

表4—15　室内击实试验破碎值结果

填料种类	30%粉质黏土+70%火山渣				100%火山渣			
试验类别	5层/0击	5层/25击	5层/50击	5层/75击	5层/0击	5层/25击	5层/50击	5层/75击
取样质量(g)	2 782	2 530	2 715	2 672	2 077	2 384	2 595	2 639
大于2.36 m(g)	1 203	773	635	634	885	754	648	581
小于2.36 m(g)	1 579	1 757	2 080	2 038	1 192	1 630	1 947	2 058
小于2.36(%)	56.8	66.8	72.6	76.3	57.4	68.4	75	77.9
累计破碎(%)	0	10	15.8	19.5	0	11	17.6	20.5

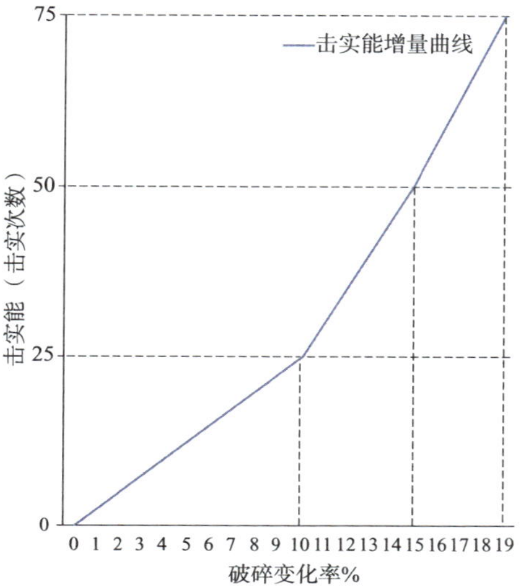

(a) 30%粉质黏土+70%火山渣

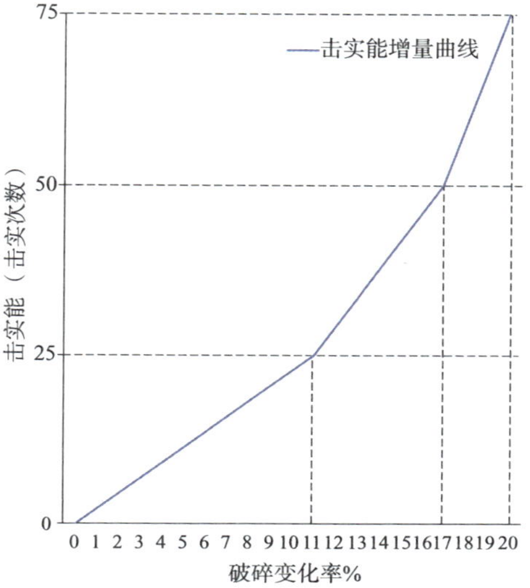

(b) 100%火山渣

图4—24　击实能与破碎变化率关系

由图可得知，火山渣在击实中仅有非常少一部分会被击成粉状，而绝大部分仅会发生一些孔隙的变化。火山渣很多的内部空隙在击实过程中仅发生小部分的变化，而不会被击成粉状，而如果再掺配了细粒土，由于细粒土能起到了填充火山渣孔隙与缓冲荷载的作用，使火山渣更加不易破碎。因此，建议将火山渣和细粒土混合后用作路基填料。

第五节　火山渣填料路堤填筑施工工艺及质量控制技术

一、火山渣填料路堤压实技术

由天然火山渣基本物理力学性质试验结果可以看出，肯尼亚地区天然火山渣在粒径、密度和强度等方面存在较大的差异，其力学行为也变化较大。因此，要全面掌握铁路天然火山渣的路用性能，须选择代表性的试样进行现场碾压试验。通过现场碾压实验，确定合理的掺配比例、摊铺厚度和碾压组合方式。

1. 掺配比例试验

碾压实验采用 70％C 组料＋30％火山渣料、50％C 组料＋50％火山渣、30％ C 组料＋70％火山渣、100％火山渣按松铺厚度 30 cm，分三层进行掺配比例试验，施工段落划分见图 4—25。其中，第一层碾压工艺：六遍往返碾压，组合方式为“静压＋弱振＋强振＋强振＋弱振＋静压”。第二、三层碾压工艺：六遍单程碾压，组合方式为“静压＋弱振＋强振＋强振＋弱振＋静压”。

第一层试验段掺配试验第一层压实试验的效果图如图 4—26 所示，由效果图可以看出，100％火山渣区段压实后仍十分松软，容易手动破坏，同时压实过程中材料的破碎率可达到 14.1％。因此 100％火山渣不宜直接用作路基填料。可以考虑直接掺配粉质黏土来减少火山渣的破碎，以填充火山渣表面孔隙与缓冲荷载。三种混合填料的压实表面均坚硬且板结，表层致密性高，且不留车辙印。

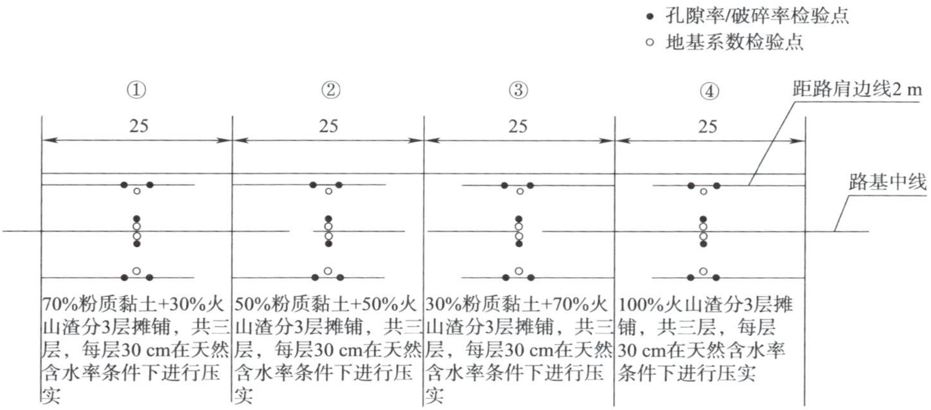

说明：试验1中，该试验段总长100 m，分四段进行，1号路段压实后进行常规地基系数K_{30}、相对密度检测即可；2、3、4号路段检测地基系数K_{30}、孔隙率；3、4号路段需在松铺后、压实前，在孔隙率测点土体进行破碎率第一次筛分，筛分后土样拌和均匀回填原孔位，压实后进行地基系数K_{30}、孔隙率检测，并对孔隙率测点土体进行破碎率第二次筛分试验；试验1完成后需补齐高差。分析数据，并最终确定4种掺配比例中的最经济优化掺配比例。施工时，为方便车料进场，纵向线路延伸20 m，采用1∶5进行放坡。

图 4—25 填料掺配比试验段落划分

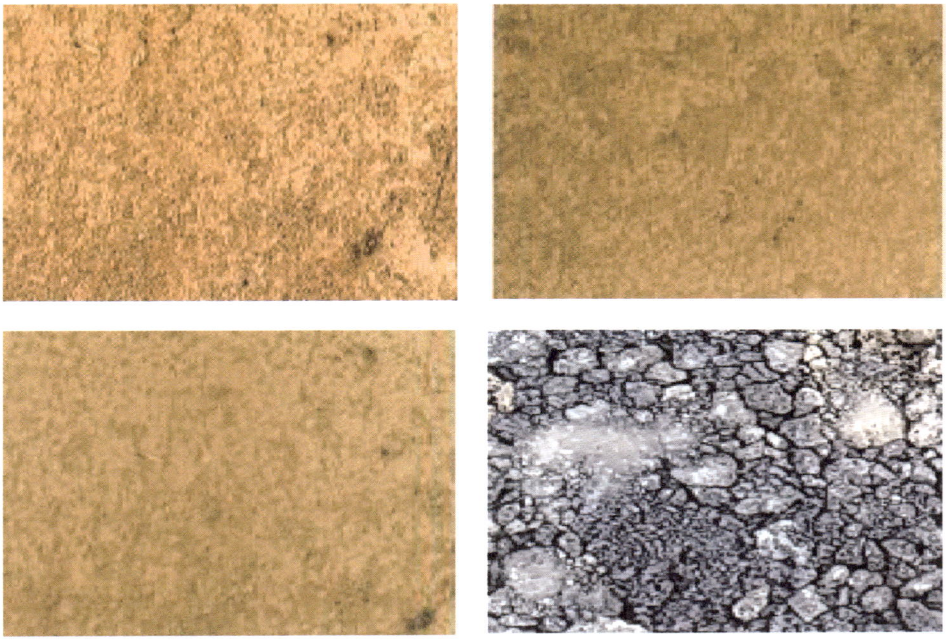

图 4—26 1 号、2 号、3 号、4 号试验段压实后效果图

掺配比例试验第一层检测的相对密度与孔隙率见表 4—16，由表 4—16 可知：除 3 号 30％粉质黏土＋70％火山渣试验段有部分不合格外，其余段落相对密度、孔隙率等各项检测指标均能满足规范要求。

表 4—16　掺配比例试验第一层试验结果

填料种类	点号	点位	含水率(％)	干密度(g/cm^3)	相对密度 D_r	孔隙率(％)	结论
70％粉质黏土＋30％火山渣	1	＋8L3	10.4	1.22	0.76	/	合格
	2	＋8M	10.9	1.33	0.97	/	合格
	3	＋8R2	10.8	1.34	0.98	/	合格
	4	＋16L3	10.9	1.24	0.80	/	合格
	5	＋16M	10.6	1.25	0.82	/	合格
	6	＋16R3	10.6	1.29	0.89	/	合格
50％粉质黏土＋50％火山渣	1	＋30L3	11.5	1.28	1.00	11.72	合格
	2	＋30M	11.8	1.31	1.07	9.65	合格
	3	＋30R2	11.4	1.27	0.98	12.41	合格
	4	＋40L2	10.9	1.33	1.12	8.28	合格
	5	＋40RM	11.1	1.31	1.07	9.65	合格
	6	＋40R3	11.2	1.32	1.09	8.97	合格
30％粉质黏土＋70％火山渣	1	＋58L2	10.4	1.12	0.78	16.42	合格
	2	＋58M	10.6	1.00	0.49	25.37	D_r不合格
	3	＋58R3	10.3	1.05	0.62	21.64	D_r不合格
	4	＋68L2	10.6	1.17	0.89	12.69	合格
	5	＋68M	10.4	1.11	0.76	17.16	合格
	6	＋68R2	10.2	1.06	0.64	20.90	D_r不合格

第二层相对密度与孔隙率检测结果见表4—17。由表4—17可知：由于降雨原因，除2号段50%粉质黏土+50%火山渣试验段相对密度 D_r 未达标外，其余各段相对密度、孔隙率等各项检测指标均满足规范要求；综合第一层压实情况，可以看出1号70%粉质黏土+30%火山渣试验段的压实指标波动更小，整体更为稳定。

表4—17　掺配比例试验第二层试验结果

填料种类	点号	点位	含水率(%)	干密度(g/cm³)	相对密度 D_r	孔隙率(%)	结论
70%粉质黏土+30%火山渣	1	+11L2	15.2	1.23	0.78	/	合格
	2	+11M	15.4	1.24	0.80	/	合格
	3	+11R3	15.8	1.25	0.82	/	合格
	4	+20L1	15.5	1.25	0.82	/	合格
	5	+20M	15.3	1.22	0.76	/	合格
	6	+20R2	15.6	1.23	0.78	/	合格
50%粉质黏土+50%火山渣	1	+29L3	13.8	1.11	0.52	23.45	D_r不合格
	2	+29M	13.7	1.12	0.55	22.76	D_r不合格
	3	+29R2	13.6	1.09	0.45	24.83	D_r不合格
	4	+43L2	13.6	1.1	0.49	24.14	D_r不合格
	5	+43M	13.2	1.11	0.52	23.45	D_r不合格
	6	+43R3	13.8	1.08	0.42	25.52	D_r不合格
30%粉质黏土+70%火山渣	1	+57L2	13.0	1.2	0.94	10.45	合格
	2	+57M	13.4	1.16	0.87	13.43	合格
	3	+57R3	12.8	1.15	0.84	14.18	合格
	4	+70L4	13.0	1.23	1.00	8.21	合格
	5	+70M	12.5	1.17	0.89	12.69	合格
	6	+70R2	13.2	1.19	0.92	11.19	合格

第三层相对密度与孔隙率检测结果见表 4—18。

表 4—18　掺配比例试验第三层试验结果

填料种类	点号	点位	含水率（%）	干密度（g/cm^3）	相对密度 D_r	孔隙率 %	K_{30}点号	K_{30}	结论
70%粉质黏土+30%火山渣	1	+9L3	14.2	1.24	0.80	/	+12L2	218	合格
	2	+9M	13.4	1.29	0.89	/	+12L6	223	合格
	3	+9R3	13.5	1.27	0.86	/	+12R2.2	234	合格
	4	+21L2	10.1	1.33	0.97	/	+12R5	246	合格
	5	+21M	11.0	1.32	0.95	/	/	/	合格
	6	+21R2	14.3	1.25	0.82	/	/	/	合格
50%粉质黏土+50%火山渣	1	+32L2	10.5	1.22	0.85	15.86	+38L3	213	合格
	2	+32M	11.9	1.22	0.85	15.86	+38L5	227	合格
	3	+32R3	12.8	1.23	0.87	15.17	+38R2	220	合格
	4	+45L2	8.2	1.27	0.98	12.41	+38R6	200	合格
	5	+45M	8.6	1.23	0.87	15.17	/	/	合格
	6	+45R3	9.2	1.23	0.87	15.17	/	/	合格
30%粉质黏土+70%火山渣	1	+58L2	9.8	1.22	0.98	8.96	+62L2	198	合格
	2	+58M	12.3	1.19	0.92	11.19	+62L5	161	合格
	3	+58R2	13.0	1.22	0.98	10.45	+62R5	164	合格
	4	+70L2	9.9	1.21	0.96	9.7	+62R2	200	合格
	5	+70M	10.2	1.24	1.02	7.46	/	/	合格
	6	+70R3	9.8	1.20	0.94	10.45	/	/	合格

根据前三层的试验结果综合分析可知：

①70%粉质黏土+30%火山渣掺配比例最优，填料归类属于 B 料，各项

指标满足基床底层的规范要求。其 K_{30} 指标已达到基床表层要求。同时对含水率控制要求不高，也是最经济的掺配比例。

②50％粉质黏土＋50％火山渣掺配比例次之，其 K_{30} 指标较好，但对相对密度 D_r 波动较大，不易控制。

③30％粉质黏土＋70％火山渣掺配比例，其相对密度 D_r 指标波动较大，且 K_{30} 承载力波动较大，且接近限值，不能排除抽检值小于规范值的可能；同时由于火山渣开采运输成本过高，也是最不经济的掺配比例，不予推荐。

综上所述，推荐采用 70％粉质黏土＋30％火山渣掺配比例进行摊铺厚度试验。

2. 摊铺厚度试验

根据“三阶段、四区段、八流程”的填筑工艺，采用试验一的结论，以 70％粉质黏土＋30％火山渣为填料，按松铺厚度 35 cm、40 cm，分别分三层进行摊铺厚度试验，均沿用试验一中 6 次单程碾压分别进行压实，组合方式为“静＋弱＋强＋强＋弱＋静”，然后进行相关压实指标的检测，施工段落划分如图 4—27 所示。

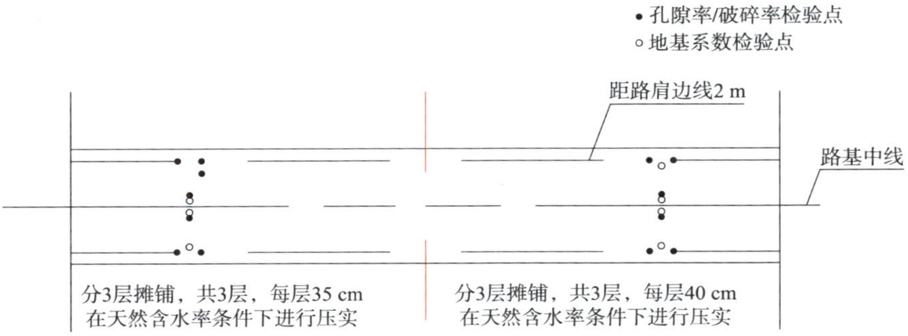

说明：试验二中，采用试验一中确定的最优掺配比例，分2段进行，松铺厚度分别为35和40 cm；由于步骤1中已经进行了30 cm的厚度，故不需要再设置30 cm的试验段。

注意：所需进行的检测项目，沿用试验一中最优掺配比在试验一中的检测办法，试配比而定，完成试验后需补齐高差。
施工时，为方便车料进场，纵向线路延伸20 m，采用1：5进行放坡。

图 4—27　现场填料摊铺厚度试验施工图

试验段摊铺厚度压实试验的效果图如图 4—28 所示，由效果图可以看出，70%粉质黏土+30%火山渣混合填料的压实表面均坚硬且板结；表层致密性高，且不留车辙印，压实效果较好。

图 4—28　35 cm、40 cm 摊铺厚度压实后效果图

摊铺厚度试验检测结果如表 4—19 所示，由表可知：摊铺厚度为 30 cm、35 cm、40 cm 时，相对密度 D_r 指标均能达到基床底层规范值 0.75，压实质量合格。其中：压实质量方面最好的摊铺厚度是 35 cm；工艺经济方面最好的摊铺厚度是 40 cm；而试验一中相同掺配比例的摊铺厚度 30 cm 的土层，理论上其各项指标是最佳的。但实际上，可能由于摊铺厚度过小，火山渣颗粒粒径会对碾压造成影响。

表 4—19　摊铺厚度试验试验结果

70%粉质黏土+30%火山渣	摊铺厚度	层数	点号	点位	含水率(%)	干密度(g/cm^3)	相对密度 D_r	K_{30}点位	K_{30}	结论
	35 cm	4	1	+9L2	20.6	1.34	0.98	/	/	合格
			2	+10M	20.3	1.31	0.93	/	/	合格
			3	+14R4	20.1	1.33	0.97	/	/	合格
			4	+19L3	22.8	1.34	0.98	/	/	合格
			5	+23M	19.9	1.33	0.97	/	/	合格
			6	+28R3	20.6	1.34	0.98	/	/	合格

续上表

	摊铺厚度	层数	点号	点位	含水率（%）	干密度（g/cm³）	相对密度 D_r	K_{30}点位	K_{30}	结论
70%粉质黏土＋30%火山渣	35 cm	5	1	＋10L3	18.7	1.33	0.97	/	/	合格
			2	＋10M	17.2	1.26	0.84	/	/	合格
			3	＋13R4	15.4	1.33	0.97	/	/	合格
			4	＋18L2	16.5	1.32	0.95	/	/	合格
			5	＋22M	15.0	1.29	0.89	/	/	合格
			6	＋26R3	15.7	1.31	0.93	/	/	合格
		6	1	＋8L2	13.8	1.33	0.97	＋7L3	213	合格
			2	＋11M	13.4	1.32	0.95	＋16R2	211	合格
			3	＋16R4	14.4	1.32	0.95	＋24M	216	合格
			4	＋23L4	14.0	1.33	0.97	＋27M	226	合格
			5	＋26M	13.0	1.31	0.93	/		合格
			6	＋28R3	13.0	1.33	0.97	/		合格
	40 cm	4	1	＋35L3	20.2	1.31	0.93	/	/	合格
			2	＋37M	19.7	1.28	0.87	/	/	合格
			3	＋40R2	23.5	1.3	0.91	/	/	合格
			4	＋47L4	23.2	1.31	0.93	/	/	合格
			5	＋52M	20.1	1.33	0.97	/	/	合格
			6	＋56R3	20.3	1.28	0.87	/	/	合格
		5	1	＋33L4	15.8	1.3	0.91	/	/	合格
			2	＋36M	15.2	1.28	0.87	/	/	合格
			3	＋40R4	15.3	1.27	0.86	/	/	合格

续上表

	摊铺厚度	层数	点号	点位	含水率（%）	干密度（g/cm³）	相对密度 D_r	K_{30}点位	K_{30}	结论
70%粉质黏土+30%火山渣	40 cm	5	4	+45L3	15.8	1.29	0.89	/	/	合格
			5	+50M	15.6	1.28	0.87	/	/	合格
			6	+52R3	16.3	1.3	0.91	/	/	合格
		6	1	+38L3	13.8	1.3	0.91	+34L3	181	合格
			2	+40M	13.2	1.29	0.89	+41R2	185	合格
			3	+46R2	13.9	1.3	0.91	+45L3	182	合格
			4	+49L5	14.0	1.29	0.89	+55M	213	合格
			5	+50M	13.6	1.3	0.91			合格
			6	+53R2	13.6	1.29	0.89			合格

三种摊铺厚度土层的 K_{30} 指标如图 4—29，由图可知，均大于基床底层的规范值，指标合格。由于填料性能优良，不同摊铺厚度的各项指标均可达到基床底层规范值，但 40 cm 摊铺厚度其相对密度 D_r 均值满足要求，且数据稳定，无较大波动，故可采用40 cm 的摊铺厚度提升施工效率，节省成本。

综合试验一、试验二施工期间的日照、降雨以及土体含水率情况，可以看出混合填料土体对水的敏感度一般，不必精确控制施工含水率，但仍建议含水率控制在 13%～18%之间，以达到最佳效果。综上所述，推荐采用 70%粉质黏土+30%火山渣掺配比例，以及 40 cm 摊铺厚度进行第三项碾压组合方式试验。

3. 碾压组合方式试验

根据 70%粉质黏土+30%火山渣掺配比例、40 cm 摊铺厚度，进行现场填料碾压组合方式试验。在试验一、试验二中“静+弱+强+强+弱+静”6 次单程碾压组合方式的基础上逐渐减少碾压次数，探究最佳碾压组合方式。

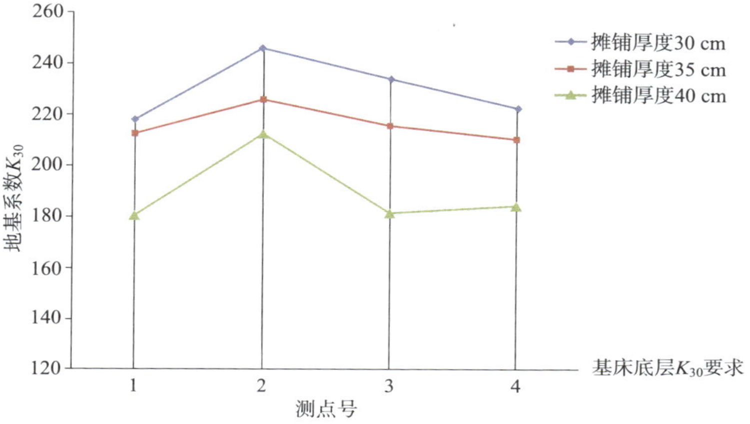

图 4—29　不同摊铺厚度地基系数 K_{30} 检测数据情况

试验段碾压组合方式试验压实效果图如图 4—30 所示，由图可以看出，采取 30%火山渣＋70%黏土为填料、松铺厚度为 40 cm，按表 4—25 中碾压方式进行碾压，其土层的压实表面均坚硬且板结；表层致密性高，且不留车辙印。

图 4—30　碾压 5 次、4 次、4 次三层压实效果图

碾压组合方式试验结果见表 4—20。由表 4—20 可知，碾压 5 次“静＋弱＋强＋弱＋静”和碾压 4 次“静＋弱＋强＋静”两者相对密度 D_r 指标均能达到基床底层规范值 0.75，且留有较大安全余地，两者压实质量相差不大。

表 4—20 碾压组合方式试验结果

	摊铺厚度	碾压方式	层号	点号	含水率（%）	干密度（g/cm^3）	相对密度 D_r	K_{30}点位	K_{30}	结论
70%粉质黏土＋30%火山渣	40 cm	5 次静弱强弱静	7	1	18.8	1.3	0.91	+7M	212	合格
				2	19	1.31	0.93	+12L4	228	合格
				3	19.3	1.27	0.86	+23R3	224	合格
				4	18.7	1.31	0.93	+31L5	221	合格
				5	17.6	1.3	0.91	\	\	合格
				6	18	1.29	0.89	\	\	合格
		4 次静弱强静	8	1	16.5	1.29	0.89	+10M	235	合格
				2	16.8	1.28	0.87	+15L3	234	合格
				3	15.4	1.32	0.95	+29L2	201	合格
				4	15.2	1.28	0.87	+30R3	211	合格
				5	16.4	1.29	0.89	\	\	合格
				6	16.6	1.3	0.91	\	\	合格
		4 次静弱强静	9	1	18	1.28	0.87	+7L3	213	合格
				2	17.9	1.31	0.93	+16R2	211	合格
				3	17.6	1.33	0.97	+24M	216	合格
				4	17.5	1.27	0.86	+27M	226	合格
				5	17.8	1.27	0.86	\		合格
				6	17.6	1.29	0.89	\		合格

两种碾压方式的 K_{30} 指标如图 4—31 所示，由图可知，均大于基床底层的规范值，且数据波动不大。在表面质量方面，两种碾压方式的检测数据虽没有明显差异，但现场观测，碾压 4 次的土层其表面压实质量较碾压 5 次略差，出现浅裂痕；且相较碾压 5 次路面整体平整度下降，故不再减少压实次数至碾压 3 次。

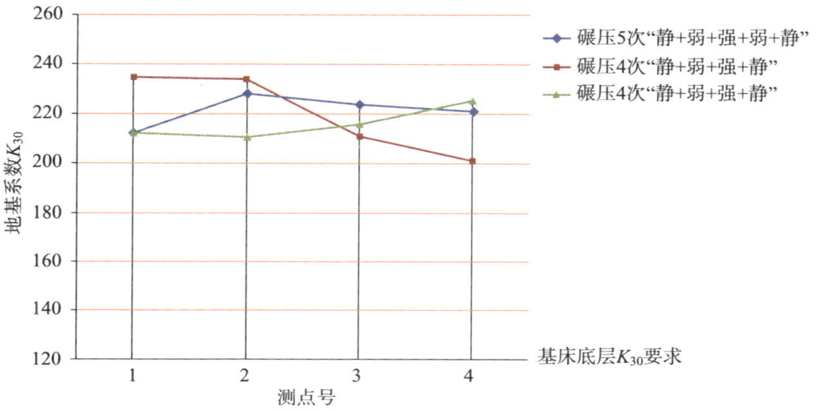

图 4—31　不同碾压方式地基系数 K_{30} 检测数据情况

根据不同碾压组合方式结果综合分析可知：由于填料性能优良，实际施工时，可由之前方案计划中碾压 5～6 次减少到碾压 4 次“静＋弱＋强＋静”的碾压方式（单程为一次），即提高了施工效率，又节省了开支。综合试验一、试验二、试验三施工期间的日照、降雨以及土体含水率情况，可以看出混合填料对水的敏感度一般，不必精确控制含水率，但仍建议含水率控制在 13％～18％之间，以达到最佳效果。

4. 压实工艺参数总结

在此基础上进行现场的填筑试验表明，70％粉质黏土＋30％火山渣掺配比例表现最优，主要表现为压实指标更高，数据波动不大，对含水率控制要求不高；同时也是最经济的掺配比例。50％粉质黏土＋50％火山渣掺配比例次之，其 K_{30} 指标较好，但相对密度 D_r 波动较大，质量控制难度增加。30％粉质黏土＋70％火山渣掺配比例，其相对密度 D_r 指标波动较大，K_{30} 指标波动也较大，且接近限值，兼顾考虑火山渣开采及运输成本的增加，因而不予推荐。

根据上述路基填筑的试验结果可知：火山渣填料的最佳掺配比例为 30％火山渣、70％天然土，最佳松铺厚度为 40 cm，最佳碾压组合方式为“1 遍静压＋1 遍弱振＋1 遍强振＋1 遍静压”。此路基 B 组填料对水敏感性不强，在 13％～18％之间可满足施工要求。

二、火山渣填料路堤质量控制技术

根据以上对路基填料的性能分析以及压实工艺的了解，本书提出以下火山渣路堤质量控制技术。

（1）基底处理

火山渣路基填料铺筑前应对原地面的地质水文情况进行调查，对基底进行处理，保证路基的稳定性，火山渣路基填料可采取直接碾压、换填后碾压、耕起碾压等方式处理。施工前应提前选定足够的取料地点，并按规定进行原材料检测。对细粒土、土块应进行粉碎，土块最大颗粒不应大于 15 mm，细粒土应处于松散可拌状态，否则应晾干或筛除土块。

（2）掺配试验

由于火山渣的物理性质及颗粒组成变化较大，并且和其他材料的掺配比例对压实质量影响明显，应提前选定足够的取料地点，按照《公路土工试验规程》(JTG E40—2007)对借土场和料场的料进行含水量、密度、颗粒大小分析等试验及掺配试验。

（3）摊铺与碾压

由于火山渣为粒状材料，颗粒级配对压实效果影响很大，因此在施工中应尽量选择级配良好、粒径较小的火山渣，必要时要进行碾碎；为使火山渣的大颗粒被压碎而形成良好的级配，宜用吨位较大的压路机进行碾压，最好不小于 14 t，火山渣路基在最后一层施工时，先稳定碾压几遍，然后再洒布一薄层细粒土进行碾压；由于压实层上部颗粒较粗，细料偏少，火山渣路基分层碾压间隔时间宜短，避免因施工及其他车辆影响而造成火山渣路基的松散，从而影响路基平整度及稳定性。

（4）含水量控制

在火山渣路基的施工中，对含水量控制可放宽一些，洒水不宜过多。也可不洒水，直接进行碾压，但需增加碾压遍数或压路机的吨位。

（5）压实度控制

火山渣为粒状材料，由于其松散、孔隙大、易被压碎等特性及火山灰颗粒的不均匀性，火山渣路基的压实度检测与一般土基相比较为困难。试验中所采用的灌沙法效果也不会太理想，检测结果必定会有一定的离散性。所以可进行工地现场控制，以碾压遍数控制，当顶面压实稳定，无轮迹时可判定其为密实状态。

(6)雨季施工

雨季施工前应做好施工准备工作，区分路段，进行适合于雨季施工项目的安排。火山渣路基填料施工过程中摊铺遇雨，应及时抢压数遍，减少雨水过量浸入路基，雨停后再加压密实。对于已铺好而尚未碾压的混合料，雨后应当封闭交通，晾晒至最优含水率的+2%后再进行碾压。分层施工时，应在雨前铺好下层，以防止雨水浸入土基。雨季施工应注意及时修筑和修补泄水槽和临时边坡，避免路基积水和雨水冲刷。

(7)边坡稳定验算和防护

由于火山渣密度小、相互之间的黏结力小，影响路基边坡的稳定性，即使在掺配其他细料作为路基填料时，对于较陡的路基边坡也应根据混合料的性质进行路基边坡稳定验算。此外，火山渣路基边坡抗冲刷能力较差，应结合路基经过地区的边坡防护材料分布采取因地制宜的防护措施。

第六节　裂谷区边坡工程

肯尼亚铁路路基工程的占比很大，达到70%以上。裂谷区受地质构造、板块运动、旱雨季交替和人为活动等影响，使得该区地形起伏变化剧烈，局部地段坡陡沟深，边坡岩性变弱，岩层节理较为发育，岩体更为破碎。在内马铁路施工区域，路堑边坡垂直深度为20多米，最大垂直深度可达30多米，因此，合理的边坡设计、高标准的施工质量和优质的运营维护对于保持边坡稳定具有重要意义。本节将从边坡工程分类、土石混合体边坡破坏特征及加固防护类型选择等方面加以介绍。

一、裂谷区边坡工程分类

肯尼亚在建铁路经过裂谷区时，地形起伏相对较大且较为复杂，岩土体在受到内外部环境影响时，物理力学性质变差，岩体完整性降低，然而由于不同地方岩土本身强度、变形等存在差异，这使得从整体上表现出不同的破碎程度。为了研究不同破碎程度的岩土对工程建设、铁路运营及维护的影响，将边坡根据土和块石含量的变化划分为土质边坡、岩质边坡和土石混合体边坡。

土质边坡是指边坡物质组成中土体占比较大或者全为土体的边坡，由于组成此类边坡的物质较为单一，其物理力学性质也比较均匀，影响土体强度的主要内部因素包括土的黏聚力和内摩擦角。这种均质土边坡在自身重力或外界力作用下，部分土体受到的剪切力变大，当土体黏聚力和内摩擦角所带来的抗剪强度小于剪切强度时，边坡将沿着剪切滑移带发生滑坡，其形状为圆弧形如图 4—32 和图 4—33 所示。

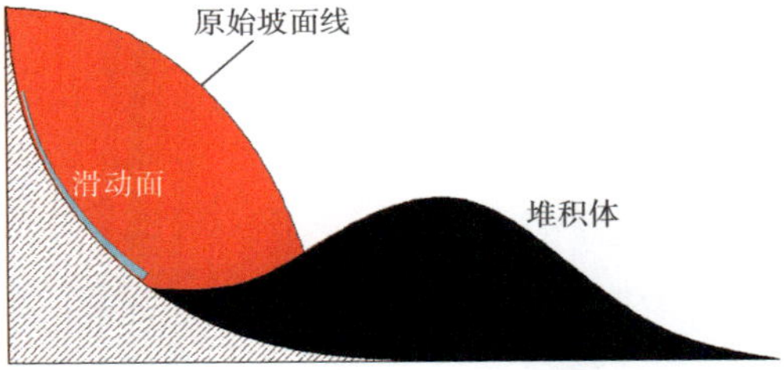

图 4—32　均质土滑坡示意图

图 4—33　均质土滑坡现场图

岩质边坡是指由分化程度较低，岩体较完整的岩石体形成的边坡，由于组成物质具有较高的物理力学强度，受外界环境影响较小，通常该类边坡的稳定性较好，坡体内部整体上能够保持较好的形态而不发生剪切破坏，但是露出地表部分，由于各种营力作用，岩体完整性较差，节理相对发育，甚至分解为大小不一的块体，这种块体的等效粒径小到几厘米，大到数米，在水流、地震等自然因素或人为活动干扰下，失稳后将沿着坡面滚动或抛体运动落下，如图 4—34 和图 4—35 所示。

图 4—34　岩质边坡落石图

图 4—35　岩质边坡(红色线条表示岩石节理黑圈表示危石块)

此外，肯尼亚部分地区也广泛存在着一种介于岩石和土体之间的特殊介质体，相比于研究较为深入并卓有成效的土质边坡以及石质边坡来说，这种特殊物质是由强度较高且具有一定粒径级配的碎石和软弱的土体混合而成，即土石混合体，有此类混合体组成的边坡称为土石混合体边坡，如图 4—36 所示。构成该物质的成分主要为残坡积物、崩坡积物和冲洪积物，由于其物质组成和内部空间分布不同，使得与其他边坡有着显著不同的变性特点，物质结构杂乱无章、分选性差、连续性差、雨水渗透性较大，抵抗变形能力和稳定性受含石量、块石分布、粒度组成影响。随着岩石和土体含量的变化，土石混合体结构物的整体力学性质将会发生变化，而且各组分在物理力学性质和力学行为上存在较大差异。根据已有研究表明，土石混合体边坡的破坏特征与均质岩土体边坡有明显的区别。

图 4—36　土石混合体边坡现场图

本节后面将对在肯尼亚分布较为广泛的土石混合体边坡进行研究，分析这种边坡的破坏特征，这对于工程建设具有重要的指导意义。

二、土石混合体边坡破坏特征

组成土石混合体边坡的各物质结构类型和物理力学性质之间存在较大差异。随着含石量、块石空间分布和粒度组成等变化，边坡失稳形态和破坏模式也会发生变化，这也给边坡防护与加固带来了挑战。为了更好地研究块石边坡的破坏特征和失稳机理，下面将对土石混合体强度的形成及其影响因素作一介绍。

1. 土石混合体抗剪强度及其影响因素

(1)“块体”与“细粒”：由前述土石混合体粒组组成分析可知，组成土石混合体的“粗粒相”和“细粒相”的物理力学差异巨大，其变形破裂面在很大程度上受控于内部“块体”的含量、几何特征及空间分布。通过对肯尼亚交通设施沿线岩土物质分析可以发现土石混合体滑动面并不像一般土体滑动面那样规则，而是呈现明显的不规则性，其滑动面凹凸程度取决于剪切面处“块体”尺寸和分布特征。据此可知“粗粒相”和“细粒相”的相对含量、几何特征及空间分布是影响土石混合体强度的一大因素。

(2)摩擦强度和黏聚力：与土体强度影响因素相似，摩擦强度是衡量混合体剪切变形的一重要指标。摩擦强度取决于剪切面上的正应力和混合体内摩擦角，当混合体中“粗粒相”的含量较大时，混合体内部块体间发生接触，这时块体之间由于相对滑动而产生滑动摩擦，并且通过机械咬合作用而产生咬合摩擦。滑动摩擦是由于块体接触面粗糙不平引起的，咬合摩擦是指接触块体之间相对移动时接触面上产生的阻碍移动的约束作用。图 4—37 为相互咬合着的块体剪切变形过程示意图，可以发现当土体沿某一剪切面产生剪切破坏时，相互咬合着的颗粒必然从原先的位置被抬起(2、3、4 颗粒)，跨越相邻颗粒，或在尖角处将颗粒剪断(1 颗粒)并发生移动。块体颗粒剪切刚度愈大，表面越粗糙，咬合作用越强，则内摩擦角越大。

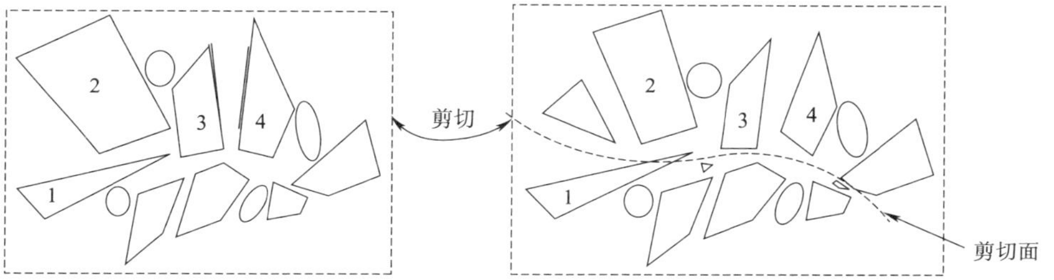

图 4—37　混合体固体相剪切面

2. 土石混合体结构性特征

如前所述，土石混合体是由粒径相对较大的巨粒组、粗粒组及其细粒组填充成分构成。如图 4—38 所示为一土石混合体断面结构示意图，图中Ⅰ、Ⅱ、Ⅲ分别对应了不同的研究尺度。对于Ⅰ区，仅由细粒土体构成，未包含有任何块石，可以简化为连续介质；对于Ⅱ区，含有一定尺度块石，可简化为由细粒组分作填料、由细小碎石作结构骨架的不连续介质；对于Ⅲ区，不但包含由相对于Ⅱ区来说不可忽略的碎石，还包含粒径较大的巨粒组。所以，土石混合体结构特征随着块石含量、粒径大小和块石空间分布的变化而变化。

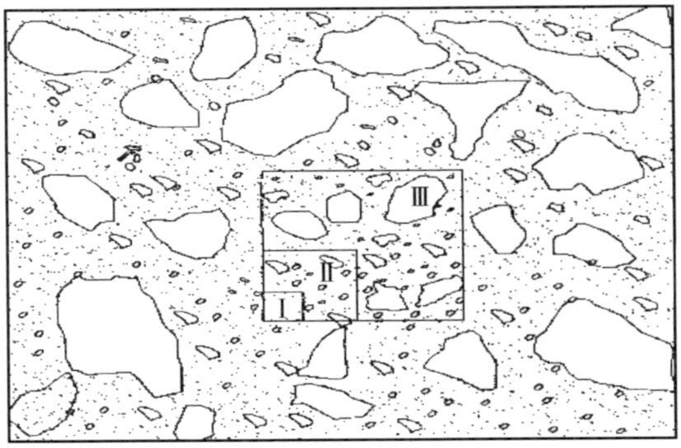

图 4—38　土石混合体断面各组分结构尺寸示意图

3. 边坡稳定性分析

针对裂谷区土石混合体的特殊结构体，在经过大量实地调查后，为了探究这种混合结构物组成的边坡破坏的机理和模式，进行一系列分析和研究。

土石混合体边坡剪切带发展过程中，剪切带的发展呈现出不同的模式，当块石颗粒含量较少时，出现单边绕过块石模式。对于单边绕石模式，块石两侧都有可能是剪切带的扩展方向，剪切带的路径取决于块石与剪切带的相对位置；当块石含量较多时，出现分叉多剪切带模式，此时由于剪切带上分布较多块石，局部区域形成了块石骨架结构，而剪切带在形成过程中将绕过块石骨架，在块石周围和土体中相互贯通，最终形成多个剪切带破坏模式，如图 4—39 所示。

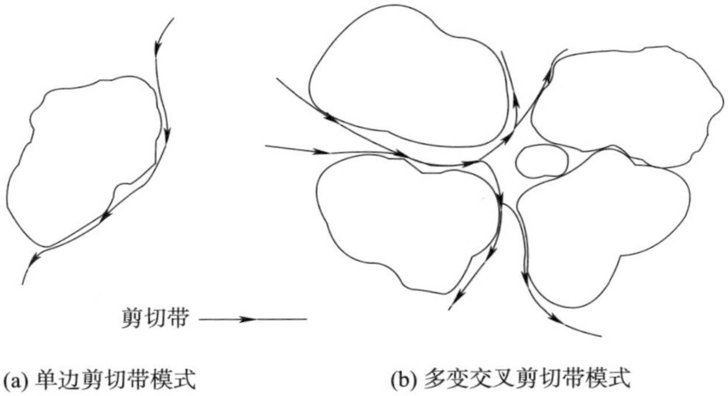

图 4—39　土石混合体边坡中剪切带形成模式

基于抗拉强度破坏准则，以边坡潜在滑动体存在计算不收敛的应力分析作为土石混合体边坡稳定分析中边坡拉破坏依据。当边坡内部不同深度处的拉应力大于土体抗拉屈服强度时，土体发生拉破坏。可以看出，均质土边坡的受拉破坏全部集中在边坡表面向下一定深度范围内。与均质土边坡类似，边坡表面出现较为集中地受拉破坏区域，坡体表面块石由于其强度较高，未出现明显的受拉破坏，即坡体表面的受拉破坏区域分布存在明显的绕石效应。此外，由于土石混合体是一种非均质、不连续的介质体，块石的弹性模量和剪切应变模量远大于黏土体，同时，土石界面的作用力相对较小，这样边坡在受拉变形时，土体先于块石发生拉破坏，拉破坏沿着土石界面开展，如图 4—40 所示。

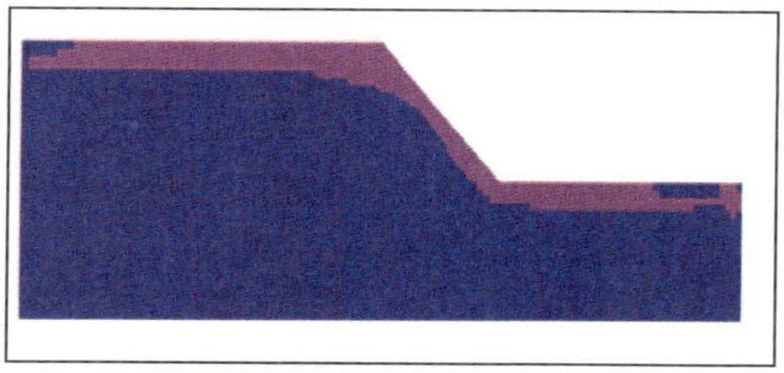

(a) 均质土边坡

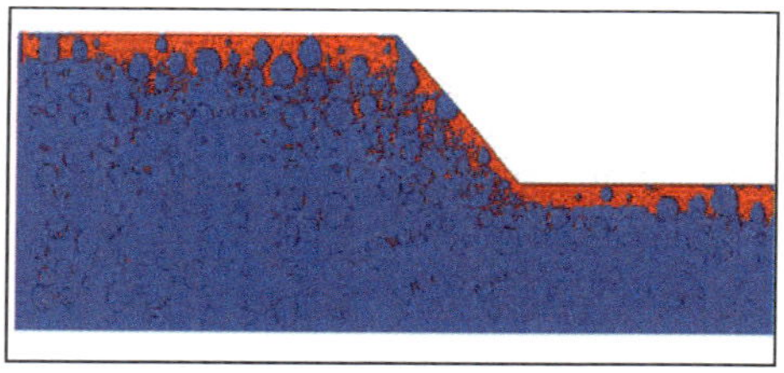

(b) 土石混合体边坡

图 4—40　边坡拉破坏塑性区分布云图

根据安全系数的定义，当折减系数取边坡安全系数时，边坡前缘剪切塑性区向坡顶延伸并形成贯通塑性带，如图 4—41 所示。对于土石混合体边坡，由于“块石”在坡体内随机分布，使得边坡区较均质土边坡有明显的改变，滑动面分布较为紊乱，存在明显的“绕石效应”，其塑性区的分布，符合最小剪切强度原理，且与块石尺寸及其所处应力水平有关，由于坡角处有较大粒径块石的存在，使得边坡剪出口的位置后移，这对边坡稳定性有利。此外，由于块石的存在使得坡体很难像均质土破一样形成单一的塑性贯通区，而是呈现多滑动带现象，且塑性区贯通较为困难，绕石效应极为明显。多滑动带的存在可以消耗滑动势能，绕石效应又使得滑动剪切带长度增大，分布区域变宽，这种交错分布的不规则剪胀破裂面在坡体稳定分析中将提供额外的剪切强度，这对提高边坡稳定性有利。

同时，含石量的变化也会影响边坡塑性区的开展，如下图 4—42 所示。当

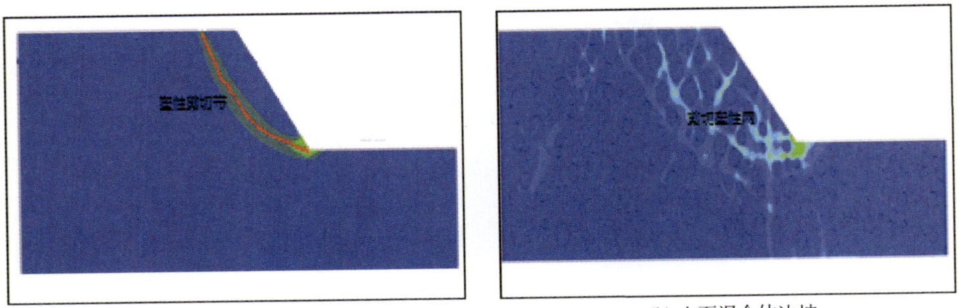

(a) 均质土边坡　　(b) 土石混合体边坡

图 4—41　边坡剪切破坏塑性区分布云图

含石量较少时，边坡中介质环境均匀，次生裂纹较少发生(a)，因此，含石量较低的土石混合体边坡呈现出整体破坏的特点，其破坏形式与黏土边坡相似。当含石量达到较高水平时，坡面内的次生裂纹持续发展，形成网状剪切塑性带，往往在边坡整体失稳前发生破坏(b)，因而在高含石量边坡往往发生局部分级破坏，此时土石混合体边坡逐渐呈现出浅层碎石的特点。在含石量逐渐增加的过程中，土石混合体边坡的破坏模式从整体破坏到局部分级破坏逐渐过渡。

(a) 低含石量边坡　　(b) 高含石量边坡

图 4—42　不同含石量土石混合体边坡破坏模式示意图(注：图中未画出块石体)

三、土石混合体边坡监控系统

1. 监测系统的结构

边坡稳定监测系统由自动控制设备、数据采集终端设备、数据监控中心和连接线路组成。其系统整体结构如图 4—43 所示。

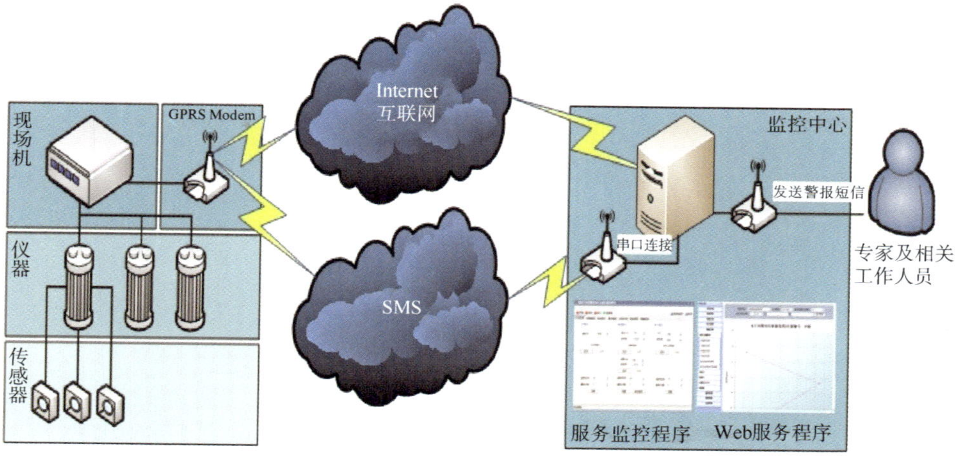

图 4—43　边坡稳定监测系统结构示意图

其中，自动监控设备指安装在边坡监测现场的各类仪器仪表，为了最大效率地使用自动控制终端设备，可使每个数据采集终端设备带多种类型的多个仪器仪表，每个仪器仪表可带多种类型的多个传感器，例如可以带的终端传感器包括：累计雨量传感器、裂缝宽度传感器、土体含水率传感器、地下水位计、空隙水压力计、土压力计、测斜管、数据采集终端设备；传感器类型有土体位移传感器、土压力传感器；数据采集终端设备指的是控制各类监控仪器仪表，采集仪器仪表的数据、完成数据存储及与数据监测中心进行数据通信传输的计算机控制系统等；数据监控中心是系统的数据中心和控制中心，安装在相关监护部门，控制整个系统的工作模式和工作状态，接收数据采集终端上传的数据，进行数据管理、处理、分析和显示输出，是系统的人机交互接口，接收用户的控制指令并进行相关操作。数据管理预警系统软件运行在数据监控中心，提供用户与数据采集终端的数据传输通道，向下采集各数据采集终端的数据并进行数据管理和项目管理，向上接收并响应用户控制指令输入，进行数据采集终端的参数配置和数据处理分析。

2. 边坡监测内容

边坡预警系统建立中一项重要的内容是确定检测内容，包括边坡整体沉降变形、坡体内部应力应变和环境因子等，具体见表 4—21。

表 4—21 边坡监测内容表

检测内容	监测参数	监测方式	部 位
变形监测	表面位移	表面位移传感器	边坡各关键位置
	表面相对变形	表面位移传感器	边坡表面
	不均匀沉降	分层沉降仪	边坡表面
	土体深部位移	固定杆式测斜仪	测斜管内
	挡土墙变形	测斜仪	有裂缝部位
应力/应变及受力监测	挡土墙混凝土表面应变	表面式应变计	挡土墙重要部位
	挡土墙钢筋受力	钢筋计	
	土体压力	土压力盒	
	孔隙水压力	弦式孔压计	
	锚杆拉拔力	锚索计	锚固端
环境监测	温度监测	温度传感器	结构表面或内部
	雨量监测	雨量计	边坡附近

3. 监测元件现场布设

边坡在塑性剪切破裂带形成过程中，坡体各点处位移、变形情况不尽相同，靠近破裂带处的位移和变形相比其他地方较大，且在实际情况下，我们只需要关心边坡关键位置、最大位移变形不超过土石混合体边坡体抗剪强度，这样一来就可以在边坡“关键位置”设置位移监控点，以进一步研究该处位移随计算进程的变化情况。计算进程结束后坡角和坡顶塑性延伸区水平位移达到最大，故选取上述位置作为监控点，布设沉降监测元件，下文将以静水压力差水准仪（图 4—44）为例来说明。

在实际应用中，多个安装在不同测点的压差式静力水准仪（传感器）通过水管、气管、电源线和通讯线连接，共同组成静力水准测试系统，其中一个静力水准仪将作为不动参考点。通过测量测点传感器与参考点传感器之间的压力差值，可以计算出相对参考点的位移变化。系统两边需保证连通水管的水位

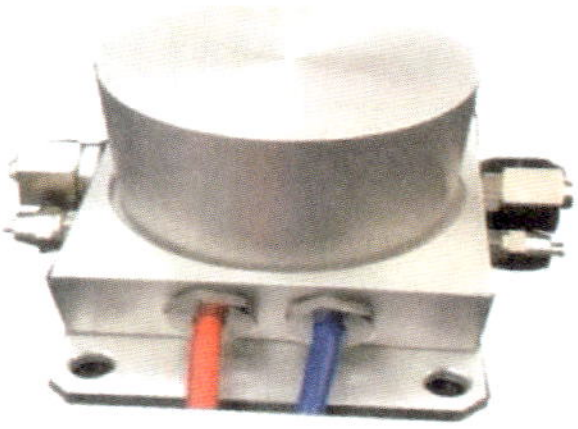

图 4—44　压差式静力水准仪

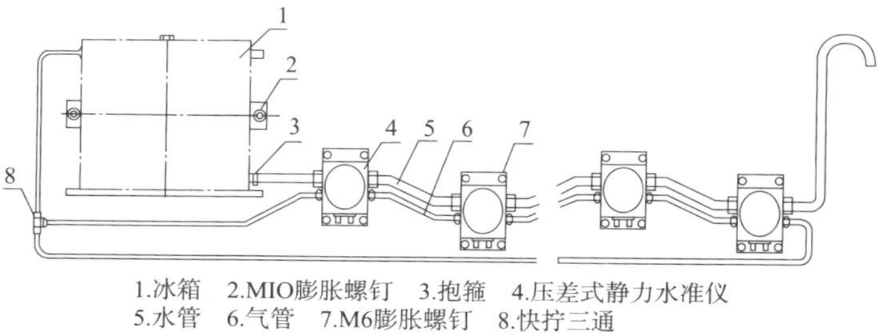

图 4—45　静力水准测试系统示意图

稳定、连通气管的大气压恒定，系统组成示意图如图 4—45 所示。压差式静力水准仪测试结果将由数字信号通过 RS-485 总线输出到电脑软件中。选取前述关键点作为监控控制站点，埋设监控元件采集沉降数据，埋设情况如图 4—46 所示。

图 4—46　沉降测试元件现场布设图

四、路基边坡加固与防护

边坡处在大气、地下水和地质构造作用力下，长期受自然灾害等内外部因素的影响，物理和力学性质将发生变化。另外土石混填土和破碎岩土边坡经过开挖后，土体内部原来的应力状态发生变化，由于下部“卸荷作用”，土坡的临空面倾度变大，自重应力竖直向下的应力分量将增大，为确保边坡的稳定性，支挡和防护是不可缺少的工程技术措施。

1. 边坡破坏失稳特征及其分类

(1)为了更好地进行边坡冲刷防护，需要先认识冲刷类型和冲蚀特征。根据坡面冲蚀特征对坡面冲刷进行分类是认识坡面冲刷的重要环节，也是进行系统深入研究的基础。坡面冲刷分为四类：溅蚀、片蚀、沟蚀、冲刷性坍塌。

溅蚀是指在裸露的坡面上，雨滴直接打击坡面引起土颗粒分散和飞溅，或撞击地表薄层水流，增大水流的紊动，从而增大坡面水流的侵蚀能力。它是在一次降雨中最先发生的坡面侵蚀，通常出现在整个坡面，可促使坡面土颗粒不断向下方移动，破坏坡面表层土的结构，堵塞土孔隙，阻止雨水下渗，增大坡面粗糙度，为产生坡面径流和层状侵蚀创造条件。降雨强度越大，雨滴越大，溅蚀作用越强烈，溅蚀对坡面土体的分散作用是径流冲刷的基础。

片蚀是指由于分散的地表径流冲走坡面表层土粒的一种侵蚀现象，它是坡面侵蚀中最常见的一种形式。从雨滴击溅起，当降雨填满坡面坑洼处后，降雨强度超过坡面入渗强度时，就会形成坡面径流。在裸露平整的坡面上，坡面径流开始时呈薄而均匀的层流，随后形成不同深度的径流，将坡面表层松散土冲刷带走，形成片蚀。片蚀的侵蚀能力取决于流速、流量及降雨特征，也取决于边坡土质情况、坡长、坡度、坡面形态等。一般情况下，降雨强度大，坡面土质抗冲性差，坡度陡，坡长大时，片蚀则强烈。

细沟侵蚀是指在雨滴击溅及薄层坡面水流的共同作用下，坡面土体分散、飞溅、向下移动、坡面出现细小的坑洞及沟槽，坡面径流从这些轮廓清晰的坑洼和小沟槽中流过，时分时合，冲刷力不一致，坡面土层的抗冲性也出现差异。

暴雨径流在分散和兼并过程中出现不均匀的股流，与片蚀相比，这些不均匀股流的侵蚀性增强，并随径流汇集而增大，沿股流流动的轨迹则可能产生细沟冲刷。同时，单条细沟也不断发展，有时分叉，有时汇合，形成细沟侵蚀系统，并随着径流流量的增大，细沟不断向边坡上部和深部扩展。细沟的规模一般深小于 5 cm，宽度小于 10 cm。

浅沟在集中地表径流作用强烈的冲刷侵蚀作用下继续加深、加宽和加长，当沟壑发展到不能为耕作所平复，沟深大于 1 m、沟宽 1.2 m 时，则称之为冲沟，边坡的这种破坏现象即为冲沟侵蚀。在该区降水较为充沛的雨季，内马铁路路路基边坡的某些部位，如长大边坡的各级边坡平台内侧或边坡坡脚部位，由于坡面流水头差较大或坡面流较为集中，可能形成较深的冲刷坑槽、冲刷陷穴或冲刷性落水洞，它们多为冲沟的源头，沟头向坡面上方，具有溯源侵蚀的发展趋势，主要受降雨特征、坡面土质、坡面坡长和坡度的影响和控制。

冲刷坍塌主要是指冲沟两侧和上游沟壁物质由于强烈冲刷作用在自重力作用下失去平衡，产生掉块、泻溜和塌落。它不是由坡面流水力作用直接产生的，但是坍塌物松散、抗冲性很差，很快即被坡面水流冲走，这种水力冲刷作用与重力坍塌作用交互进行，加剧坡面冲刷程度，是冲沟发展到后期的一种高强度冲刷形式。

总的来说，冲刷发展阶段大致如下：溅蚀在一次降雨冲刷中最先形成，随后雨水形成的薄层水流对边坡坡面产生面蚀作用，将表土冲走，冲刷进一步发展在坡面形成大大小小的冲刷沟槽，包括侵蚀细沟、冲蚀浅沟和冲蚀冲沟。当坡面冲刷十分强烈时，冲沟不断加深和加宽，最终导致边坡发生重力坍塌，包括泻溜、陷穴、崩塌、滑坡等多种形式。

(2)边坡破坏失稳是指局部坡体或整体以一定的速度出现较大的位移，边坡岩土体产生滑动、滚动和转动的现象。根据母岩体(土)的物质组成、力学性质、边坡倾斜角和高度以及外界各种诱发因素的不同，经过实地查看发现内马铁路常见的边坡破坏形式有坍塌、滑坡、崩塌三种。

崩塌常发生在节理较为发育，岩石破碎的高、陡边坡的前缘地带，由斜坡前缘的裂隙卸荷作用、基座蠕动形成的裂缝进一步加剧，促使坡脚主应力增强，超过土体自身的抗滑力（力矩），从而引发崩塌。

滑坡是指边坡岩土体在自然或人为因素影响下失去稳定性，以一定加速度沿滑动面发生剪切滑动的现象，通常发生在内部有潜在滑动面或岩层界面、降雨较为充沛的土质边坡。

坍塌是指边坡一定范围内的岩土，受水或其他因素作用，使坡体强度降低，从而使坡体塌滑变形的现象。一般先在坡顶产生蠕变引起坡顶张裂，由外向内发展。

2. 边坡支挡防护类型

（1）片石混凝土挡土墙

片石混凝土挡土墙作为承重支挡结构物，常做成扩大基础，基础结构埋在地面以下，依靠前方土体提供的抗滑阻力和抗倾覆力矩以及自身重力，承受来自于墙背土体的作用力。主要用在边坡高度超过 8 m，坡脚倾斜度较大的均质土和土石混填边坡。

（2）有加固锚杆挂网喷注混凝土

边坡土体内部有潜在滑动面或存在岩土层分界面等软弱面时，为保证土体内部稳定性，不致在内部发生破坏，常采用预打锚杆加固法，另外对于坡面岩体完整性较好，有较少破碎岩石块存在、不适宜植物生长的边坡，可采用喷注混凝土防护方法。

（3）浆砌片石护坡

在部分地质条件较差区域，岩石体破碎较为严重，经常出现土石混合的特殊的土质，这种情况土体内部的块石和土力学性质差别较大，在发生坡面雨水漫流时，软化甚至液化的土夹杂着块石沿坡面向下流动，冲刷带走土石体，严重时形成泥石流从而破坏坡体原有结构。浆砌片石结构物自身重量较轻，可用在边坡表面固定坡表面土体避免雨水浸湿和冲刷。此外还可以与浆砌片石配合使用，增加边坡稳定性。

（4）种草防护

种草防护适用于边坡稳定，坡长较短，坡面冲刷轻微，边坡坡度缓于 1∶1 且适于草木生长的土质边坡，用于防止表面水土流失，固结表面，增强坡面稳定性，同时美化环境。当边坡较高时，坡度大于 1∶1 时，可用土工网、土工格栅与种草相结合防护。以下根据内马铁路边坡和土质特点，提供几种可行的支挡与防护工程方案：

Ⅰ方案一片石混凝土挡土墙＋有加固锚杆挂网喷混凝土＋浆砌片石护坡

对于坡脚开挖较多且高度较大的边坡，下部可采用混凝土挡土墙，用于抵抗坡脚土体指向路基方向的应力分量。上部坡体内存在潜在滑动面或岩层分界时通过插打锚杆加以固定。当坡面含有碎散性块石或不适宜种草时，采用浆砌片石防止坡面受到雨水冲刷、崩解，如图 4—47 和图 4—48 所示。

图 4—47　路堑边坡片石混凝土墙身效果图

Ⅱ“重力式挡土墙＋浆砌片石人字形骨架护坡”边坡治理方案

对于开挖较深或下部边坡倾斜角较大边坡，下部可采用混凝土挡土墙，用于抵抗坡脚土体指向路基方向的应力分量。当坡面含有碎散性块石或不适宜种草时，采用浆砌片石防止坡面受到雨水冲刷、崩解。浆砌片石骨架护坡适用于黏土或粉土质黏砂土路堑边坡的雨水侵蚀危害防护。黏质砂土，结构松散，抗泄流侵蚀能力较弱，其无黏聚性砂的成分含量越高，抗雨水渗流侵蚀能力就越弱。针对这一特点，可采用浆砌片石人字形骨架相结合方式加以防护，如图 4—49 所示。

图 4—48　路堑边坡治理方案锚杆施工现场

图 4—49　人字形骨架护坡施工现场

Ⅲ“重力式挡土墙＋锚杆格梁＋中部大平台”边坡治理方案

对于开挖较深或下部边坡倾斜角较大边坡，下部可采用混凝土挡土墙，用于抵抗坡脚土体指向路基方向的应力分量。当坡面为黏土或含有少量颗粒块石时，采用锚杆格梁的支护形式，同时在格梁框格内植草，既能防止坡面受到雨水冲刷，又兼具美观作用，对于坡高较大的边坡，可在坡腰适当位置设置大平台，既方便施工，又能削弱边坡土体下滑力，如图 4—50 所示。

图 4—50 “重力式挡土墙+锚杆格梁+中部大平台”边坡治理方案施工现场

第五章 气候环境与路基工程

第一节 气候概述

肯尼亚位于非洲东部，赤道附近，东非大裂谷纵贯南北，境内多高原，平均海拔1 500 m。因此有着独特的气候，其中主要的是热带草原和热带季风气候。肯尼亚的沿海地区湿热，而广大的中部高原则相对温和，全年最高气温为22 ℃～26 ℃，最低为10 ℃～14 ℃，天气凉爽，尤其是高海拔区，甚至会出现低温天气。受季风气候的影响，肯尼亚主要分为干湿两季。每年的3月到6月，10月到12月，是肯尼亚的大、小雨季，下午和夜晚会有疾风骤雨来袭，带来丰沛降水，大大缓解白昼的干燥、炎热。但无论是雨季还是旱季，肯尼亚白天接受烈日的直射和烘烤，但晚上的降雨会瞬间解暑。肯尼亚是横跨赤道的东非国家，主导气候为热带季风气候，气温随地形变化较大，主要受海拔控制。东南沿海气候炎热，中西部及北部气候比较温和。受季候风影响，四季不是很分明。

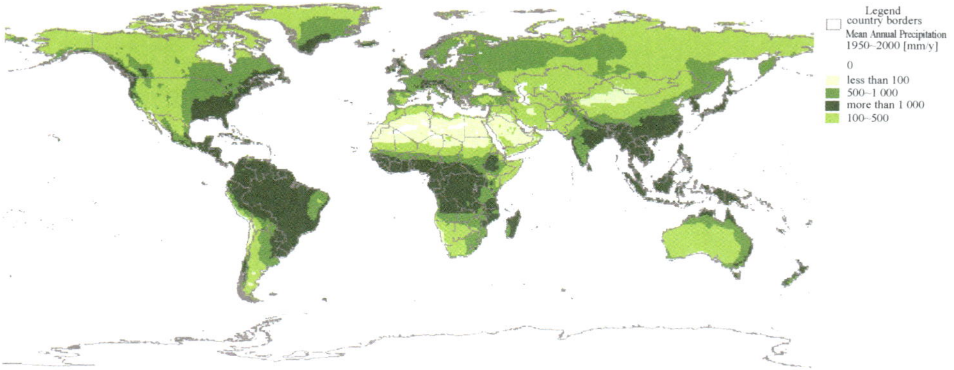

图 5—1　全球年均降雨量分布图(数据来源:https://geostar.info/)

一、气　　温

肯尼亚全年温度变化较小，大多数地区的温度在18 ℃～30 ℃之间。尽管存在季节性区域差异，但这种差异主要源于不同的海拔高度。拟建铁路沿线以热带草原气候区为主，年均气温为 16 ℃～20 ℃，影响气温的主要因素是海拔，随着海拔的升高，气温逐渐降低。肯尼亚的热带草原区气温一般在 20 ℃左右，气候十分宜人。每年的 1 月和 2 月气温适宜，既没有暴雨，也不会干热，更是鸟群最活跃的时段，可以在 Rift 山谷观赏到成百上千种鸟类。另外 6 月到 10 月，天气相对干燥，这段时间可以观赏到动物大迁徙的壮观景象。

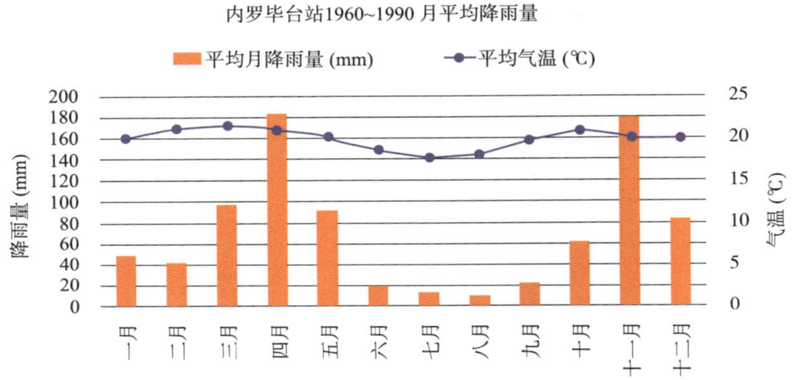

图 5—2　内罗毕台站 1960～1990 年月均降雨量及气温曲线

二、降　　雨

每当到了雨季，下午晚上经常会有短时间的小幅度降雨。年平均降水量为 600～1 100 mm，年均蒸发量为 1 550～2 200 mm。首都内罗毕气候温和，年平均气温 17. 7 ℃，年降雨量 1 049 mm。

图 5—3　由于暴雨冲刷导致的道路损坏（2017 年，肯尼亚）

第二节　肯尼亚降雨分布的季节特性

肯尼亚横跨赤道，主导气候为热带季风气候，终年降雨量差异随时间变化较大，旱季雨季十分明显。肯尼亚全国平均降雨量分布图（图 5—4）显示，降雨集中在肯尼亚的东部地区，年降雨量自西南向东北由 2 000 mm 以上递减到 200 mm 以下。在雨季尤其是大雨季期间，降雨量集中且强度较大，给当地各种基础设施的建设带来了很大的麻烦。肯尼亚高原裂谷地带各汇水区地形复杂陡峭，地表岩层裸露且破碎，入渗小，汇流急，极易形成山洪，泥石流，滑坡等灾害并对既有的基础设施造成侵蚀、冲刷、漫堤、堵塞等水毁灾害。此外，由于铁路，公路等基础设施的建设改变了该地区长期的自然形成的地形地貌，由排水问题衍生的各类次生灾害问题更有可能对当地的生态环境造成安全隐患。

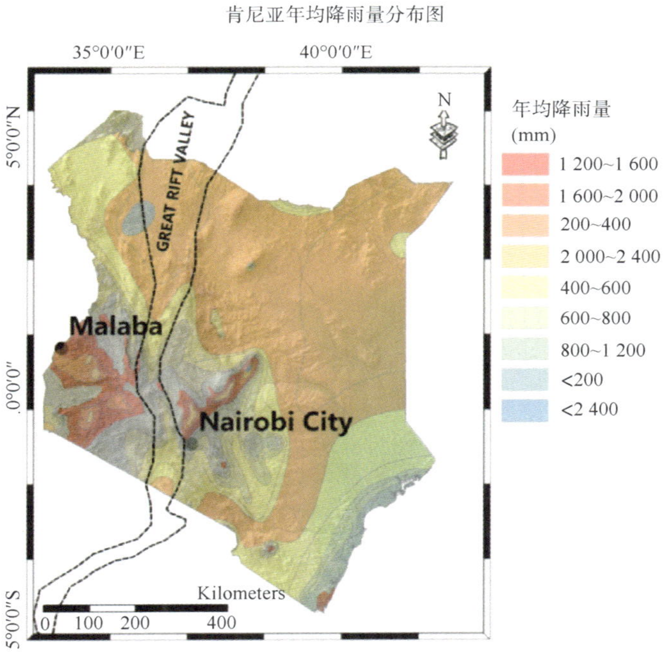

图 5—4　肯尼亚年均降雨量分布图

根据世界银行给出的 1901～2015 年肯尼亚全国月平均降雨量显示（图 5—5），肯尼亚全国月平均降雨量均在 100 mm 以下且不低于 25 mm，每年的平均降雨量变化不大，相对稳定。图 5—7 显示了一年中每月降水的分布，该图显示，每年有两个降雨高峰，分别是在四月和十一月前后，四月份的平均降水量能达到 150 mm 的峰值。相对而言，每年一月份和八月份，降雨量明显偏少，出现干旱的现象。

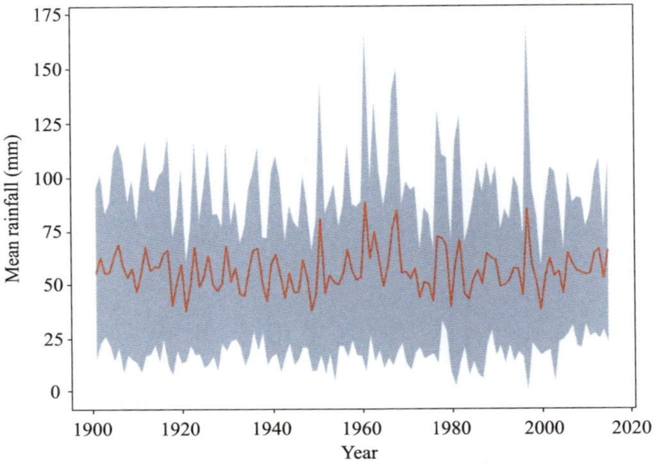

图 5—5　肯尼亚（1901～2015）全国月平均降雨量（数据来源：世界银行）

图 5—6（a）～（l）分别对应的是 1901～2015 年一月份到十二月份的降雨曲线图，该图详细地给出了各月份每年的降水变化，例如每年四月份来说，极少出现极端的降雨情况，该月份降水量在一定范围内变化。

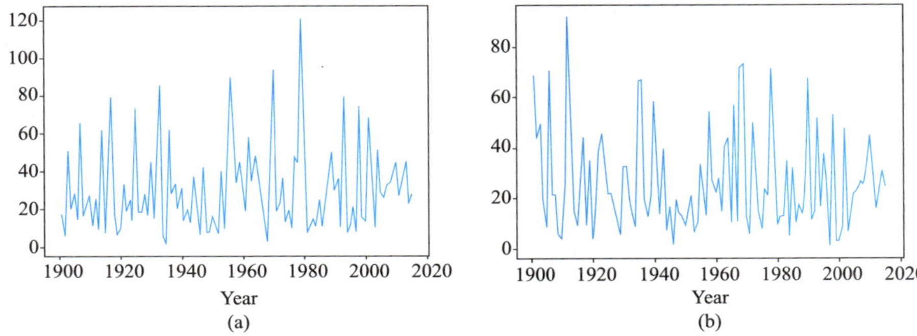

图　5—6

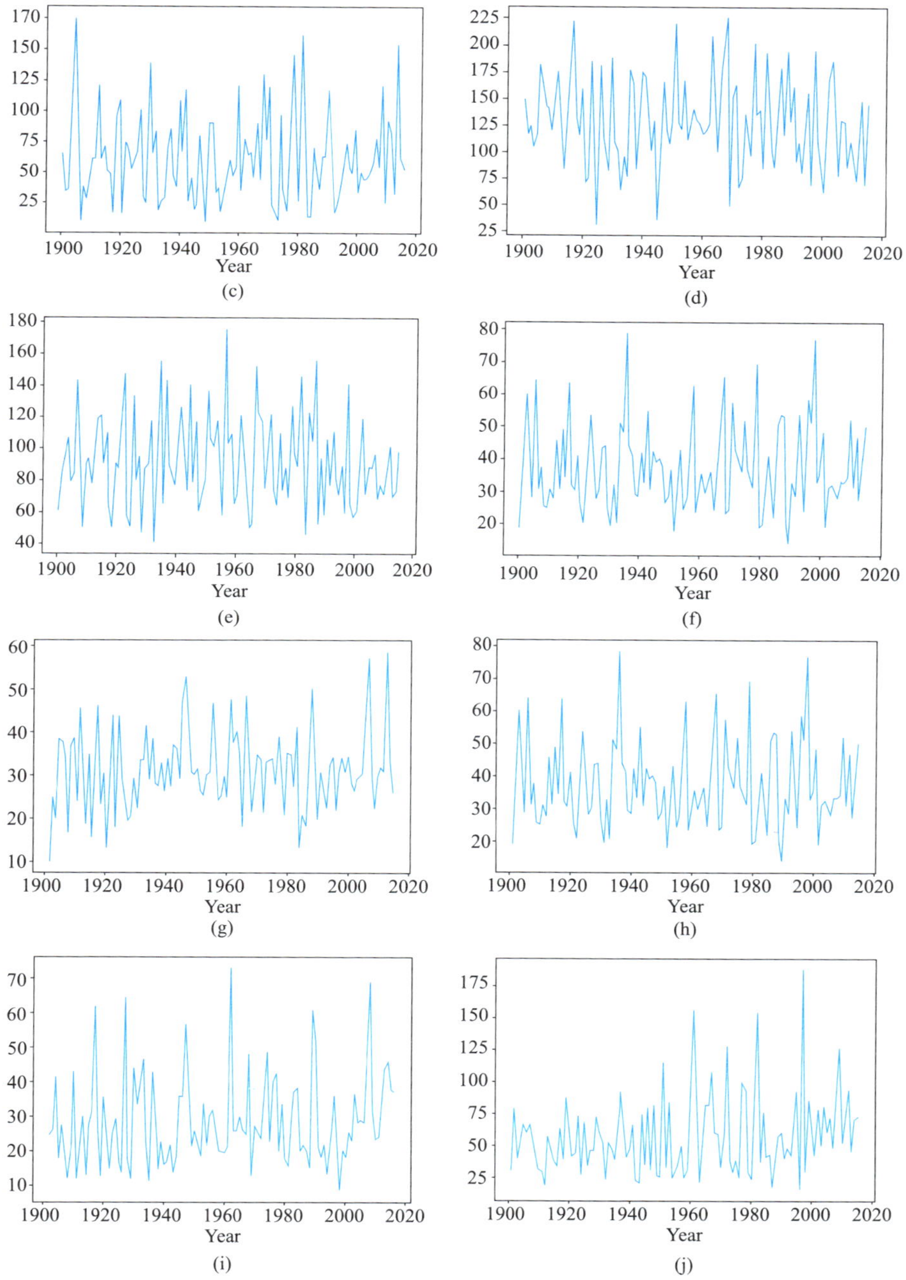

图 5—6　肯尼亚(1901～2015)全国月平均降雨量(数据来源:世界银行)

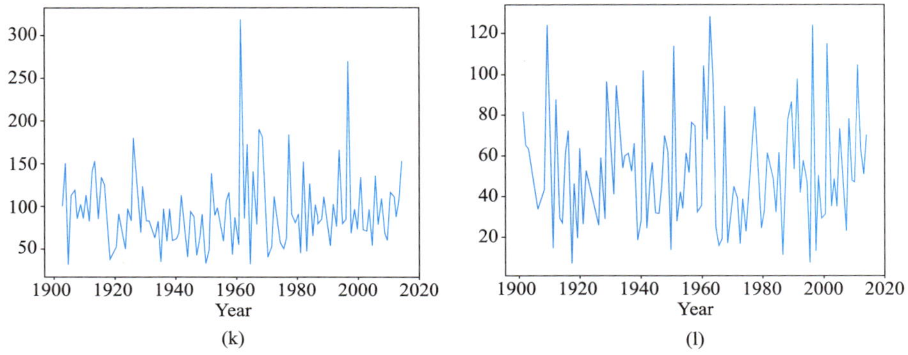

图 5—6　肯尼亚(1901～2015)全国月平均降雨量(数据来源:世界银行)(续)

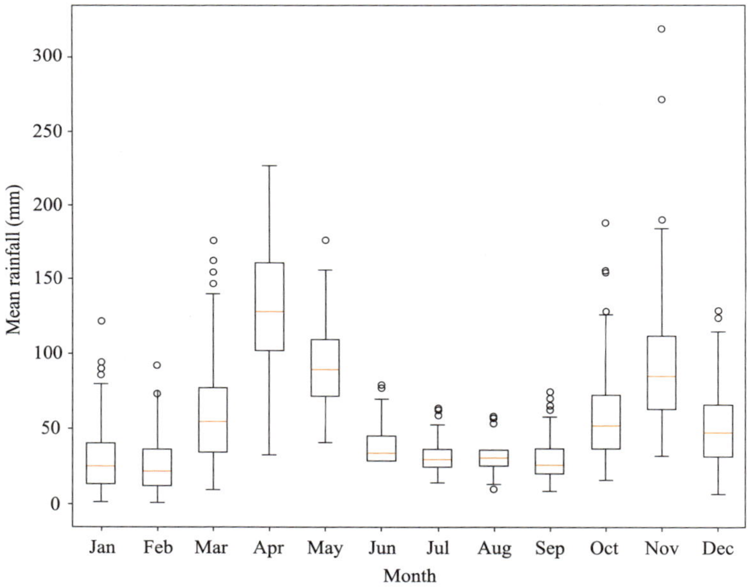

图 5—7　肯尼亚(1901～2015)全国月平均降雨量统计特性(数据来源:世界银行)

图 5—8 更为详细的表示出每个月不同降雨量的统计情况,该数据横轴为降水量的区间,纵轴为该月在某一降雨量区间降水的次数。从图中可以看出,尽管在降雨频次上,无论是大雨季(3 月～6 月)、小雨季(10 月～12 月)还是旱季(其余月份)差别都不是很大,但是在每次的降雨总量上,雨季和旱季存在明

显的差别，旱季每月降雨总量多在5～10 mm 甚至更少，而雨季的每月降雨量多集中在 40～60 mm 之间。

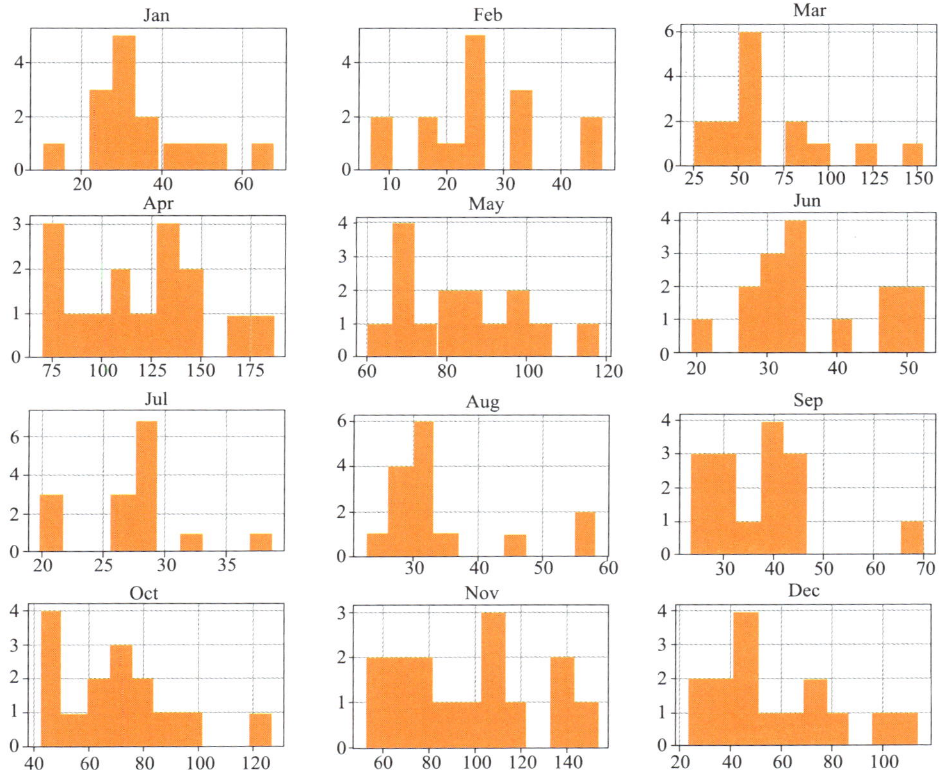

图 5—8　肯尼亚月均降雨量分布特征(横轴单位 mm，纵轴单位为次数)(数据来源：世界银行)

第三节　不同重现期下日均降雨量的推求

一、概　　述

短历时暴雨强度公式是设计城市雨水排水管道及小汇水流域排水管渠的主要依据。虽然国家有关规范和规范性手册对暴雨强度公式的编制与应用作了许多规定，但是在具体工作中，往往出现有悖于规范的做法，这给市政工程建设造成极大的隐患。随着社会的进步，法规的健全，科技的进步，市政工程的规划与设计要建立在科学的基础上。因此，不仅每座城市都应拥有暴雨强度公式,而且要求公式的精度更高,误差更小。这就需要对公式编制涉及到的一系列问题作研究,以便提高公式编制精度,改进公式编制方法。

我国现行排水设计规范中的暴雨强度公式形式为:

$$i=\frac{A1\times(1+C\times\lg T}{(t+b)n} \tag{5—1}$$

式中:A_1、C、b、n 为地方性参数,T 为重现期,t 为暴雨历时(min),i 为暴雨强度(mm/min)。暴雨历时一般采用 5、10、15、20、30、45、60、90、120 分共 9 个历时。重现期一般取 0.25、0.33、0.5、1、2、3、5、10、20、50、100 年。

编制暴雨强度公式的过程是根据当地自记雨量资料,采用数理统计方法确定暴雨强度抽样分布模式,计算各历时不同重现期理论暴雨强度值,然后通过适当的方法估计公式中的参数,使公式能反映当地的暴雨规律。目前国内外对暴雨强度抽样频数分布拟合,较多地采用指数分布和皮尔逊(Pearson)Ⅲ型分布模式。关于公式参数估计,由经验值与计算相结合以及图解与计算相结合的方法,逐步被数值求解法取代。需要指出的是,由于肯尼亚的历史国情决定,在推求上述暴雨强度公示时候需要用到的数据无法满足要求,尤其是在逐小时及以下的降雨数据历史记录的获取上十分困难。

二、暴雨强度抽样分布概率分布及拟合

(1)指数分布

指数分布的概率密度函数和分布函数分别为:

$$f(x)=a\mathrm{e}^{-a(x_i-r)} \tag{5—2}$$

$$F(x)=1-\mathrm{e}^{-a(x_i-r)} \tag{5—3}$$

式中:$x_i(i=1,2,\cdots\cdots,N)$为抽样资料,$N$ 为抽样数。α 表示分布曲线离散程度的参数,r 为分布曲线的下限。

分布函数超过概率:

$$P=1-F(x)=\mathrm{e}^{-a(x_i-r)} \tag{5—4}$$

故对应于重现期 T 的分位数:

$$X_{\mathrm{T}}=r-\frac{1}{a}\ln T \tag{5—5}$$

令 $1/a=\alpha$,利用抽样的经验概率分布和最小二乘法,可以计算出系数 α、r

的估计，并通过式(5—5)计算各重现期的分位数。

(2)皮尔逊(Pearson)Ⅲ型分布

皮尔逊Ⅲ型分布密度函数和分布函数为：

$$f(x)=\frac{\beta^{\alpha}}{\Gamma(\alpha)}(x_i-a)^{\alpha-1}\mathrm{e}^{-\beta(x_i-a)} \tag{5—6}$$

$$F(x)=\frac{\beta^{\alpha}}{\Gamma(\alpha)}(x_i-a)^{\alpha-1}\mathrm{e}^{-\beta(x_i-a)} \tag{5—7}$$

式中：抽样变量 $x_i\geqslant 0$，参数 α、$\beta\geqslant 0$ 分别表示概率曲线的形状和尺度参数，a 为概率曲线起点与序列零点的距离。用皮尔逊型Ⅲ分布拟合暴雨强度抽样资料，首先要对参数 α、β、a 作估计。这里采用矩法和极大似然法。

根据矩法得到皮尔逊Ⅲ型的数学期望、方差和偏度系数分别为：

$$\begin{cases}\overline{x}=\alpha+\dfrac{\alpha}{\beta}\\[2ex] \sigma_2=\dfrac{\alpha}{\beta^2}\\[2ex] C_s=\dfrac{2}{\sqrt{2}}\end{cases} \tag{5—8}$$

由此得到：

$$\begin{cases}\alpha=\dfrac{4}{Cs^2}\\[2ex] \beta=\dfrac{2}{C_{\mathrm{s}}\sigma}\\[2ex] a=\overline{x}-\dfrac{2\sigma}{C_{\mathrm{s}}}\end{cases} \tag{5—9}$$

由于高阶矩误差较大，因此，矩法对皮尔逊Ⅲ型参数的估计被认为误差偏大。为了提高估计精度，可用权函数对参数进行修正，即：

$$\begin{cases}\overline{C_{\mathrm{s}}}=\dfrac{4\overline{\sigma}E}{G}\\[2ex] \alpha=\dfrac{4}{\overline{\overline{C_{\mathrm{s}}}}^{\,2}}\\[2ex] \beta=\dfrac{2}{\overline{\overline{C_{\mathrm{s}}}}\overline{\sigma}}\\[2ex] a=\overline{x}-\dfrac{2\overline{\sigma}}{\overline{\overline{C_{\mathrm{s}}}}}\end{cases} \tag{5—10}$$

其中 $\overline{x}$ 和 $\overline{\sigma}$ 为样本的均值和均方差，而

$$\begin{cases} E = \dfrac{1}{N}\sum\limits_{i=1}^{N}(x_i - \overline{x})\psi(x_i) \\ G = \dfrac{1}{N}\sum\limits_{i=1}^{N}(x_i - \overline{x})^2\psi(x_i) \\ \psi(x) = \dfrac{1}{\sqrt{2\pi\sigma}}e^{\frac{-0.5(x-\overline{x})^2}{\overline{\sigma}^2}} \end{cases} \tag{5—11}$$

$\psi(x)$是正态概率分布密度函数。参数估计加权后，减少了由于抽样频数分布尾部取值较少而造成的误差，提高了计算精度，这就是所谓的“权函数法”。

由极大似然法函数得到以下似然方程组：

$$\begin{cases} \ln\beta - \psi(\alpha) + \dfrac{1}{N}\sum\limits_{i=1}^{N}\ln(x_i - a) = 0 \\ \alpha = \beta(\overline{x} - a) \\ \beta = (\alpha - 1)\dfrac{1}{N}\sum\limits_{i=1}^{N}\dfrac{1}{x_i - a} \end{cases} \tag{5—12}$$

上式消去 β 得到：

$$\begin{cases} \alpha = \dfrac{\dfrac{(\overline{x} - a)}{N}\sum\limits_{i=1}^{N}\dfrac{1}{X_i - a}}{\dfrac{\overline{x} - a}{N}\sum\limits_{i=1}^{N}\dfrac{1}{X_i - a} - 1} \\ \Psi(\alpha) = \ln\dfrac{\dfrac{1}{N}\sum\limits_{i=1}^{N}\dfrac{1}{x_i - a}}{\dfrac{\overline{x} - a}{N}\sum\limits_{i=1}^{N}\dfrac{1}{x_i - a} - 1} + \dfrac{1}{N}\sum\limits_{i=1}^{N}\ln(x_i - a) \end{cases} \tag{5—13}$$

由于 $\psi(\alpha) = -0.577\,216 + (\alpha - 1)\sum\limits_{i=1}^{s}[i(i - 1 + \alpha)] - 1$，式中 s 为一正整数。因此，通过迭代可求得参数 α、β 的估计。

皮尔逊Ⅲ型概率分布模式参数确定后，可根据达到某一精度要求的拟合曲线进行各概率或重现期对应的分位数的估算。可以证明皮尔逊Ⅲ型分布曲线某一概率或重现期对应的分位数只依赖于参数 α 或偏度系数 C_s。因此，给定一个参数 α 或 C_s 值后，就可通过曲线离均系数表，查算出概率 P 或重现期

T 对应的分位数。若对 C_s 作适当调整，使拟合误差达到最小，这便是所谓的“适线法”。

(3)韦伯(Weibull)分布

三参数韦伯分布的概率密度函数和分布函数为：

$$f(x)=\frac{c}{b}\left(\frac{x_i-\alpha}{b}\right)^{c-1}\mathrm{e}^{-\left(\frac{x_i-a}{b}\right)^c}\qquad x>a \tag{5—14}$$

$$F(x)=1-\mathrm{e}^{-\left(\frac{x-a}{b}\right)^c} \tag{5—15}$$

式中：b、$c>0$ 及 a 分别为尺度参数、形状参数和位置参数。当 $a=0$ 时，即为二参数 Weibull 分布。当 $a=0$，$c=1$ 时，即为指数分布。因此，指数分布可看作韦伯分布的一个特例。这里选用矩法对参数 a、b、c 作估计。

假设 $\overline{x}$、$\overline{\sigma}$、C_s 分别为抽样的平均值、均方差和偏度系数。利用前三阶矩，通过积分可以求得：

$$\begin{cases}\overline{x}=b\Gamma\left(1+\dfrac{1}{c}\right)+a\\[2ex]\sigma^2=b^2\left[\Gamma\left(1+\dfrac{2}{c}\right)-\Gamma^2\left(1+\dfrac{1}{c}\right)\right]\\[2ex]Cs=\dfrac{\Gamma\left(1+\dfrac{3}{c}\right)-3\Gamma\left(1+\dfrac{2}{c}\right)\Gamma\left(1+\dfrac{1}{c}\right)+2\Gamma^3\left(1+\dfrac{1}{c}\right)}{\left[\Gamma\left(1+\dfrac{2}{c}\right)-\Gamma^2\left(1+\dfrac{1}{c}\right)\right]^{3/2}}\end{cases} \tag{5—16}$$

令 $d=\Gamma\left(1+\dfrac{2}{c}\right)-\Gamma\left(1+\dfrac{1}{c}\right)$，$e=\Gamma\left(1+\dfrac{1}{c}\right)$。则 $b=\sigma/\sqrt{d}$，$a=\overline{x}-be$。利用这些关系式可解出参数 c、b、a 估计值。由于韦伯分布函数 $F(x)$ 与最小值重现期 $T(x)$ 的关系为：

$$T(x)=\frac{1}{1-F(x)}=\mathrm{e}^{-\left(\frac{x-a}{b}\right)^c} \tag{5—17}$$

故重现期 T 所对应的分位数为：

$$x_T=a+b(\ln T)^{1/c} \tag{5—18}$$

三、Jomo Kenyatta Nairobi 台站实例

由于数据所限，本文利用前述的概率分布模式对肯尼亚首都内罗毕(Nairobi)市(资料年限：1957～2018 年)Jomo Kenyatta Nairobi 台站(纬度：

—1.31°，经度：36.91°，海拔高程：1 624 m）的逐日历史降雨强度数据进行拟合。数据通过人工逐个查询的方式在 https://en.tutiempo.net/数据库内抓取（详细数据见附录）。表 5—1 为该台站历年的气象数据。由于在 1980 年以前很多年份的数据，存在缺失的情况，因此我们选取 1980～2018 年的降雨数据作为统计样本进行分析。

表 5—1　Jomo Kenyatta Nairobi 记录的 1957～2018 年内罗毕区域气象数据

Year	*T*	*TM*	*Tm*	*PP*	*V*	*RA*	*SN*	*TS*	*FG*	*TN*	*GR*
1957	18.4	24.6	13.7	0	12.6	0	0	0	0	0	0
1958	18.4	25.5	13.1	0	10.9	0	0	0	0	0	0
1959	18.5	25.8	12.8	0	10.8	0	0	0	0	0	0
1960	18.4	25.6	12.5	0	11.2	0	0	0	0	0	0
1961	19	25.8	13.4	0	11.5	0	0	0	0	0	0
1963	—	—	—	—	—	—	—	—	—	—	—
1964	—	—	—	—	—	—	—	—	—	—	—
1965	—	—	—	—	—	—	—	—	—	—	—
1966	—	—	—	—	—	—	—	—	—	—	—
1973	—	—	—	—	—	—	—	—	—	—	—
1974	—	—	—	—	—	—	—	—	—	—	—
1975	—	—	—	—	—	—	—	—	—	—	—
1976	—	—	—	—	—	—	—	—	—	—	—
1977	—	—	—	—	—	118	4	38	32	0	1
1978	—	—	—	—	—	—	—	—	—	—	—
1979	18.4	—	12.8	—	14.2	101	0	23	79	0	1
1980	—	—	—	—	—	—	—	—	—	—	—
1981	18.4	25.5	12.3	1 085.12	—	89	1	20	37	0	1
1982	—	—	—	—	—	—	—	—	—	—	—
1983	19.2	26	13.2	662.49	12.6	107	0	29	30	1	1

续上表

Year	*T*	*TM*	*Tm*	*PP*	*V*	*RA*	*SN*	*TS*	*FG*	*TN*	*GR*
1984	—	—	—	—	—	—	—	—	—	—	—
1985	18.6	25.1	12.8	602.99	13.6	116	1	30	33	0	3
1986	—	—	—	—	—	—	—	—	—	—	—
1987	19.4	26.5	13.1	354.61	13	73	1	31	38	0	2
1988	19	25.6	13.5	609.64	12.4	123	2	28	23	0	2
1989	18.2	24.6	13	893.53	11.8	117	0	39	39	1	1
1990	—	—	—	—	—	—	—	—	—	—	—
1991	—	—	—	—	—	—	—	—	—	—	—
1992	—	—	—	—	—	—	—	—	—	—	—
1993	—	—	—	—	—	—	—	—	—	—	—
1994	19	25.6	13.1	859.35	10.6	95	1	16	28	1	0
1995	18.8	25.6	13.2	1 009.91	11.4	121	1	25	58	0	1
1996	19.1	25.7	13.5	491.52	11.3	75	1	10	13	0	1
1997	—	—	—	—	—	—	—	—	—	—	—
1998	—	—	—	—	—	90	0	16	35	0	0
1999	19.1	25.5	13.5	—	11.2	98	1	15	22	0	2
2000	19.4	26.1	13.4	—	11.9	78	0	16	17	0	3
2001	18.9	25.1	13.6	—	11.2	105	3	26	47	0	2
2002	—	—	—	—	—	—	—	—	—	—	—
2003	19.1	25.8	13.7	809.27	12.4	100	4	24	26	0	0
2004	19.2	25.8	13.7	1 183.41	9.6	107	1	19	28	0	0

续上表

Year	*T*	*TM*	*Tm*	*PP*	*V*	*RA*	*SN*	*TS*	*FG*	*TN*	*GR*
2005	—	—	—	—	—	—	—	—	—	—	—
2006	19.2	25.6	13.9	—	12.9	122	0	35	20	0	1
2007	19.2	25.2	13.7	—	13	119	1	19	54	0	1
2008	19.3	25.5	13.7	—	13.6	110	0	22	28	0	1
2009	19.8	26.3	14	—	14.7	100	0	19	8	0	1
2010	19.4	25.4	14.1	—	12.8	111	0	29	30	0	0
2011	19.8	26.2	14.5	—	13.9	105	0	29	10	1	3
2012	19.6	26.3	13.9	—	13.6	124	1	50	25	0	1
2013	19.4	25.8	14	—	12.9	114	0	32	18	0	1
2014	19.7	26.2	14.2	—	13.2	116	0	31	27	0	0
2015	20.2	26.7	14.4	—	13.4	121	1	33	11	0	1
2016	19.8	25.7	14.4	—	13.2	108	0	25	21	0	0
2017	20.2	26.3	14.5	—	13.5	100	0	29	6	0	0
2018	—	—	—	—	—	—	—	—	—	—	—

说明：*T*，年平均温度；*TM* 年平均最高温度；*Tm* 年平均最低温度；*PP*，年降雨量或降雪量；*V*，年平均风速；*RA*，下雨的天数；*SN*，下雪的天数；*TS*，有暴风雨的天数；*FG*，有雾的天数；*TN*，有龙卷风的天数；*GR*，有冰雹的天数。

图 5—9 表示 1980～2018 年的日均降雨量，在 2010 年 2 月 13 日出现了最大日降雨量 341.54 mm，为近 40 年来最大降雨，在 1980 年也出现大于 300 mm 的日均降雨量。在不考虑旱季和雨季的情况下，上述 38 年该台站的日均降雨量为 7.59 mm，标准方差为 9.97 mm。这些数据对肯尼亚的气象研究和区域内相关基础设施的建设和防灾具有重要的意义。在未来的几年中可能会同样的超过 300 mm 的日均降水量，短时强降雨对于路基的影

响不可忽视。

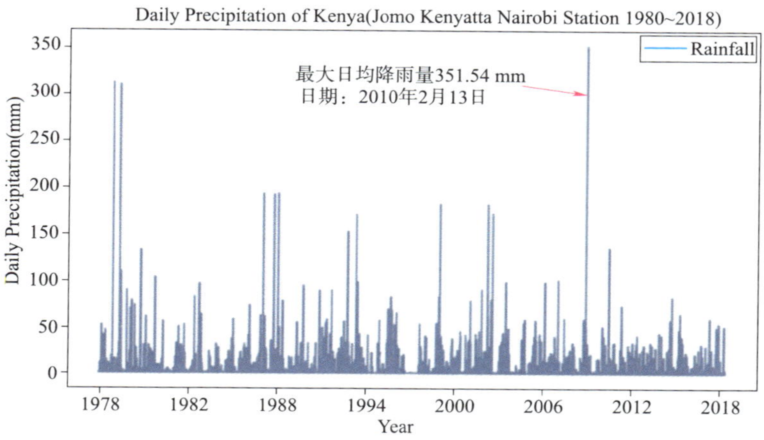

图 5—9　肯尼亚(1980～2018)日均降雨量(Jomo Kenyatta Nairobi 台站)

重现期指在一定年代的雨量记录资料统计期间内，大于或等于某暴雨强度的降雨出现一次的平均间隔时间为该暴雨发生频率的倒数。通俗的来讲就是这么大的雨量，多少年出现一次，是道路排水设计的标准。这一数据也是铁路、公路等基础设施建设部门十分关心的。基于上述历史降雨记录，采用正态分布、对数正态分布、Weibull 分布、Chi2 分布通过编制相应的 Python 计算程序推算了不同重现期下肯尼亚日均降雨量的情况。

表 5—2　肯尼亚(1980～2018)日均降雨量统计

(Jomo Kenyatta Nairobi 台站，单位：mm)

重现期(年) \ 分布类型	正态分布	对数正态分布	Weibull 分布	Chi2 分布
10	20.38	20.96	23.65	53.52
20	24.00	26.31	30.55	67.34
30	25.93	29.37	34.70	75.64
50	28.08	32.95	39.69	85.62
100	30.80	37.74	46.61	99.45

从计算结果来看，采用正态分布拟合的结果得到的日降雨量数据在各个重现期下均是最小，而 Chi2 分布拟合误差略显偏大；相对而言，三参数韦伯分布和对数正态分布较适合抽样的拟合。尽管正态分布的拟合结果与其相差大，但是对数正态分布在理论上还是可能出现降雨值为负数的情况，因此不建议使用。因此，该地区十年一遇的日降雨量在 20～23 mm 较为恰当，而 20 年一遇的日降雨量则在 24～30 mm 较为恰当，而 50 年一遇的日降雨量则在 33～40 mm 较为恰当，百年一遇的日降雨量则在 38～45 mm 较为恰当。不同分布函数的拟合结果可以参考图 5—10。当然，利用提供的计算程序（见附件）和步骤，理论上也可以获取其他台站覆盖区域不同重现期下的日降雨量。

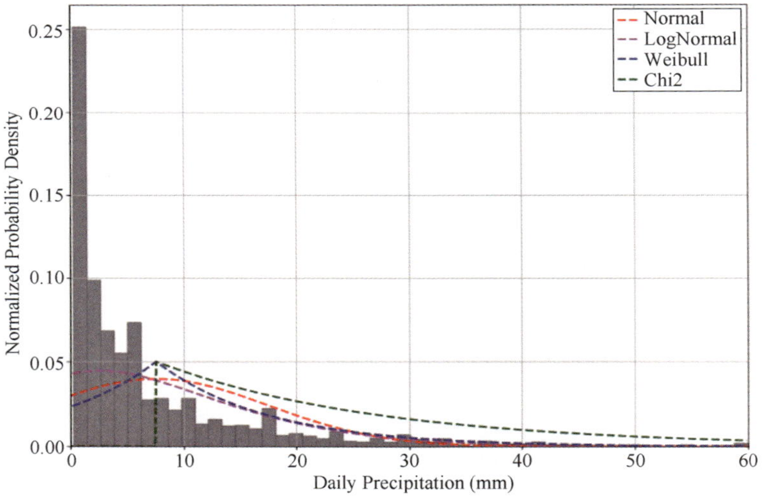

图5—10　肯尼亚（1980～2018）日均降雨量统计直方图（Jomo Kenyatta Nairobi 台站）

目前，对不同重现期下的降雨量推求采用的概率分布模式未作严格的限制。通过对暴雨强度抽样分布拟合认为，概率分布模式的选择不仅限于规范推荐的指数分布和皮尔逊Ⅲ型分布，也可选择韦伯分布、对数正态分布等模式。在模型的参数估计上，可采用矩法、极大似然法、最小二乘法、权函数法、最优适线法等方法，多种参数估计法的对比和择优，对提高分布模式的拟合精度具有重要作用。各种概率分布模式的拟合中，以皮尔逊Ⅲ型分布（适线法）的误差为最小，对最终暴雨强度公式参数估计和公式拟合误差有着不同的影响。在通常情况下，利用对数正态分布或者 Weibull 分布推求不同重现期下的降雨量，其参数拟合精度要高于其他的概率分布模式。

第四节　肯尼亚路基水害类型及特征

一、概　　述

根据肯尼亚 1999～2013 年期间 1371 起自然灾害事件统计。数据来源于肯尼亚开放数据中心的自然灾害数据库（后文简称肯尼亚数据库）（https://www.opendata.go.ke/），记录了包括灾害类型、灾害类别、发生日期、发生地区、受灾人数和建筑受损情况等信息。统计数据表明，其中灾害类型包括洪水、风暴、极端降雨、滑坡、泥石流、森林火灾、流行病和干旱共 7 类，降雨及其引起的相关地质灾害共计 672 起，（包括洪水，山洪，暴雨等等），占到了总数的 46%。降雨相关的地质灾害在空间的分布（图 5—11）表明，雨水相关的灾害多集中在西南部的裂谷及高原区域。

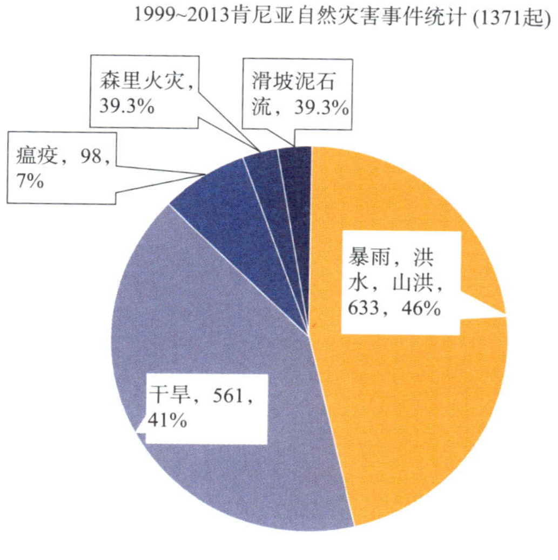

图 5—11　肯尼亚 1999～2013 年自然灾害事件统计

从肯尼亚 1999～2013 年的一系列自然灾害数据中提取出洪水、风暴、极端降雨、滑坡和泥石流 5 项地质灾害类别，依次对灾害发生频次、受灾人数和建筑受损情况三项指标进行统计如表 5—3。

表 5—3 1999～2013 年肯尼亚地质灾害情况统计

灾害类型	发生频次/次	受灾人数/人	建筑受毁/栋
洪水	566	710 760	20 959
极端降雨	40	622 487	539
滑坡	33	1 816	104
泥石流	6	80	—
风暴	27	39	7
汇总	672	1 335 182	21 609

注：表中“—”表示数据缺失。

统计结果显示，洪水是肯尼亚发生频次最高的（占总频次的 82.88%）地质灾害，且致灾程度最为严重；其次是极端降雨、滑坡和泥石流（占总频次的 11.76%），呈现出频次少、致灾程度高的特征；最后是风暴（占总频次的 5.36%），虽然发生频次与滑坡和泥石流相当，但是从受灾人数和建筑受损情况来看，风暴的致灾程度要远低于滑坡和泥石流。通过对地质灾害数据的整体统计分析，可以看出洪水是肯尼亚最主要的地质灾害，其次是极端降雨、滑坡和泥石流，影响程度最小的地质灾害是风暴。

二、地质灾害的时空分布

分析得到肯尼亚主要的地质灾害类型之后，本文又依据地质灾害发生日期、发生地区两方面的信息，结合肯尼亚的降雨及地形特点，对地质灾害的时空分布特征进行统计分析。

时间维度上，首先以年为统计单位，对 1999～2013 年肯尼亚地质灾害发生频次进行统计（由于肯尼亚数据库中极端降雨的时间节点均在 2012 年 6 月 30 日，特殊性强，未予分析）。如图 5—12 结果显示，以 2007 年为界，2007 年之前，地质灾害发生的总频次均小于 50 次，2007 年以后迅速增加，2010 年到达峰值，总计 203 次。2010 年之后灾害总频次有明显下降，但是平均水平仍高于 2007 年之前的平均水平，总体上看，肯尼亚的地质灾害发生频次呈现波动上升趋势，灾害频次的上升使得基础工程建设所受到的威胁也随之增大，防灾减灾工作势必成为基础建设的重点内容之一，而地质灾害风险评价作为防灾工作首要任务，具有重要的研究价值。

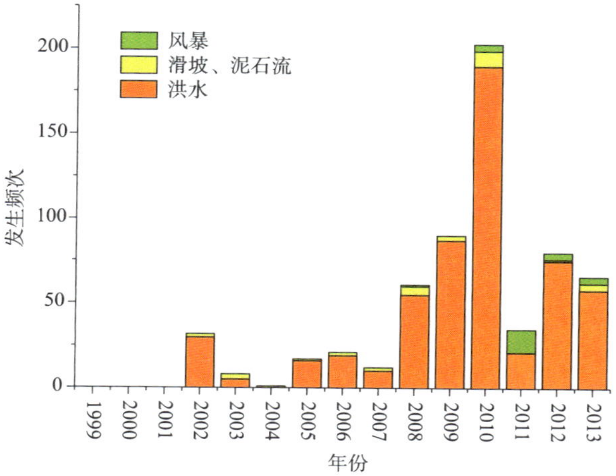

图 5—12 肯尼亚地质灾害年代变化趋势

然后以月为统计单位，再次对肯尼亚的地质灾害发生频次进行统计分析(图 5—13)，结果显示，一年中肯尼亚地质灾害发生时间段主要集中于 3～5 月、10 月～1 月，结合肯尼亚月平均降雨量图，可以看出肯尼亚地质灾害的高发期与肯尼亚的雨季(3～5 月、10～12 月)大致吻合，尤其是肯尼亚大雨季(3～5 月)期间，地质灾害的发生频次远高于全年平均水平，这是因为肯尼亚的气候干湿季明显。降水集中的特点成为肯尼亚的地质灾害发生的重要诱因之一。

空间维度上，本文基于 GIS 的肯尼亚灾害区域分布图和年均降雨量分布图，对肯尼亚的地质灾害进行统计分析(图 5—14)，分析结果显示，在空间维度上，肯尼亚地质灾害总体主要集中在其境内的西南部，其中洪水主要分布在西南部的高原—裂谷过渡带，而滑坡则主要分布在隆戈诺特火山区周围以及东非大裂谷带的两边，由于泥石流的灾害数据点较少，无法看出明显的空间分布特征。结合肯尼亚年均降雨量分布图和地形图，西南部的年均降雨量远高

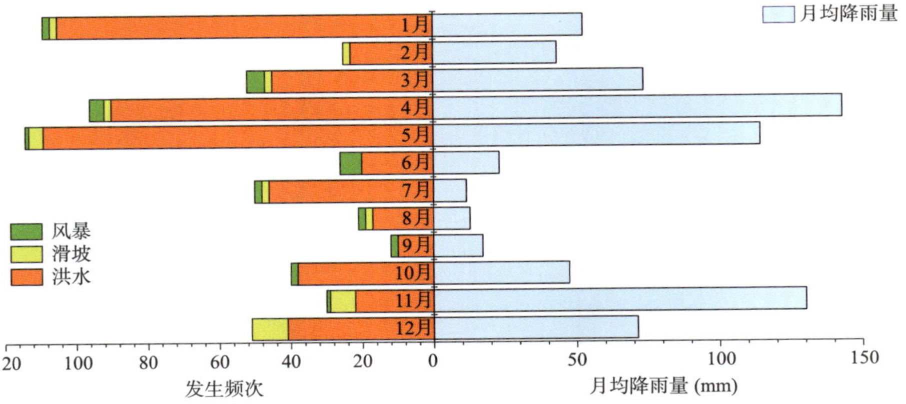

图 5—13　肯尼亚地质灾害发生频次与月均降雨量对比图

于其境内的其他区域，且西南部火山区和高原裂谷地形并存，降水区域性集中以及地势落差大的特征使得该区域地质灾害最为频繁。

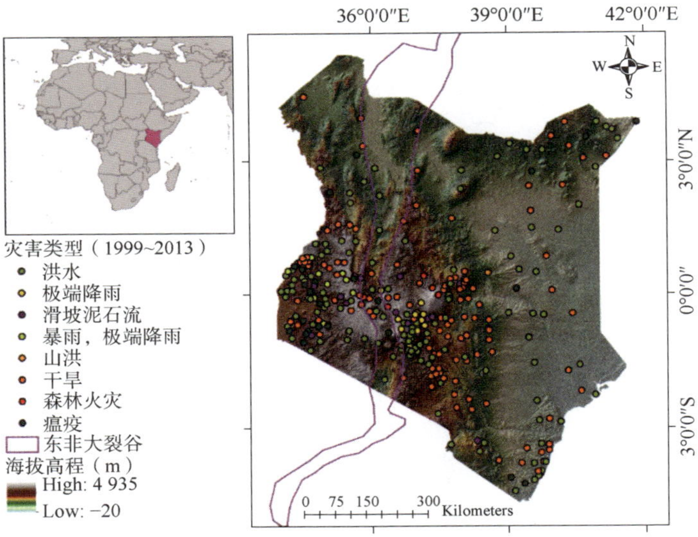

图 5—14(a)　肯尼亚历史灾害分布图

降雨区域性和阶段性集中的气候特点和地形过渡的巨大落差成为肯尼亚地质灾害发生的重要推力，洪水、滑坡等作为肯尼亚主要的地质灾害，成为肯尼亚基础设施建设面对的首要威胁，加之肯尼亚地质灾害发生频次有波动上

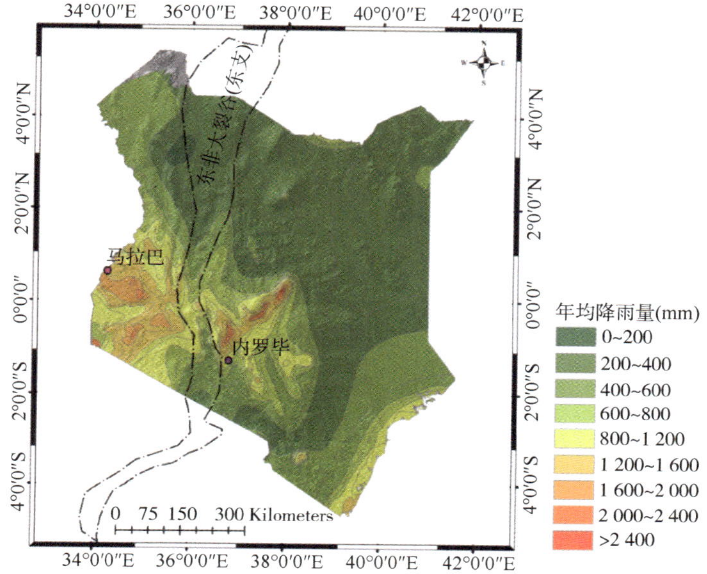

图 5—14(b) 肯尼亚年均降雨量分布图

升的趋势，防灾减灾工作应该成为肯尼亚基础设施建设的重要环节，其首要任务是对肯尼亚主要地质灾害的风险性做出客观合理的评估。

三、肯尼亚威胁路基主要水害类型及特征

水患灾害历来是铁路建设和运营中的一大挑战，尤其是穿越复杂山区地形的路基水毁灾害更是严重威胁着铁路的建设和运营安全。山区气候多变，降雨量和降雨强度较大，汇水区坡陡、入渗小、汇流急，洪水暴涨暴落，破坏力强。在危害山区铁路的诸多因素中水是极为重要的影响因素，水毁与水损坏问题是长期困扰山区铁路建设的一大难题。路基的水灾害研究是一个综合的问题，涉及到道路工程，水文地质、工程地质、运动力学等多个学科。对于天然弯曲的河流的水流特性和泥沙在弯道中的运动规律更是研究的重点内容，在山区中考虑河道的形成过程以及演变问题要以水流和河床变形作为路基水灾害防治的理论基础。目前，虽然很多工程技术人员注意到了路基水灾害研究的重要性，但取得的成果大都是经验性的，很多预测、抢修、防治措施较为零散，没有整体理论作为支持，很多工程措施都具有一定的应急性，对长期耐久

性考虑不够全面，没有实用简便的计算方法，已有的水毁灾害机理和防治措施还有待进一步的完善，和路基工程结合起来更是受到很多限制。

肯尼亚路基水害类型有冲刷、失稳、浸泡等。各水害类型特征如下：

（1）冲刷破坏：沿河及水库地区铁路由于地形地质条件及工程设置要求的限制，大多依山傍水顺着河谷或水库岸边行进。此时滨河路基、河滩路基及水库地区路基往往由于侵占河床、压缩过水面积或阻挡水流，改变水流方向和速度，从而形成水流对河床、岸坡或建筑物基础的经常或周期性冲刷作用，影响路基的稳定与安全，如图 5—15 所示。

图 5—15　被冲刷后的路基

（2）失稳破坏：路基基床变形失稳、局部坍塌等，会严重威胁铁路的安全运营，路基必须坚固、稳定。不允许路基丧失稳定和产生容许限度范围以外的各种变形。由于基底土体压缩性大以及填筑不密实，预留沉落量不足，必然导致路基面下沉，所以应正确估算总下沉量及设法减少运营期的下沉量。路基设计中，应采取必要工程措施，以确保路基有足够的强度和稳定性，如图 5—16 所示。

图 5—16　路基失稳

(3)路基浸泡:铁路路基工程的地基、基床和边坡等由岩土所组成的部位极易受水的软化、冲蚀。如图 5—17 所示,如果路基排水措施不得当,导致水对路基长期浸泡,致使路基本体强度降低,承载能力下降,进而诱发各种路基病害问题。因此,加强铁路路基排水的设计和施工工作,具有重要的意义。

图 5—17　路基浸泡

铁路路基发生水毁的成因机理、时空分布和控制因素极其复杂,涉及地形、水文、气象及公路排水设施等多方面因素。合理布设公路排水设施,防止出现重大的铁路路基水毁事故,已成为复杂地形区域铁路建设中亟待解决的关键问题之一。

第五节　肯尼亚路基主要水害类型的风险评价

一、肯尼亚降雨滑坡风险评价

滑坡作为仅次于洪水的肯尼亚第二大地质灾害,对于基础设施建设同样存在巨大的影响,其风险性评价也是全世界工程领域的研究重点。本文通过层次分析法(AHP)构建出肯尼亚滑坡危险性评价结构模型、计算各因子综合权重和 GIS 空间叠加制图等分析步骤,开展肯尼亚滑坡危险性评价工作。

从目前已有的滑坡危险性研究来看,滑坡灾害孕灾因子选取主要分为三类,即地貌地质特征、水文条件和植被条件。本文在肯尼亚地貌地质特征的选取中,结合肯尼亚具有高原裂谷带的地形特点,引入了距断层距离这一评价因子，从而考虑了裂谷断层对于滑坡的影响程度。结合研究初期笔者所收集到的资料和数据，本文将肯尼亚的滑坡影响因子分为两级，如图 5—18 所示。

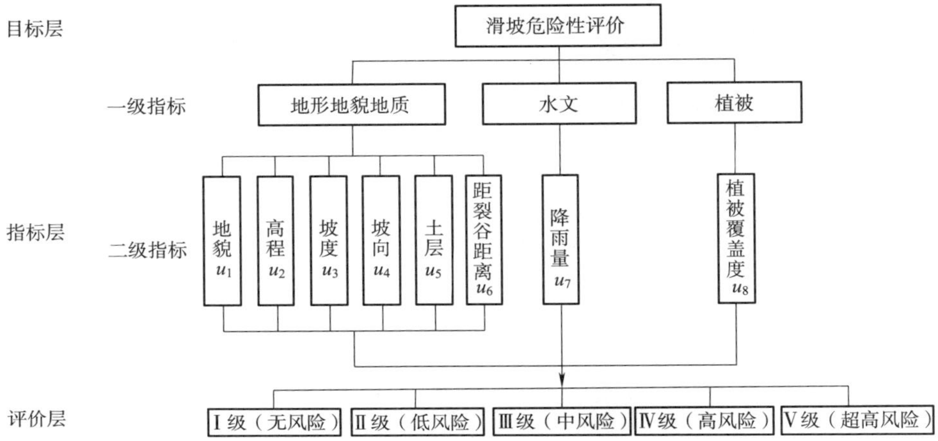

图 5—18　肯尼亚滑坡风险性评价体系

1. 构造判断矩阵、计算特征值和特征向量

由图 5—18 可以看出，对滑坡的发生存在影响的共 8 个孕灾因子，各因子表示为 u_1 地貌、u_2 高程、u_3 坡度、u_4 坡向、u_5 土层、u_6 距裂谷距离、u_7 降雨量、u_8 植被覆盖度。

表 5—4　评价元素重要性标度表

标　　度	含　　义
1	两因子相比，完成相同重要
3	两因子相比，一个比另一个稍微重要
5	两因子相比，一个比另一个明显重要
7	两因子相比，一个比另一个非常重要
9	两因子相比，一个比另一个极度重要
2,4,6,8	上述相邻判断的中值
倒　　数	上述比较结果的反面

比较各因子之间的重要性，使用 Saaty 等人提出的一致矩阵法，使用 1～9 个标度判断两元素之间所占的比重(如表 5—5)。肯尼亚滑坡危险性判断矩阵如表所示。

表 5—5　肯尼亚滑坡风险性评价判断矩阵

	u_1	u_2	u_3	u_4	u_5	u_6	u_7	u_8
u_1	1	3	1/2	2	1/2	4	1/2	2
u_2	1/3	1	1/4	1/2	1/4	2	1/4	1/3
u_3	2	4	1	4	3	3	2	3
u_4	1/2	2	1/4	1	1/3	3	1/2	3
u_5	2	4	1/3	3	1	4	1/3	1
u_6	1/4	1/2	1/3	1/3	1/4	1	1/4	1/3
u_7	2	4	1/2	2	3	4	1	3
u_8	1/2	3	1/3	1/3	1	3	1/3	1

在 python 中求出最大特征值 $\lambda_{max}=8.673\,3$，对应的特征向量 $\omega=[0.302\,7\quad 0.110\,0\quad 0.642\,8\quad 0.233\,4\quad 0.351\,9\quad 0.091\,9\quad 0.504\,4\quad 0.204\,5]$，将结果带入下列公式进行判断矩阵的一致性检验：

$$CR=CI/RI \tag{5—19}$$

$$CI=(\lambda_{max}-n)/(n-1) \tag{5—20}$$

式中　CR——判断矩阵的随机一致性比率；

CI——判断矩阵的一般一致性指标；

RI——判断矩阵的平均随机一致性指标，n 表示判断矩阵阶数。1～10 阶判断矩阵的 RI 值参见表 5—6。

表 5—6　平均随机一致性指标 *RI* 的值

n	1	2	3	4	5	6	7	8	9	10
RI	0	0	0.58	0.90	1.12	1.24	1.32	1.41	1.45	1.49

$CR<0.1$时，认为判断矩阵具有满意的一致性，否则需要调整判断矩阵中的元素以使其具有满意的一致性。经计算，第一层判断矩阵 $CR=0.03<0.1$，表明表 5—5 的判断矩阵具有较好的一致性。

2. 一级权重计算

将特征向量结果归一化后得到孕灾因子一级权重见表 5—7。

表 5—7　因子权重表

孕灾因子	权　　重
地　　貌	0.12
高　　程	0.05
坡　　度	0.26
坡　　向	0.10
土　　层	0.14
距裂谷距离	0.04
降 雨 量	0.21
植被覆盖度	0.08

3. 级因子加权计算

(1)高程

首先是高程分级，高程对滑坡的影响是相对的，单一的高程因子与滑坡的变形失稳之间无直接的关系，要结合研究区域分析。研究高程所采用的基础数据为数字高程模型(Digital Elevation Model，简称 DEM)，其精度为 30 m×30 m 的 GDEM 栅格。结合已有研究及肯尼亚高程特点，其高程分级图如图 5—19 所示。

高程的分级权重计算同总权重的计算过程一样，依据一致矩阵法，将二级高程因子表示为 u_1(<1 000 m)、u_2(1 000～2 500 m)、u_3(2 500～3 500 m)、u_4(3 500～4 500 m)、u_5(>4 500 m)，判断矩阵见表 5—8。

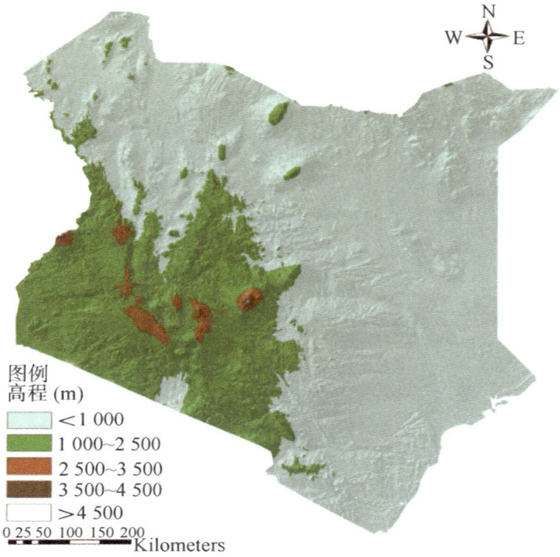

图 5—19　肯尼亚高程分级图

表 5—8　高程分级判断矩阵

	u_1	u_2	u_3	u_4	u_5
u_1	1	1/5	1	1/3	1/3
u_2	5	1	5	5	5
u_3	1	1/5	1	2	3
u_4	3	1/5	1/2	1	1
u_5	3	1/5	1/3	1	1

用 python 计算出$\lambda_{max}=5.5230$，$\omega=[0.133\ 1\quad 0.905\ 5\quad 0.288\ 3\quad 0.203\ 2\quad 0.194\ 5]$，$CR=0.099<0.1$，说明判断矩阵具有较好的一致性。

(2)地貌

地貌在一定程度上能反映出区域上的相对高差，高差是指可能发育成滑坡的山体斜坡的相对高差，是指潜在滑坡本身的前后缘相对高差，即一定的区域上斜坡最高点与最低点的差值，相对高差越大，则发生滑坡的潜在可能性越大。利用 ArcGIS 得到肯尼亚地貌分级图如图 5—20 所示。

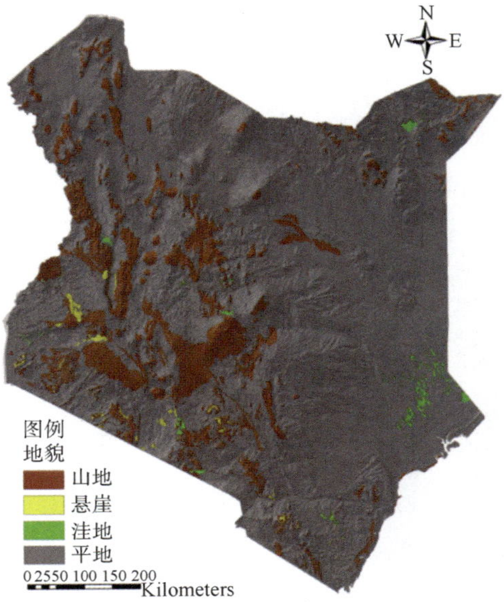

图 5—20　肯尼亚地貌分级图

依据一致矩阵法，二级地貌因子表示为 u_1（山地）、u_2（悬崖）、u_3（洼地）、u_4（平原），判断矩阵见表 5—9。

表 5—9　地貌分级判断矩阵

	u_1	u_2	u_3	u_4
u_1	1	1/3	3	4
u_2	3	1	4	5
u_3	1/3	1/4	1	3
u_4	1/4	1/5	1/3	1

用 python 计算出 $\lambda_{max}=4.1807$，$\omega=[0.4380\quad 0.8646\quad 0.2193\quad 0.1118]$，$CR=0.07<0.1$，说明判断矩阵具有较好的一致性。

(3)坡度

坡度对滑坡体的发展具有直接影响。滑坡的发育是坡体临空面逐步积累为有效临空面的结果，而临空面能否发展成有效临空面与坡度直接相关。通常随着坡度的增加，包括重力在内的剪切力增大，滑坡发生概率也会增大。但也并不是坡度越大越有利于滑坡的发生，实际上滑坡的发生是在一定的坡度范围内的。坡度值较高的区域多为陡峭的坚硬岩石峭壁，只有在极端的地质条件下才会发生坍塌；已有研究表明，10°～20°的坡度区间应该是最容易发生滑坡的范围，基于这样的考虑，通过 ArcGIS 中的空间分析模块，由数字高程模型生成肯尼亚坡度分级图如图 5—21 所示。

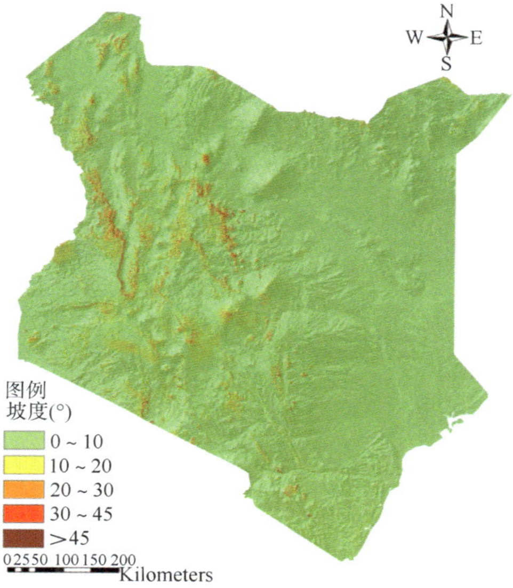

图 5—21　肯尼亚坡度分级图

依据一致矩阵法，二级坡度因子表示为 u_1（<10°）、u_2（10°～20°）、u_3（20°～30°）、u_4（30°～45°），u_5（>45°）判断矩阵见表 5—10。

表 5—10　坡度分级判断矩阵

	u_1	u_2	u_3	u_4	u_5
u_1	1	1/5	1/3	1/2	1
u_2	5	1	3	4	5
u_3	3	1/3	1	3	4
u_4	2	1/4	1/3	1	2
u_5	1	1/5	1/4	1/2	1

用 python 计算出 $\lambda_{max}=5.1194$，$\omega=[0.1341\quad 0.8494\quad 0.4456\quad 0.2143\quad 0.1268]$，$CR=0.03<0.1$，表明判断矩阵具有较好的一致性。

(4)坡向

坡向与坡形、降雨、风和日照相联系，一般山坡可分为阳坡和阴坡。阳坡得到更充足的光照，植被生长更加茂密，同时土壤发育更为充分，保水性较好，这些特性都有助于固土防滑的作用，而阴坡上的土壤缺乏有机质，结构松散，抗剪强度和抗风化能力较低，植被生长发育不如阳坡上的茂密，相对容易发生滑坡。肯尼亚全年光照均匀，所以在坡度分级时，各个坡向因子对滑坡的贡献程度差别不大，坡向提取通过 ArcGIS 中的空间分析模块，生成肯尼亚坡向分级图如图 5—22 所示。

图 5—22　肯尼亚坡向分级图

依据一致矩阵法，各级坡向因子表示为 u_1(0°～22.5°)、u_2(22.5°～157.5°)、u_3(157.5°～202.5°)、u_4(202.5°～337.5°)、u_5(337.5°～360°)，其中平地不存在坡体，不予考虑，判断矩阵见表 5—11。

表 5—11　坡向分级判断矩阵

	u_1	u_2	u_3	u_4	u_5
u_1	1	2	1	2	1
u_2	1/2	1	1/2	1	1/2
u_3	1	2	1	2	1
u_4	1/2	1	1/2	1	1/2
u_5	1	2	1	2	1

用 python 计算出 $\lambda_{max}=5.000$，$\omega=[0.534\,5\quad 0.267\,3\quad 0.534\,5\quad 0.267\,3\quad 0.534\,5]$，$CR=0<0.1$，表明判断矩阵具有较好的一致性。

(5)土层

土质斜坡的土性对于滑坡变形失稳有着巨大的影响，下浮土性是决定土坡稳定性的重要内在因素，它们是决定土坡的应力分布、变形破坏特征的基础，同时又是滑坡发生、发展的物质基础。肯尼亚境内坡体的下浮土层主要有蒙脱石、伊利石、高岭石、水铝英石、蛭石和其他层间土等几类，依据黏土矿物的风化程度和稳定性，将土层按表 5—12 分层。

表 5—12　土层分层标准

分　　层	土　　类
易 滑 层	蒙脱石、蛭石和层间土
较易滑层	伊利石、水铝英石
稳 定 层	高 岭 石

利用 ArcGIS 得到肯尼亚土层分级图如图 5—23 所示。

依据一致矩阵法，各级土层因子表示为 u_1（易滑层）、u_2（较易滑层）、u_3（稳定层），判断矩阵见表 5—13。

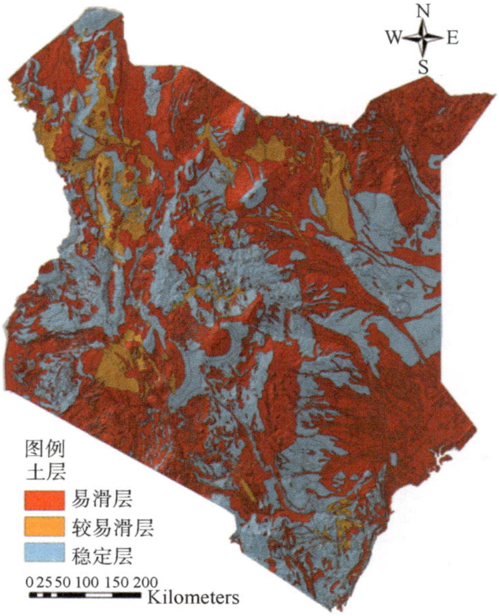

图 5—23　肯尼亚土层分级图

表 5—13　土层分级判断矩阵

	u_1	u_2	u_3
u_1	1	3	5
u_2	1/3	1	3
u_3	1/5	1/3	1

用 python 计算出 $\lambda_{max}=3.0385$，$\omega=[0.9161\quad 0.3715\quad 0.1506]$，$CR=0.033<0.1$，表明判断矩阵具有较好的一致性。

(6)距裂谷距离

东非大裂谷纵贯肯尼亚的国境，所以对于肯尼亚滑坡危险性的分析，裂谷成为不可忽略的一个要素，本文以距裂谷的距离划分裂谷对滑坡影响程度的大小。考虑到裂谷带最近区域内(<50 km)的不稳定坡体已经完成失稳破坏，距离较近(50～150 km)范围内的坡体的滑坡危险性相对较高，所以利用 ArcGIS 得到距裂谷距离分级图如图 5—24 所示。

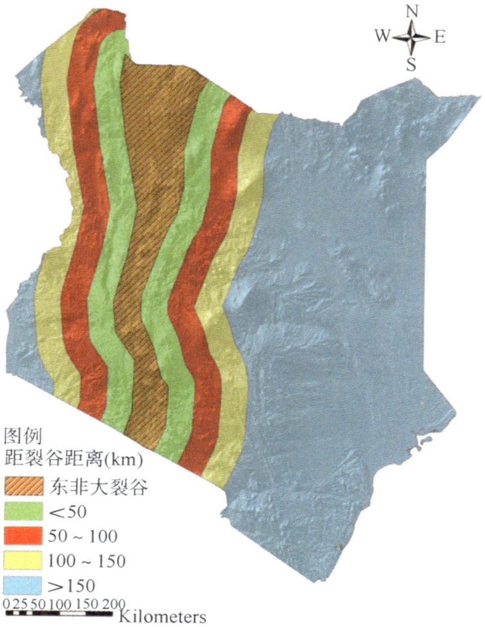

图 5—24　肯尼亚距裂谷距离分级图

依据一致矩阵法，各级距离因子表示为 u_1（<50 km）、u_2（50～100 km）、u_3（100～150 km）、u_4（>150 km），判断矩阵见表 5—14。

表 5—14　距裂谷距离分级判断矩阵

	u_1	u_2	u_3	u_4
u_1	1	1/4	1/3	1
u_2	4	1	2	4
u_3	3	1/2	1	3
u_4	1	1/4	1/3	1

用 python 计算出 $\lambda_{max}=4.0306$，$\omega=[0.1850 \quad 0.8233 \quad 0.5037 \quad 0.1850]$，$CR=0.01<0.1$，表明判断矩阵具有较好的一致性。

(7)降雨量

边坡失稳与降雨量的大小有直接关系，在自然营力作用方面，降雨尤其是暴雨是滑坡活动最重要的诱发因素。据文献统计降雨型滑坡约占滑坡总数的70%，结合肯尼亚地质灾害时空分布特性，可以看出，雨季是滑坡发生的主要时间。利用 ArcGIS 生成肯尼亚年均降雨量分级图如图 5—25 所示。

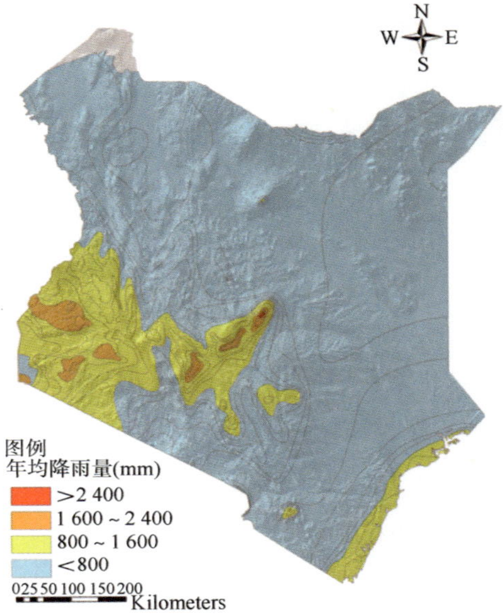

图 5—25　肯尼亚年均降雨量分级图

依据一致矩阵法，各级年均降雨量因子表示为 u_1(<800 mm)、u_2(800～1 600 mm)、u_3(1 600～2 400 mm)，u_4(>2 400 mm)，判断矩阵见表 5—15。

表 5—15　年均降雨量分级判断矩阵

	u_1	u_2	u_3	u_4
u_1	1	1/5	1/3	1
u_2	5	1	3	5
u_3	3	1/3	1	2
u_4	1	1/5	1/2	1

用 python 计算出 $\lambda_{max}=4.041$，$\omega=[0.156\ 1\quad 0.901\ 3\quad 0.366\ 1\quad 0.171\ 2]$，$CR=$

0.01<0.1,表明判断矩阵具有较好的一致性。

(8)植被覆盖度

植被的覆盖程度会影响土层的保水性,保水性决定着土颗粒之间的黏着力,从而影响斜坡的稳定性,依据肯尼亚的土地,利用数据,结合 ArcGIS,得到肯尼亚植被覆盖度分级图如图 5—26 所示。

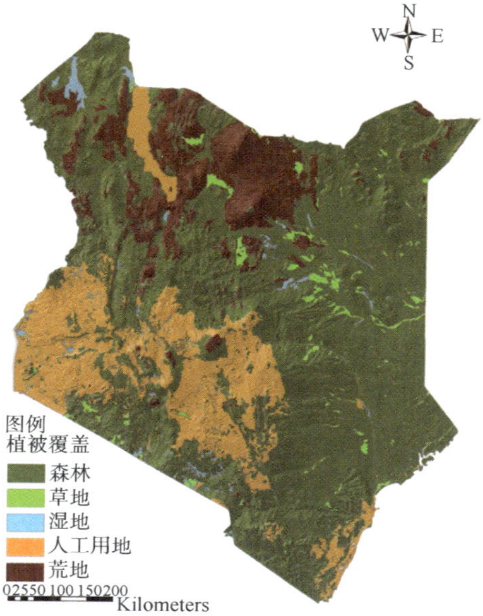

图 5—26　肯尼亚植被覆盖分级图

依据一致矩阵法,各级植被覆盖度因子表示为 u_1(森林)、u_2(草地)、u_3(湿地)、u_4(人工用地)、u_5(荒地),判断矩阵见表 5—16。

表 5—16　植被覆盖度分级判断矩阵

	u_1	u_2	u_3	u_4	u_5
u_1	1	1/3	1/3	1/4	1/5
u_2	3	1	1/2	1/3	1/5
u_3	3	2	1	1/3	1/5
u_4	4	3	3	1	1/3
u_5	5	5	5	3	1

用 python 计算出 λ_{max}＝5.271 0，ω＝[0.094 9　0.165 5　0.217 5　0.424 8　0.857 8]，CR＝0.06＜0.1，表明判断矩阵具有较好的一致性。

4. 滑坡风险评价结果

根据各个因子分级的特征向量分配各因子权重，得到各级因子的分级权重见表 5—17。

表 5—17　各级级因子权重

一级因子权重 w_i	加权权重 w_j	二级因子权重($w_i \times w_j$)
高程(0.05)	＜1 000 m(0.07)	0.003 5
	1 000～2 500 m(0.53)	0.026 5
	2 500～3 500 m(0.17)	0.008 5
	3 500～4 500 m(0.12)	0.006 0
	＞4 500 m(0.11)	0.005 5
地貌(0.12)	山地(0.27)	0.032 4
	悬崖(0.53)	0.063 6
	洼地(0.13)	0.015 6
	平地(0.07)	0.008 4
坡度(0.26)	＜10°(0.08)	0.020 8
	10°～20°(0.48)	0.124 8
	20°～30°(0.25)	0.065 0
	30°～45°(0.12)	0.031 2
	＞45°(0.07)	0.018 2
坡向(0.10)	0°～22.5°(0.25)	0.025 0
	22.5°～157.5°(0.125)	0.012 5
	157.5°～202.5°(0.25)	0.025 0
	202.5°～337.5°(0.125)	0.012 5
	337.5°～360°(0.25)	0.025 0

续上表

一级因子权重 w_i	加权权重 w_j	二级因子权重($w_i \times w_j$)
土层(0.14)	易滑层(0.64)	0.089 6
	较易滑层(0.26)	0.036 4
	稳定层(0.10)	0.014 0
距裂谷距离(0.03)	<50 km(0.11)	0.003 3
	50～100 km(0.49)	0.014 7
	100～150 km(0.30)	0.009 0
	>150 km(0.10)	0.003 0
年均降雨量(0.21)	<800 mm(0.09)	0.018 9
	800～1 600 mm(0.58)	0.1218
	1 600～2 400 mm(0.23)	0.048 3
	>2 400 mm(0.10)	0.021 0
植被覆盖度(0.08)	森林(0.05)	0.004 0
	草地(0.09)	0.007 2
	湿地(0.12)	0.009 6
	人工用地(0.25)	0.020 0
	荒地(0.49)	0.039 2

将上述加权权重赋值到 ArcGIS 中对应的空间位置，将得到的栅格图层利用栅格计算器乘上相应的一级权重，将最终各点的权重值归一化后，进行栅格土层叠加，则得到肯尼亚滑坡危险性评估图，并根据统计中常用的自然段点法将危险权重划分区间得到五个风险性等级如图 5—27 所示，分级见表 5—18。

表 5—18　滑坡风险等级划分

风险等级	Ⅰ	Ⅱ	Ⅲ	Ⅳ	Ⅴ
风险评价值	0～0.13	0.13～0.27	0.27～0.44	0.44～0.64	0.64～1

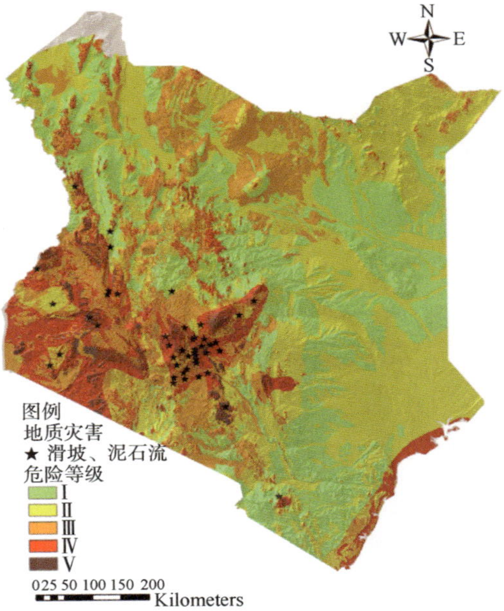

图 5—27　肯尼亚滑坡风险性评估图

从图中可以看出，肯尼亚滑坡Ⅲ级以上的风险区主要集中在西南部的高原地带，而隆戈诺特火山区，是滑坡Ⅴ级风险区的集中地带，东部、南部以及北部地区滑坡的风险性都集中在Ⅰ和Ⅱ级区。得到肯尼亚滑坡风险评估图，将滑坡、泥石流数据通过 ArcGIS 叠加评估图上，并通过风险等级进行数据分类提取得到表 5—19，从而能验证评估图的绩效。

表 5—19　滑坡点与风险等级划分对比表

风险等级	Ⅰ	Ⅱ	Ⅲ	Ⅳ	Ⅴ
滑坡点数	2	3	9	14	11

从图 5—28 可以看出，肯尼亚已有的滑坡点主要分布在Ⅲ级及以上的滑坡风险区，说明利用评估图中Ⅲ级以上的风险区对于肯尼亚滑坡灾害的预测具有一定的准确度，而Ⅰ和Ⅱ级风险区的滑坡点数很少，可以定义为安全区域。

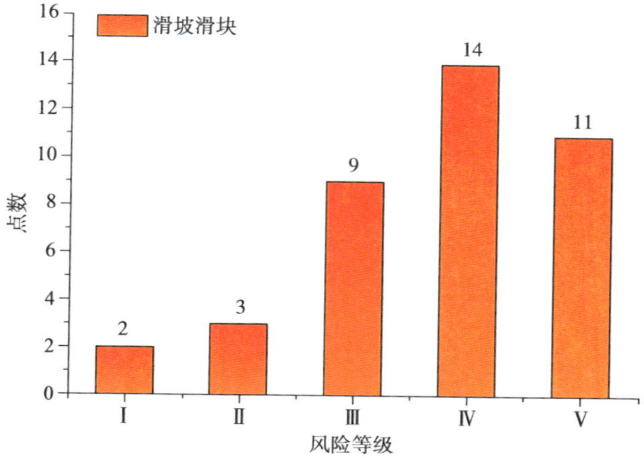

图 5—28　滑坡点与风险等级划分对比图

通过层次分析法对肯尼亚滑坡进行风险性评估，不难看出，肯尼亚西南部的高原地带是滑坡发生的潜在密集区，尤其是隆戈诺特火山区，宏观上都是Ⅲ级及以上的风险区，是滑坡发生的高风险区。

二、高原裂谷地带洪水风险评价

(一)研究区域

洪水是世界上许多国家面临的最普遍和最具破坏性的自然灾害，洪水的发生具有突变性，极易对铁路等基础设施造成严重破坏。内马铁路位于Kapiti 高原向东非大裂谷的过渡地带，跨越东非大裂谷的东翼区。线路全线地形十分复杂，地势高低起伏。各地貌单元在地形条件，植被覆盖、岩土体性质等方面存在较大的差异，铁路沿线区主导气候为热带季风气候，终年降雨量差异随时间变化较大，旱季雨季十分明显。当地气象资料显示，肯尼亚每年的3 月到 6 月是大雨季，10 月到 12 月是小雨季，其余为旱季。尤其是在大雨季期间，降雨量集中且强度较大，极易发生洪水，对铁路造成不可预期的破坏，所以，洪水作为肯尼亚最主要的地质灾害，其风险性研究具有重要的现实意义。

选取肯尼亚在建的内马铁路穿越的部分地区为研究区域(如图 5—29)进行肯尼亚洪水危险性评价的示例，该处位于隆戈诺特火山区，山区气候多变，降雨量和降雨强度较大，汇水区坡陡、入渗小、汇流急，极易形成山洪，泥石流，滑坡等灾害并对铁路路基造成侵蚀、冲刷、漫堤、堵塞等水毁灾害，具有洪水危险性评价的代表性。

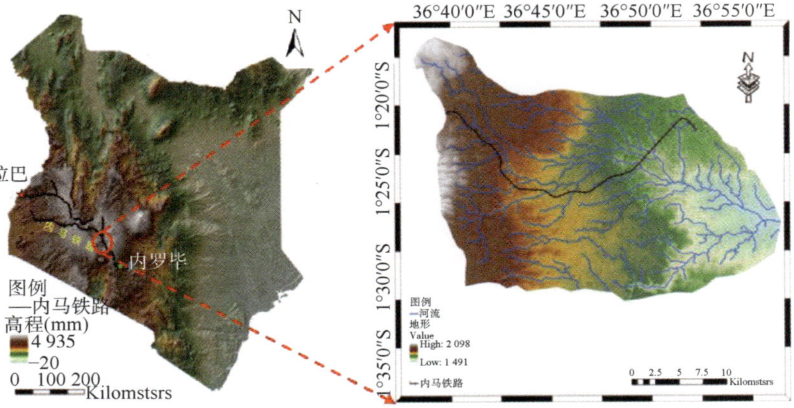

图 5—29　内(罗毕)马(拉巴)铁路沿线高原裂谷过渡带典型积水域

（二）研究方法

目前的研究中，对于未监测地区的洪水危险性，主要采用地貌特征进行评估。基于从数字高程模型(DEM)中提取的几个地形描述参数，通过基于 GIS 的地形分析计算出地貌洪水指数(Geomorphic Flood Index，简称 GFI)，其定义如式 5—21：

$$GFI=\ln(h_r/H) \quad (5\text{—}21)$$

其中，h_r＝水深(m)，H＝考察点离最近河流之间的高程差(m)，以最近的河流作为危险源(如图 5—30)；A_r＝考察点处的上坡贡献面积(m^2)，V_b＝比例因子(文献经验值取 0.103 5)；n＝指数(无量纲，文献经验值取 0.405 7)。

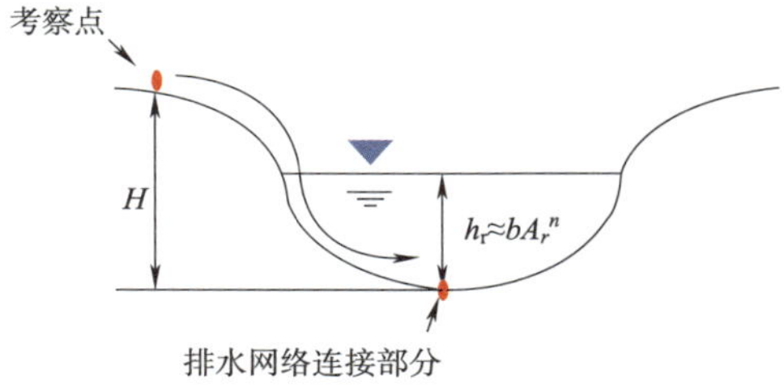

图 5—30　H 和 h_r 示意图

该指数是由 Manfreda 等人制定做四项洪水风险衡量指标之一，而在欧洲，非洲和美国的一些案例研究中，以其评价表现最佳。

通过地形分析得到的 *GFI* 通过线性二元分类(如图 5—31)，分类器通过大量的定量形态特征的选择建立，这些特征可以通过地形分析从 DEM 中提取出来。然后，所选特征的值被转换和缩放，使得每个正规化特征值在[－1,1]范围内。随后，使用归一化阈值来区分洪水泛滥区和非泛滥区。阈值 τ 在校准区域内发生了变化，以确定能够区分淹没区域和非淹没区域的最佳值。与研究河流直接相连的区域被认为是边缘危险区域(Degiorgis 等，2012；Manfreda 等，2014)。这种最佳阈值的判断过程会导致四种可能的结果：

(1)真阳性(*TP*)：分类器正确识别洪水泛滥的流域洪泛图；

(2)真阴性(*TN*)：分类器可以正确识别洪水风险图中没有洪水的流域单元；

(3)假阳性(*FP*)：分类器错误地识别洪水泛滥的流域单元，导致在洪水风险图中没有被淹没(Ⅰ型错误)；

(4)假阴性(*FN*)：分类器错误地认定洪水风险图中没有泛滥的流域单元(Ⅱ型错误)。

为了选择合适的阈值并评估每个二元分类器的可靠性，使用了受试者工作特性曲线(ROC 曲线)(Fawcett 等，2006)。它们被定义为一组真阳性率(绘制在 *Y* 轴上)和假阳性率(绘制在 *X* 轴上)，并且通过改变分类器的阈值而获得。真阳性率 rtp 定义为在测试期间所有可用阳性样本中出现了多少正确的阳性结果：$rtp = TP/(TP + FN)$。假阳性率 rfp 定义了在测试过程中所有阴性样本中出现了多少不正确的阴性结果：$rfp = FP/(FP + TN)$。归一化的最佳阈值通过最小化假阳性率和假阴性率$[rfp + (1\text{-}rtp)]$的总和得到的，对两个比率赋予相同的权重。此外，为了比较不同类型的二元分类器，能够将 ROC 性能降低至单个标量值的常用方法是计算 ROC 曲线线下面积(*AUC*)。*AUC* 的值从 0.5(完全随机分类器)到 1.0(完全区分分类器)。通过这一过程，首先确定了选定的形态特征与洪水风险图之间的关系，然后将危险性信息应用到整个集水区。

(三)数据来源

ArcGIS 中水文分析的原始数据只有数字高程模型(Digital Elevation

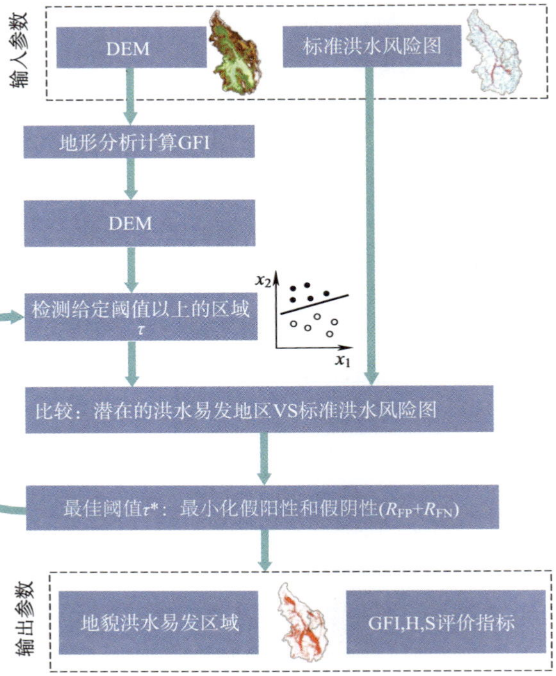

图 5—31　GFI 线性二元分类

Model，简称 DEM)，数字高程模型从 HydroSHEDS 获得，该数据集提供了一套用于研究目的的地区性或全球性免费的水文地理参考信息。HydroSHEDS 的主要数据来源是航天飞机雷达地形图测绘任务(SRTM)的数字高程模型，分辨率为 3 弧秒，该任务由美国国家航空航天局(NASA)利用雷达干涉测量技术执行。但是原始 DEM 中存在凹陷点，这些凹陷点会产生汇，导致径流断流从而影响分析结果，所以需对原始 DEM 进行预处理即填洼，填洼是指填平汇的处理。利用 ArcGIS 中的填洼工具进行一次无 z 限制的填洼，可以生成无凹槽点的 DEM 如图 5—32。空隙填充后的 DEM(即无凹槽点)依靠 ArcGIS 中所提供的多个水文分析工具处理过后，得到依靠 *GFI* 指标进行洪水风险分析的几个基本参数，除 DEM 以外，其他参数分别是流向、流量、坡度。

图 5—32 研究区域 DEM 图

1. 流向

ArcGIS 水文分析工具的流向分析基于 D8 单流向算法如图 5—33，假设单个栅格中的水流只能单向流入与之相邻的 8 个栅格中，依靠最陡坡度法来确定水流的方向，即在 3×3 的 DEM 栅格上，计算中心栅格与各相邻栅格间的距离权落差（即栅格中心点落差除以栅格中心点之间的距离），取距离权落差最大的栅格为中心栅格的流出栅格。流向分析要使用精确填洼过的数据，确保 DEM 数据没有凹陷点。如果数据准备妥当，直接使用水文分析工具箱中的流向工具进行分析。流向分析工具很简单，输入一个无凹陷点的 DEM，输出结果就是流向栅格。流向栅格数据是以 2 的 n 次方来标记 8 个方向的，在没有汇的情况下，其数值一定是 2 的 n 次方，其中 1，2，4，8，16，32，64，128 依次代表东、东南、南、西南、西、西北、北、东北。ArcGIS 软件经历了非常多个版本的迭代更新，在默认情况下会自动的给定流向栅格 8 个方位不同的颜色进行渲染，研究区域流向图如图 5—34 所示。

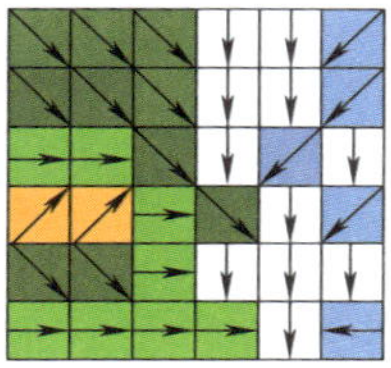

图 5—33 D8 算法流向示意图

图 5—34　研究区域流向图

2. 流量

(1)流量统计

在 ArcGIS 软件中,这个流量栅格并不是水文学意义上的河流流量,与水文站实测的数据是两个完全不同意义的名词。这里的流量指的是有多少个格子的水流汇流到某一点上,是一个空间范围概念。如果要转换为水文学上的术语,以水文站为例,那就是该水文站对应的上游集水区面积。ArcGIS 的流量统计是需要流向栅格进行参考的,其统计原理是累计每个流向栅格的总数,其原理如图 5—35 所示。

(2)流量划分

流量统计的实际意义在于在一定流量值时会产生地表径流,在径流达到一定值时成为常规的河流,这才是水文分析要研究的对象。所以,在流量统计之后,必须要对统计的栅格数据进行重分类和筛选。栅格重分类和条件函数均可以实现对流量统计数据进行定义划分。

(3)流量的权重栅格

在流量统计的时候有一个参数叫做权重栅格,这个参数对于水文研究是非常重要的。流量的统计都是基于流向像元数据进行累加统计,而流向栅格是基于 D8 算法计算出来的,原则上只考虑单个方向的汇水过程,而没有考虑其他的如降雨、渗透等水文现象。也就是说,在默认情况下,流向栅格流出的水量都是一致的,流量统计计算的只是流向栅格累计的个数。如果换成现实

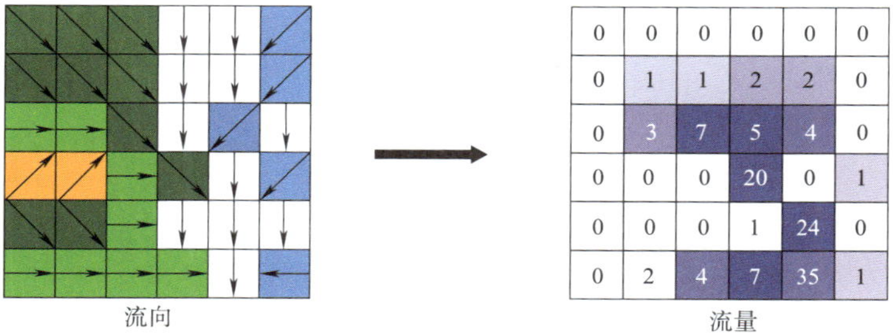

图 5—35 ArcGIS 流量统计示意图

模拟,那就是说每一个 30×30 区域汇入河流的水量都是一致的。权重栅格可以包括以下内容:

①雨量等值面。利用 ArcGIS 插值工具对雨量站数据进行插值,求出雨量在空间上的分布,从而赋给每一个流量栅格权重值。

②地貌栅格。可以利用地貌数据,如果是矢量的,先用矢量转栅格工具进行转换,然后根据水文学上的各种地貌的特性和降雨强度设,计算出不同地貌的渗透率(原则上这个是一个渗透率的栅格,只是它跟地貌相关)。

③植被吸水率。主要是多重考虑,将植被吸水部分考虑进去,其影响应该不大。

④地表综合出水率:将需要考虑到得因素尽可能考虑进去,可以利用 ArcGIS 的加权叠加工具进行综合评估,最后得出雨水的有效转化率或者损失率。

流量分析和流量统计看似是一个非常简单的操作过程,但在水文分析过程中占非常大的比重,因为它需要在这个阶段对水文研究对象进行划定和分类,水文学和 GIS 结合部分基本上都会在流量统计这一环节进行交错应用。所以,水文分析是否正确,分析是否科学合理,全在流量统计方面体现出来。

GFI 指标计算的流量数据采用未进行阈值划分的流量数据,本文基于 DEM 数据,通过 ArcGIS 水文分析中的流量工具,得到了研究区域未进行阈值划分的流量图如图 5—36 所示。

3. 坡度

ArcGIS 种存在两类坐标系,一类是地理坐标系,另一类是投影坐标系,地理坐标系进行地图投影后就变成了投影坐标系,地图投影是按照一定的数学

图 5—36　研究区域流量图

法则将地球椭球面上点的经纬度坐标转换到平面上的直角坐标，而基于 DEM 的坡度提取需在投影坐标系下进行，依托 ArcGIS 的坡度提取工具得到研究区域的坡度图如图 5—37 所示。

图 5—37　研究区域坡度图

（四）数据输出及结果分析

将 ArcGIS 中 DEM、流向、流量及坡度四项参数转换为文本文件，利用 Matlab 程序进行数据处理计算，首先得到河流的上游贡献面积 A_r，然后利用经验公式计算河流换算深度 h_r，最后计算 GFI 并将文本数据栅格化进行 ArcGIS 的空间赋值，对赋值后的栅格图层归一化处理，由于缺少标准洪水风险图的阈值校正，人为设定多个阈值 τ 进行风险图的对比，归一化后的 GFI，

阈值 $\tau=-0.15$ 表明此时的河流换算深度与考察点的高程刚好相等，以此为起点，每隔 0.1 个差值进行阈值的划分，得到不同阈值下依据 *GFI* 的洪泛图如图 5—38。

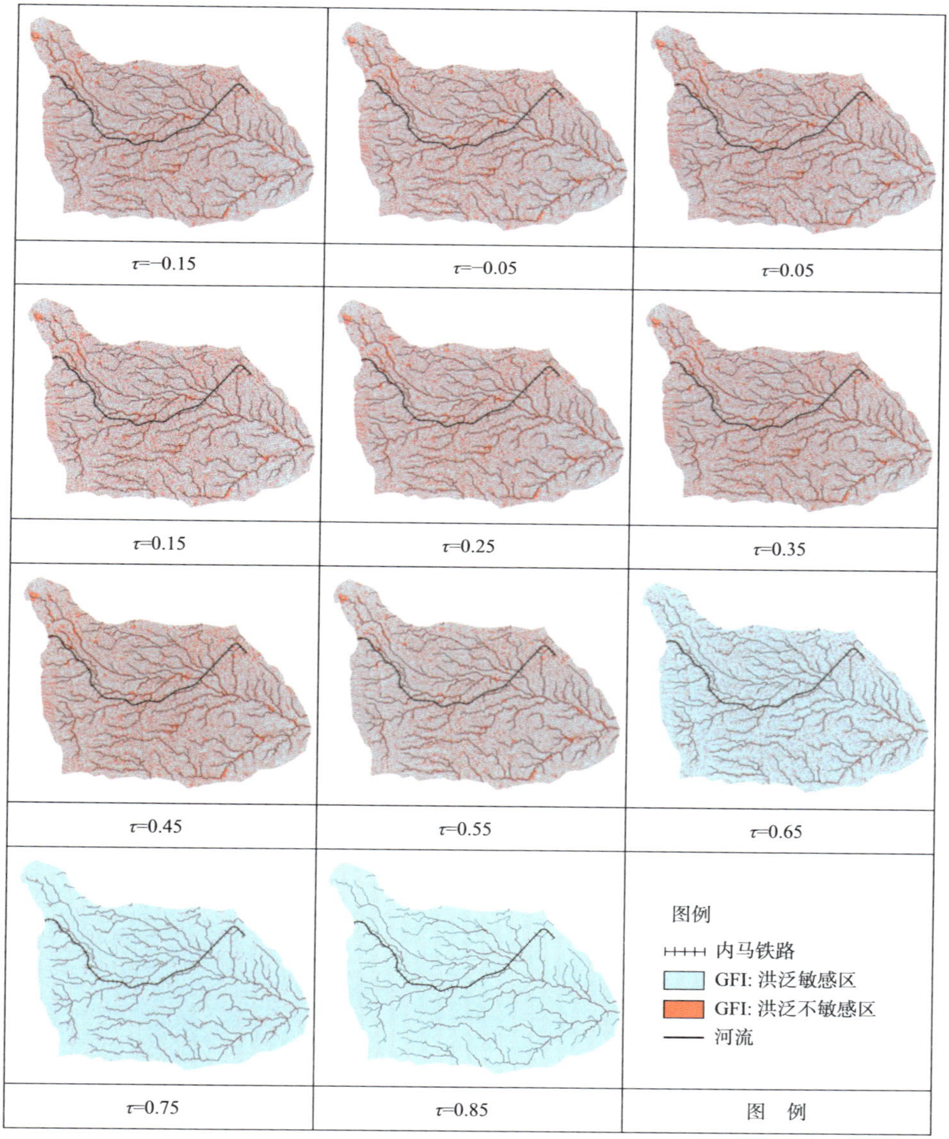

图 5—38　不同阈值下洪泛图

洪泛图除了一定程度上能反映出洪水发生的空间概率分布外，更重要的是反映洪水发生后的泛滥区域。从变化趋势来看，随着设定阈值 τ 的提高，图中红色区域即风险区越来越少，当阈值达到 0.85 时风险图中红色区接近为 0；且通过对比阈值为 0.45、0.55 和 0.65 时的洪泛图，发现风险区经历了两个不同程度的变化，$\tau<0.45$ 洪泛图无明显变化，$\tau>0.55$ 以后风险区明显减少，当达到 0.75 时已无明显风险区，所以推测最佳阈值应该在小于 0.65 的范围以内；从风险区分布来看，以 $\tau=0.55$ 时的洪泛图（图 5—39）为例，存在明显的红色集中区域，这表明这些地点一旦发生洪水，泛滥面积相对于其他区域会更广，结合研究区域地形图和河网分布，可以看出内—马铁路沿线洪水易发区主要集中在地形过渡地带以及河流交汇点，地形过渡带地形落差大的特征为雨水的汇聚创造了有利条件，而河流交汇点的径流量相对较大，发生洪水后的泛滥区域也会更广。从部分段的研究成果推到整段，内—马铁路沿线跨越了高原—裂谷过渡带，为洪水的发生提供了巨大的推力，成为洪水潜在危险性最高的地段之一。

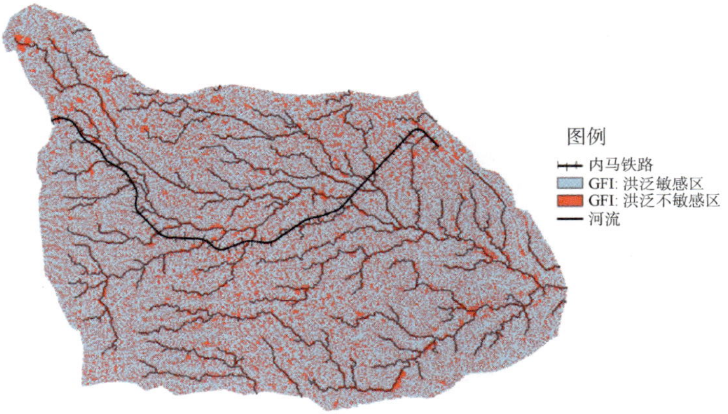

图 5—39　$\tau=0.55$ 的洪泛图

第六节　路基防排水系统设计优化

一、内罗毕—马拉巴铁路路域 GIS 数据库

地貌，植被覆盖，水文等信息直接影响到地表的径流，因此搜集相关的信

息是开展内马线路基水毁灾害研究的前提，本研究首先拟搜集内马线路线沿线多时相多精度遥感图像（主要包括低分辨率的 Modis 卫星分辨率为 100～200 m，中等分辨率的美国陆地卫星 Landsat8，分辨率为 15～30 m 和高精度的无人机航拍数据，分辨率可以达到亚米级），用以获取沿线的地貌，植被，水文信息，岩层裸露等信息。高精度数字高程模型（DEM）数据是基于地理信息技术（GIS）平台开展路基水毁灾害评价的基础，其关系到研究区域地形地貌数据的精度和准确性，进而直接影响到路基排水结构的空间布设和设计参数。肯尼亚作为欠发达国家，在这方面的资料十分欠缺。因此，需要搜集研究区域既有的 DEM 数据，结合遥感数据，内马线沿线纵横断面设计数据，用以构建内马线沿线精确地形模型。通过文献检索，现场调查，遥感解译，类似工程案例调研等多种手段对高原裂谷地带路基水毁灾害进行系统性的调研，分析其特征和分布情况，为课题的研究提供借鉴。

基于 GIS 平台和 RS 解译，构建内马线沿线路域 GIS 空间数据库，主要包括：研究区数字高程模型，地表岩层数据，植被覆盖数据，地表径流数据，土层覆盖数据，气候数据，典型路基水毁灾害数据，内马线路线设计结构数据等，作为后续内马线路基水毁灾害评价研究和排水设计优化的基础数据。

二、内罗毕—马拉巴铁路路域地表径流系统提取

基于 GIS 提取流域特征的基本流程是：首先利用地形数据求出坡度坡向，再利用 D8 算法确定每个栅格单元的水流方向，根据水流方向得出汇流累积量，确定合适的汇流累积量阈值提取河网，最后利用河网和出水点的位置来划分子流域。具体归纳为以下几步：处理、确定水流方向、计算汇流累积量、生成河网和划分子流域，获取流域物理特征参数值。其基本思路如图 5—40 所示。

（一）研究区数字地形构建

本研究区域的数据是从国际数据服务平台网站上下载的原始数据，数据的级别为 LEVEL1，表示经过辐射校正和几何校正，可以直接使用的数据。根据首部的地理位置，确定下载 ASTER-GDEM 数据。由于在分析前不知道流域的确切范围，为满足今后地形及水文分析要求，以恩贡车站坐标位置为中心，下载 2°×2°范围的 Aster GDEM 影像数据。该范围内包含的影像数据文件列于表 5—20 内。

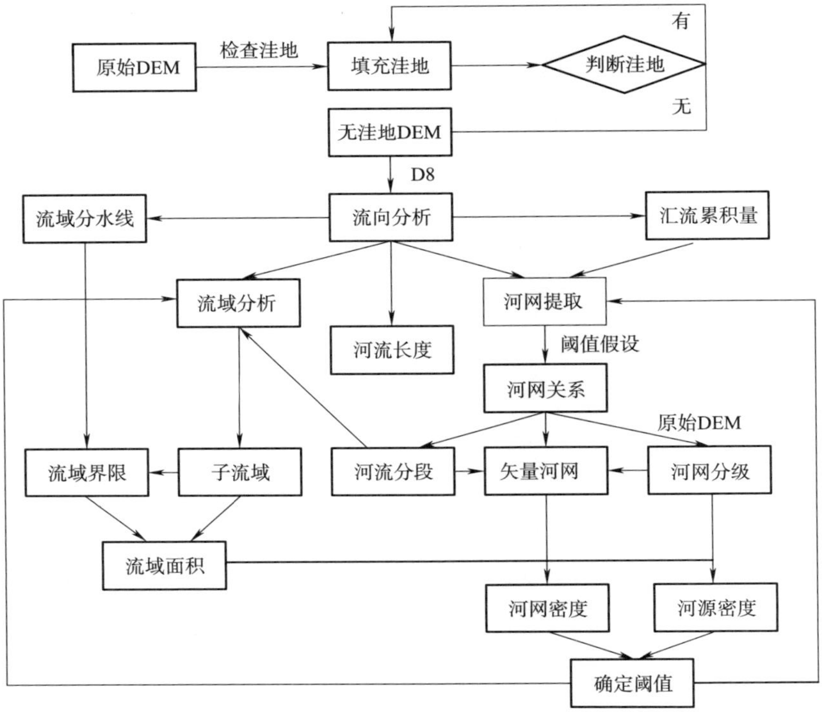

图 5—40　基于 GIS 的积水域划分技术路线

表 5—20　研究区域影像文件一览表

编　　号	文 件 名	文件大小
1	ASTGTM_N29E097M	200 MB
2	ASTGTM_N29E098I	200 MB
3	ASTGTM_N30E097R	200 MB
4	ASTGTMN30E098A	200 MB

在 ESRI ArcMap 中把下载的上述 4 个分块影像进行图像拼接，生成覆盖研究区域的一幅整体影像。用定义的若曲流域矢量范围图对拼接好的影像进行掩膜处理，裁切出铁路路线对应的 ASTERGDEM。

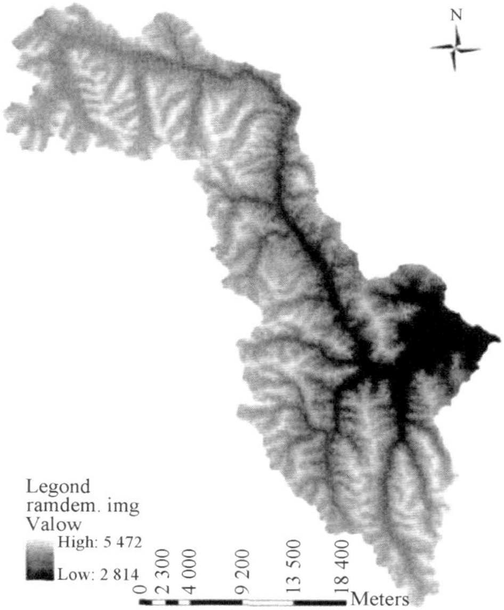

图 5—41　恩贡车站区域数字地形模型

（二）数字地形填洼处理

DEM 预处理一般是填洼处理和平坦地区处理。由于真实地形的存在或者是 DEM 生成过程中质量问题产生的误差，中低连点是不可避免存在的。目前，一般把原因归结为第二种，即误差产生的伪地形。低洼点的存在会导致中水流逆流或水流方向无法判读的情况，可能阻碍后续水流线的生成，从而生成错误的其他特征信息。因此，在计算水流方向之前，要对数字高程模型进行必要的填洼处理。目前常用的填洼方法是O′callaghan和 Mark 提出的针对伪地形的修正原始中洼地内单元格的高程值，使其与邻接栅格中高程最小的单元格的高程相等，以此来填平原始洼地地形。

（三）确定水流方向

Mark 等最早提出某一个栅格单元的水流方向是指水流离开此单元格时的指向。关于水流方向的确定方法有单流向法与多流向法两种。其中单流向法假设某个单元网格上产生的水流只流向一个相邻单元格，并根据相邻单元格的高程来判断水流方向。因此容易确定流向，应用比较广泛，主要包括：D8

算法、Rh08 算法、Lea 算法、DEMON 算法、$D\infty$算法等。多流向法是指研究单元格中产生的水流向不同的方向流出，并且依据合理的方法（指数方法、坡度比法等）按一定比例的分配给周围高程较低的单元格。多流向法虽然提出较晚，但是拟合地貌特征复杂区的水流方向效果较好。主要包括 DAEMON 算法、MFD 算法和 Dinf 算法等。如图 5—42 所示。

图 5—42　内马铁路一期 DK106 段的地表径流及降雨下的地表漫流

DrainageGIS 中计算水流方向的方法是 D8 法，该算法假设任一单元格中水流只可能流入与之相邻的 8 个栅格单元中，比较该栅格单元和它相邻近的 8 个单元格之间的坡度，然后按坡度差最大原则判断该单元的水流流向，有效水流方向用 8 个特征码表示，比如用特征码 1、2、4、8、16、32、64 和 128 分别代表东、东南、南、西南、西、西北和北、东北这八个方向。采用这种方法推出 DEM 中所有栅格单元的流向，最后生成流向网格图。

（四）累计流量计算

在地表径流模拟过程中，汇流累积量的计算是通过流向栅格图的计算而来的。从流向栅格图中可以得出有些栅格单元的水流量比其他栅格高，从这些栅格单元开始逆向追踪水流方向，能够计算出其上游有多少个栅格的水流方向最终汇流经过该栅格，并将这些上游栅格标记为该栅格的对应的汇流特征值，最后完成汇流栅格图的生成。汇流栅格图中任一个栅格单元的值都是代表流入该单元格的上游区域所有栅格单元的数目。汇流累积的数值越大，该区域越易形成地表径流。

（五）地表径流网络提取

河流网络的生成，通常可以基于这样一个假设：某个单元格的汇流累积量比阈值大，那么这个单元格就成为河网的一部分。因此，根据流域实际情况选择一个合理的汇流累积量阈值，凡是上游集水面积中汇流累积量超过这个阈值的网格单元就可以当作是河流网络的组成部分，把这些网格单元连接起来，就得到了最终的河网，一般阈值越大，生成的河网就越稀疏。但是如果流域下垫面比较复杂，就不能单一用集水面积阈值来生成河网。

河网的划分为子流域的划分提供了基础。子流域的划分首先要确定子流域的出水口位置。流域中的出水点，可以是相邻河流的汇流点，也可以是真实地形中存在的水文站或大坝。确定出水点后，沿出水口上游水流方向搜索，直到所有该集水区的栅格都确定了位置，也就是说搜索到流域边界，那么流经该点的所有栅格单元都可以当作是子流域的组成部分，子流域的形成就是把这些栅格单元集结在一起，结果如图 5—43 所示。

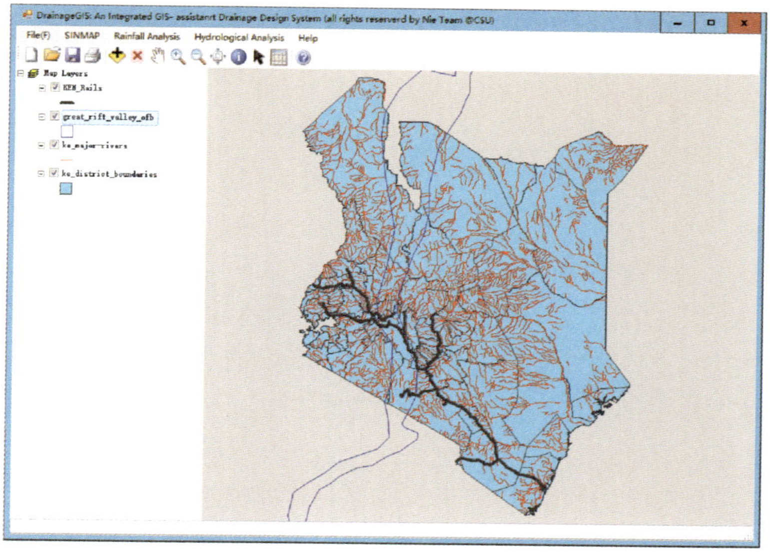

图 5—43　肯尼亚地表径流提取结果

三、内罗毕—马拉巴铁路路域集水域的提取

支撑一条河道永久性存在所需的最小集水面积被称为集水面积阈值。具有集水面积阈值的地方，通常是河流的发源地。将设定的集水面积阈值作为约束条件，根据各栅格单元的水流方向数据便可生成相应河流网络。根据DEM数据提取河网时，一般需要假定一个常数作为集水面积阈值，该阈值适用流域内任何地点。但是天然流域中的地表坡度、土壤性质、地下水影响、地表植被以及气候条件等众多因素都会影响集水面积的形成，导致在天然流域内各处集水面积不一定完全相同。当假定一个常数作为集水面积阈值时，从DEM中提取的流域水系和实际的流域水系的级别、总长、河网密度等统计值会存在些微差别，可能会偏大或偏小。集水面积阈值的选择不会对预测和确定主要河道空间位置产生影响，但却决定了河流的源头以及生成的数字河流网络的形态。集水面积阈值越小，提取的河网越密集，越大则提取的河流网络越稀疏。

有关集水面积阈值取值问题的大量研究显示：通常所采取的方法为采用常数值，忽略其在研究区域内随地形地貌、下垫面空间分布以及气候特性呈现出的空间变化。确定该常数值的方法一般有四种：

(1)尝试对比法，基本原理是将不同阈值提取相应水系与地图上的实际水系比较，选取与实际水系最相符的集水面积作为阈值，在该方法中人为因素起主导作用，所以主观性较强且存在相当大的误差；

(2)以地图为依据进行分析，将研究区域中河道源头的集水面积作为阈值，但是该方法工作量较大，实际应用困难，而且不适用于大范围的研究应用；

(3)利用集水面积阈值与数字水系平均坡降或当地坡度的关系曲线确定集水面积阈值，该方法中将曲线的转折点所对应的集水面积作为阈值；

(4)利用集水面积阈值与河源密度(或河网密度)的关系曲线确定集水面积阈值，该方法中最合理的集水面积阈值是曲线趋于平缓时所对应的点的集水面积。

河道平均坡降法确定集水面积阈值的原理是以平均坡降与集水面积之间的关系曲线为依据，给定流域集水面积的取值范围，计算不同的集水面积取值所对应的数字河流水系的平均坡降，画出集水面积与平均坡降的关系曲线。

将绘制的曲线转折点处所对应的集水面积确定为该流域的集水面积阈值。河网密度法确定集水面积阈值的原理与河道平均坡降法推求集水面积阈值类似。该方法中，确定当集水面积阈值与河网密度(或河源密度)关系曲线趋于平缓时对应的点为合理的集水面积阈值。流域宽度分布法，该方法类似于Horton定律，用宽度函数来描述流域河网密度的空间分布情况。根据不同集水面积阈值会导致流域宽度分布不同这一情况，通过数字化计算及对比分析得到与实际流域水系最为接近的集水面积阈值。水系分形法，分形是指无特征长度但具有某种意义下的自相似图形和结构的总称。河流既有主流又有支流，而支流又有各自的溪流，基于分形理论，河流水系则可视为典型的分形。基于分形理论，采用不同阈值的数字水系的分维值与实际水系的分维数进行比较方法推求阈值。如图5—44所示。

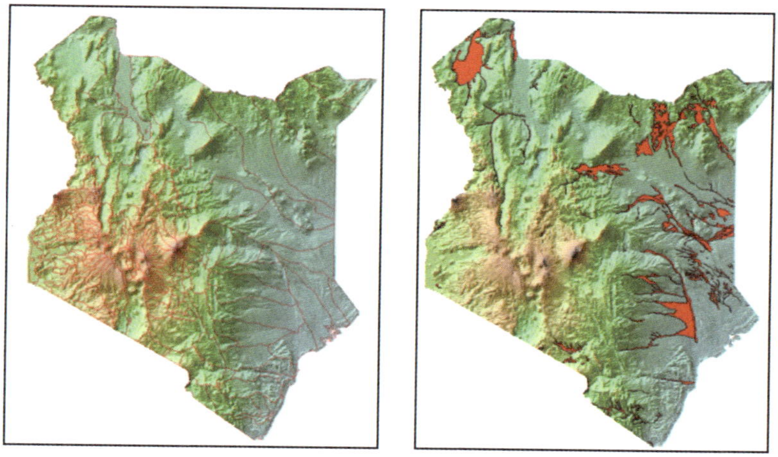

(a) 肯尼亚地表积水域划分　　(b) 肯尼亚主要洪泛区

图5—44　肯尼亚积水域划分和主要洪泛区

图5—44给出了肯尼亚全国主要地表径流的积水域，可以明显地看出，在肯尼亚西南高原裂谷地带由于地表破碎，高差起伏变化特别大，导致该地区的地表集水域一般面积都不大。一方面小集水域在遇到大的洪水或是短时间集中降雨的时候也容易合并产生更大的积水域，另一方面由于小集水域多呈狭长状态，当与铁路或是公路走向呈现不利交叉方向，如垂直或者大角度交角时，如果遇到短时强降雨则必然会对路基产生冲积作用。与此相

对应的是，在肯尼亚东北地带，由于地势平坦，则更易产生平铺漫滩式的大面积洪泛区。

无论以何种方法推求集水面积阈值，一般而言，设定的集水面积阈值越大，水流累积栅格单元图层中超过集水面积阈值的栅单元格就越少，河源个数会减少，河道数目随之减少，河长也会缩短，提取的河流级别会变高。但对于同一个流域，采用不同方法推求最终得到的集水面积阈值不会存在较大差别。事实上，流域模拟的前提是将产汇流空间响应视为均一，这并不符合流域实际情况，所以基于坡面流模拟法提取的河流网络不可能与实际流域完全对应。实际流域产汇流空间上的不均匀性是造成这种偏差的决定性因素，一般来说，天然流域产汇流空间越均匀，则模拟提取的河流网络越接近实际情况；如果天然流域产汇流空间差异较大，直接模拟提取河流网络会出现较大误差，可以将该流域划分为几个不同的区域分别提取数字流域河流网络，以提高模拟的准确程度。

四、内罗毕—马拉巴铁路路域排水涵洞布设优化

火山泥石流是火山喷发物与水体混合所形成的大体积、快速流动的高密度流体，或松散的火山碎屑物被雨水冲刷、多次搬运后所形成的流体，其主要沿河谷低洼地带流动，是最主要的火山次生灾害。目前国际上在火山泥石流数值模拟方面则有多种成熟数值模拟软件，例如 Laharz、Titan2D、Flo2D 等，其区别主要在于使用的数学模型不同。Laharz 是以在 GIS 环境下对 9 座火山 27 条火山泥石流总结得出的半经验数学模型为基础，模型使用简单适合于宏观分析，结合研究区域的 DEM 资料，模拟结果与现实地形复合度较高，是目前火山泥石流数值模拟最常用的模拟程序。如前所述，肯尼亚西南高原裂谷地带是洪水，滑坡等灾害的高发区域，而降雨滑坡在一定的地形条件（比如裂谷区的较陡的冲沟）更易形成水土混成的洪流或者泥石流，是铁路路基面临的主要威胁之一。

Laharz 的核心数学模型是 Iverson 等人在火山泥石流流体动力模型基础上结合 9 座火山泥石流泛滥区的统计分析数据得出的半经验模型。将火山泥石流认为是突发阵性流团，设定流团沿河道低谷流动且发源区为河流与“能量锥”的交界线。其中，火山泥石流的总体积对其泛滥区域起主导作用，可将泥

石流总泛滥区域依据空间划分为截面展布区域 A(m²)与平面展布区域 B(m²),A与B的范围依赖于火山泥石流总流量体积 V(m³),关系见图 5—45。具体的模型原理和数学描述可以参见美国地质调查局 Steve P. Schilling 等的论文。

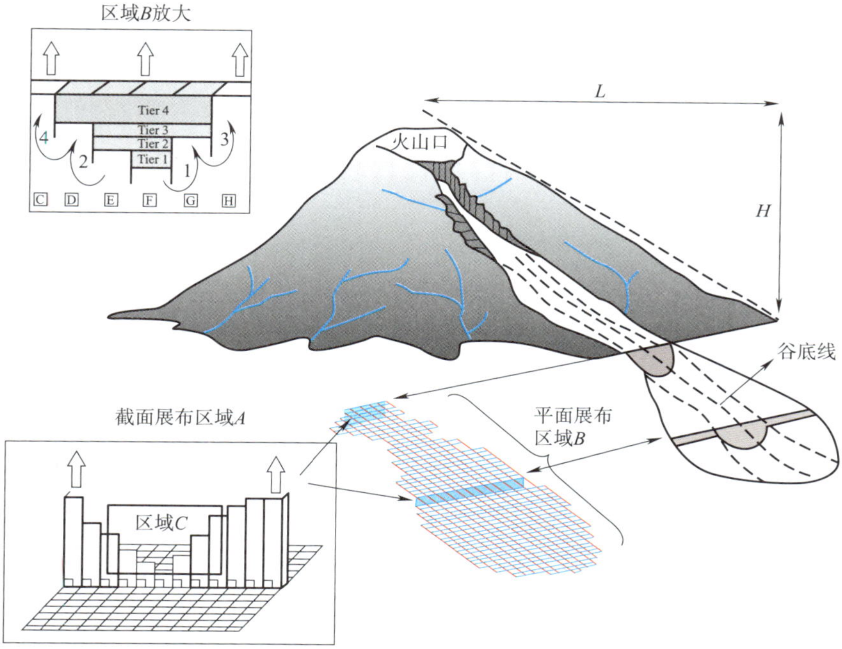

图 5—45　基于 GIS 的 Laharz 模型示意图(万园等,2011)

选取 Longonot 火山区域为例,利用 Laharz 模型对其 14 条可能对铁路产生威胁的冲沟进行了模拟分析,其结果如图 5—46(c)所示,浅绿色区域表示泥石流能够达到的最大的范围,一般而言,通过设置涵洞等排水措施,即可防止相应的冲刷破坏;而红色区域表示泥石流具有较大冲击力的范围,即存在很大危险的区域。结果表明,13 条冲沟中,有 4 条冲沟可能对铁路产生冲积,应在其相应的位置设置排水涵洞,或做相应的处理。图 5—46(d)给出了对公路有很大潜在威胁的一条冲沟,并通过卫星图像得到了很好的印证。

(a) 卫星图像

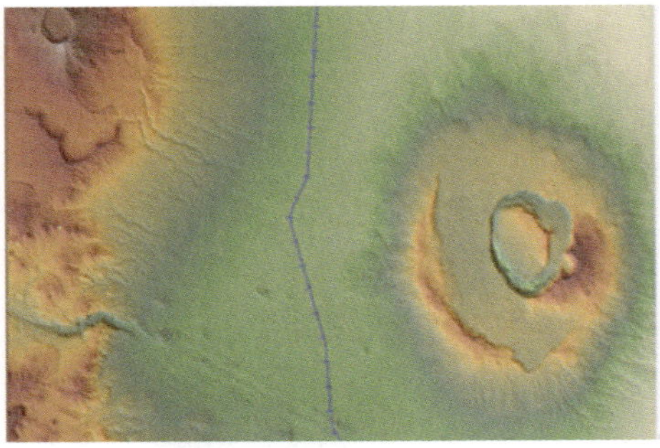

(b) 数字地形，其中蓝色线表示建设中的内—马铁路

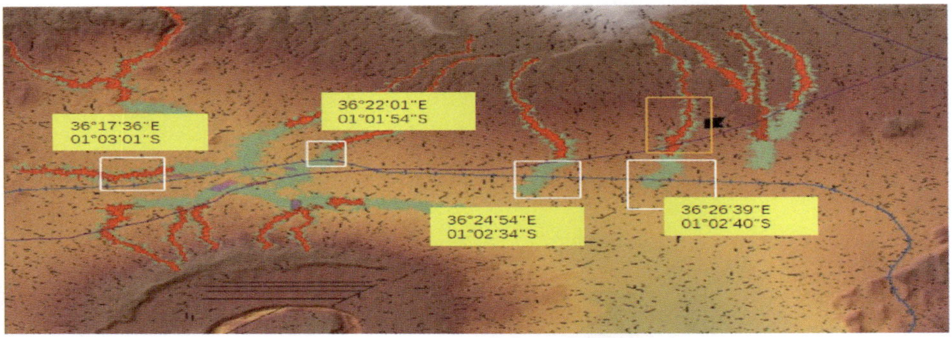

(c) 13条冲沟的位置即模拟结果，紫色线表示内罗毕国家公路，白色线框标识了可能对铁路产生冲积的四条冲沟，橙色线框标识了对公路有很大威胁的一条冲沟

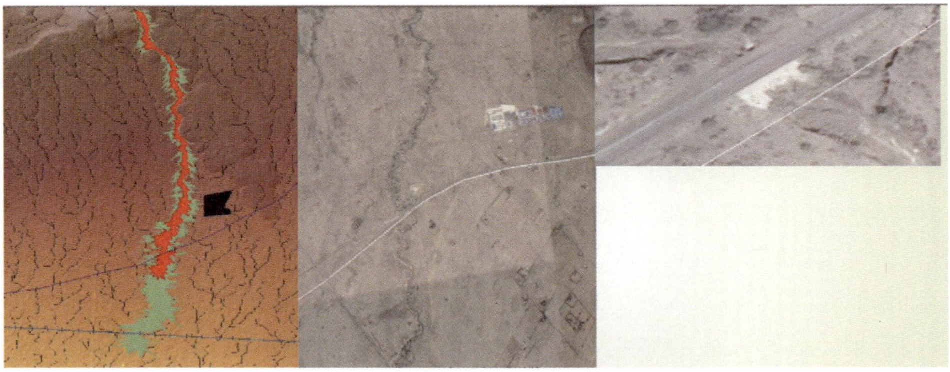

(d) 最具危险性的冲沟对既有公路影响

图 5—46　Longonot 火山区域

第六章　肯尼亚生态环境与路基工程

第一节　肯尼亚生态环境概述

肯尼亚被誉为“人类的摇篮”，植被茂盛，野生动物众多，大象、河马、非洲狮、犀牛、羚羊、狐狼、红鹤、秃鹫等都在这里栖息。40多个国家公园及野生动物保护区，是野生动物的天堂。Mazeras湿地、Tsavo国家公园、Kiboko野生动物保护区和内罗毕国家公园都是世界环保组织或肯尼亚政府认定的生物繁衍区、野生动物栖息地或水源保护地。

Tsavo国家公园是肯尼亚最大的野生动物园，分为东Tsavo和西Tsavo两部分，总面积为2万多平方公里。东Tsavo是一望无际的平坦草原，加拉纳河横穿其间，是野生动物的生命之水。西Tsavo以众多火山和山脉为主，地形复杂多变，火山泉缔造了一片片生长着棕榈树的湿地，有大批水鸟和河马栖息。Tsavo是世界上最大的野生大象聚居地，共有2万余头。除此之外，园内还有很多长颈鹿。如图6—1所示。

图6—1　Tsavo国家公园内的大象、长颈鹿等野生动物

Kiboko野生动物保护区位于Kiboko商业中心，其边界线西至Maangi Ovungu河、东至Kiboko河。东北界限为蒙内既有米轨铁路。保护区面积为217公顷，分为湿地和森林两部分，其湿地被肯尼亚政府和国际环保组织认定为是野生动植物的重要水源地。如图6—2所示。

图 6—2　Kiboko 野生动物保护区的湿地和河马

内罗毕国家公园位于内罗毕市中心以南 8 km 处，A104 公路西侧，占地 117 平方公里，主要由热带草原和林地构成，生活着 80 种哺乳动物和 500 多种鸟类。公园的东、西、北三面用电网与城市隔离，南部为开放边界，是许多哺乳动物随季节迁徙的通道。南部的玛萨玛拉是非洲最大的野生动物保护区，与坦桑尼亚国家公园接壤，世界上热播的许多动物纪录片镜头就是在此拍摄的。肯尼亚峡谷省省会纳库鲁近郊的纳库鲁湖，是一个鸟类资源丰富的湖泊，共有鸟类 400 多种，是肯尼亚重点保护的国家公园。如图 6—3 所示。

图 6—3　内罗毕国家公园内的野生动物

肯尼亚的野生动物资源非常丰富，政府制定了特别的法律法规来进行相关的保护，例如肯尼亚颁布了《肯尼亚环境管理与协调法案 1999》(EMCA)、《肯尼亚土地法令 2012》、《肯尼亚水资源法令 2002》、《野生动物保护与管理法案 2013》等相关法律条例，这对路基的修筑提出了更高的要求。按照肯尼亚当地法规，对路基工程进行环境影响评价和管理，减少路基施工对环境的污染与破坏，是肯尼亚可持续发展，人与自然和谐统一的重要举措。

由于肯尼亚属于生物多样性丰富、生态环境脆弱敏感的区域，因此在勘测、设计、施工中对环境保护的要求远远高于其他地区。严格的动物和环境保护法律法规，生物多样性丰富、生态敏感脆弱区，这就要求在肯尼亚设计和修建路基过程中具有高度的环保意识。如图 6—4 所示。

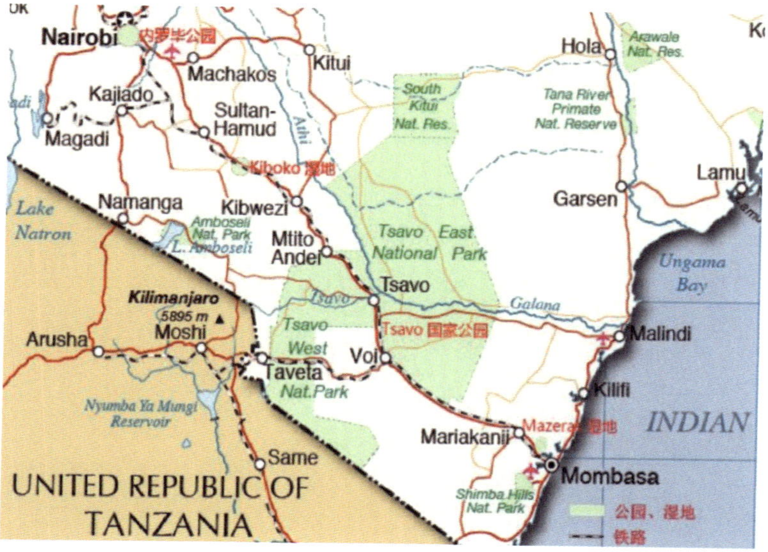

图 6—4　重要环境保护区分布

肯尼亚属发展中国家，经济条件较落后，如何平衡国家经济发展中所带来的环境污染与破坏是所有发展中国家所面临的共同问题。但肯尼亚对环境保护工作非常重视，联合国环境规划署就位于肯尼亚。肯尼亚沿用英联邦法律制度，有着较完善的环境影响评价法律体系。所有准备开工建设项目需要进行环保评审。

第二节　路基工程对自然环境的影响

一、路基工程对自然环境的影响

在路基建设过程中将会对沿线环境产生很大的影响甚至严重的破坏。路基两侧工程所设置的筑路材料场、取土场、弃土堆、施工营地和便道等临时占地，将破坏原有植被，使区域内地表裸露增加，风力、水力作用的敏感性增强，稳定性下降，易发生生态环境恶化。另外土石方工程道路平整、施工机械活动、材料堆放等都会破坏地表植被。其中，由于土石方的开挖破坏了地表土层，只留下坚硬的岩石，植被难以恢复。其他地表活动造成的植被临时破坏引起的水土流失也将影响植被的恢复。

施工产生的扬尘和其他有害气体对路边植被的影响同样不可忽视，尤其是施工过程中的开挖、填筑和弃渣堆积形成裸露边坡，如果不加以防护，易形成水土流失。沿线植被生态功能的影响主要表现在工程对林地、耕地的占用，将会对沿线的植被生态功能产生一定干扰。

工程对自然环境影响主要表现为因工程对土地的永久占用，改变了土地利用类型，引起土地原使用功能的丧失和地表植被的破坏；工程施工产生的取弃土、弃杵和地表开挖、填筑破坏原地形、地貌，形成的裸露边坡及弃土、弃杵场地引起的水土流失；工程对不良地质与特殊地质的影响；工程施工和土石方运输过程中会产生大量的扬尘，影响植被的正常生长等。

二、路基工程对自然环境影响的对策措施

1. 采用环保和生态保护的设计原则

(1)环保设计原则

线路通过区域内分布有野生动物保护区、水源地和种植园等敏感保护目标。环保选线是根本解决铁路对敏感保护目标影响的最有效手段。重视环保选线，尽量绕避环境敏感保护目标，在线路方案研究中从环保角度进行了方案比选，并征求当地有关部门的意见，将其融入环保选线设计中，力求筛选出工程经济和环境效益最优的方案。优化线路方案，尽量避让内罗毕野生动物园等环境敏感保护目标，且注意保护城市生态，严格遵循肯尼亚整体规划，满足肯尼亚野生动物管理部门 KFS 的要求。

(2)生态保护设计原则

为了有效地控制工程对生态环境和水土流失的影响，在设计过程中严格遵守“预防为主、保护优先”的原则，充分考虑和设计好主体工程和临时工程中的环境保护措施，将弃土场防护、路基高填深挖地段坡面防护、以及线路通过野生动物保护区、水源地保护区、种植园附近范围地段防护作为重点工程和重点地段。工程对保护生态环境与水土保持的原则为：

①贯彻节约用地的原则。尽量减少对耕地和林地的占用，在技术可行、经济合理的前提下，结合地形地貌，合理选定线路平、纵断面，合理调配土石方，

充分考虑移挖作填，以避免取土占用土地。

②推荐方案设计时充分考虑工程对野生动物保护区、饮用水源地保护区及种植园的影响，选线设计时合理利用既有交通走廊，以减少对保护区整体生态系统的二次分割，避免铁路对保护区环境的影响扩大化，减少土地浪费，工程尽量与既有铁路贴近并行。

③线路尽量绕避不良地质和特殊地质地段，无法避绕地段应采取加固、路基处理等工程防治措施。

④取、弃土场应采取平整、绿化等水保措施进行防护，用地类型为耕地的在设计中采取复垦措施。对施工便道等大临工程也应采取相应的水保措施。

⑤对于跨河桥梁，应尽可能地保留河道的天然状态，对开挖的河岸边坡采取及时、有效的岸坡防护措施，并注意对沿线农田灌溉设施的保护。

⑥对站场可绿化地段实施绿化工程，绿化设计以整个站区为主体，以美化环境为目的，同时考虑景观效果协调搭配。绿化的植被优先选用乡土花草和树种。永久用地按30%进行绿化，采用乔、灌、草相结合的方式布置，绿化配比按乔木20%、灌木60%、草20%设计；临时用地按100%进行绿化，以达到降噪抑尘、美化环境的目的。

2. 工程防护措施

(1)路基防护措施

设计中充分考虑环境因素的影响，结合当地实际情况采取适宜的措施，尽量减少破坏天然植被和山体平衡，在地形陡峻地段、不良地质地段及路基填挖方地段，视具体情况设置支挡加固及边坡防护工程。其中路堤边坡根据填高采用种草或水泥砂浆砌片石人字形拱型骨架，骨架内种草防护，以防水土流失，保持路堤边坡的稳定；挖方地段，为防止大的震动、噪声和粉尘污染，采用控制爆破作业施工，边坡采用片石混凝土路堑挡土墙、桩板墙、锚杆格梁防护、水泥砂浆砌片石人字形拱型骨架，骨架内种草防护，尽量减少挖方量，避免路堑剥山。

①路堤坡面防护及高路堤

路堤边坡坡面采用水泥砂浆砌片石人字形骨架护坡或植草防护，边坡采用平铺双向土工格栅进行加固。既保证边坡稳定，又美化环境，防止水土流失。

②低路堤

路堤边坡坡面采用植草防护。低路堤($h\leqslant 0.6$ m)基床表层采用0.5 m厚的A组土+0.1 m中粗砂夹两布一膜不透水土工布(600 g/m^2),并设预制混凝土板侧沟排除地表水。可保证路堤边坡稳定,美化环境,防止水土流失。

③浸水路堤

浸水路堤防护高程以下边坡坡面采用浆砌片石防护,防护高程以上边坡采用水泥砂浆砌片石人字形骨架护坡或植草防护,可以有效地保证路堤边坡稳定,防止冲刷及水土流失。

④路堑坡面防护

路堑边坡坡面采用水泥砂浆砌片石人字形骨架护坡或植草防护。此外挖方地段设浆砌片石、预制混凝土板侧沟排除地表水。可保证路堑边坡稳定,美化环境,防止水土流失。

⑤膨胀土(黑棉土)地段路基

基底采用换填处理,边坡采用水泥砂浆砌片石人字形骨架护坡防护形式,结合植草防护等绿化措施。既保证铁路运营安全,又绿化了沿线环境。

⑥松软土地段路基

基底采用换填处理,边坡采用水泥砂浆砌片石人字形骨架护坡防护形式,结合植草防护等绿化措施。既保证铁路运营,又绿化了沿线环境。

(2)站场工程防护措施

①站场路基土石方调配,尽可能移挖作填,减少取弃土,并与区间路基土石方互调余缺。

②对于临时征用的土地待工程结束后及时清理平整场地、复耕,恢复地表植被。在运输砂、石、水泥、黏土等容易产生扬尘的建筑材料时,运输车辆应加盖篷布。施工便道应尽量利用既有便道,新辟便道路面应铺设碎石加强,施工车辆不能偏离设计便道任意行驶。此外,要经常向施工便道路面洒水,防止运输产生的扬尘影响周围植被生长。

(3)桥梁基础工程防护

①桥涵工程基础一般采用钻孔桩基础,跨越排洪河道时,尽量不压缩天然河道,保持天然径流状态,河槽中的桥墩,尽量采用流线型,减少墩身阻水面

积，减少冲刷引起的水土流失。排洪涵洞尽量顺洪水天然流向而设，减少开挖面积，少破坏植被。涵洞孔径设计充分考虑其排洪能力，避免因孔径偏小引起的涵洞束水，而导致下游冲刷加剧引起水土流失。

②桥涵基坑开挖，尽可能减小开挖面，减少对植被的破坏。施工弃土要及时处理，避免任意堆放堵塞、压缩河道。对钻孔桩施工中产生的泥浆，及时处理，防止污染周围环境。

③本线桥梁均采用有碴桥面，有利于降低行车产生的噪声影响。

(4)取、弃土场工程防护措施

工程设置取土场、砂石料场遵循分段集中的原则，拟在植被稀少的山包、丘包地带，取土后应平整并积极采取植被恢复措施；工程设置的弃土场选择在地势低洼、无地表径流、植被稀疏、适当远距离的地方堆弃。沿线河流最高水位线以下的滩地和岸坡不设置弃土、弃碴场。不得侵占河道、不得占用植被发育的草地、林地资源。

弃于山沟的土石方应设计挡渣墙予以保护，并按照先挡后弃的原则，分期安排挡墙工程，于弃渣的顶部及侧部设置排水沟，并在弃渣上部的裸露部分撒播草籽进行绿化固土；弃于河道的堤岸处的弃土用于加固河堤，设计浆砌片石进行防护。

3. 植被防护措施

(1)树种选择

根据本线气象因素和土壤及植物生长条件的实际情况，结合立地条件对主要防治分区采取植被恢复和绿化等防护措施。按照“适树则树，适草则草”原则，选择适应当地生长的优良树种和草种，选择原则如下：

①选择速生、根系发达、固土能力强、水土保持效果好的树种作为区间绿化树种；

②选择美观大方、冠幅大，同时根系强大、萌生能力强、具有较强抗污染、减噪和净化空气能力的树种作为站区绿化树种；

③草种应选用适应性强、耐践踏、耐修剪、生长期长，同时还应具有低矮、繁殖快、再生能力强、生长一致等特性的草种；

④所选择的树种和草种均应易种植和管理，能抗病虫害；

⑤优先选用适应当地树种和草种。

(2)栽植要求

①路堤、路堑两侧

路堤边坡一般高度 $H<6$ m 时，坡面采用植草防护，并于两侧设 C20 混凝土板护肩。路堤边坡一般高度 $H\geqslant 6$ m 时，坡面采用人字型骨架护坡防护，骨架内植草防护。

路堑边坡一般高度 $H<6$ m 时，土质及Ⅲ级岩质路堑边坡采用植草防护。路堑边坡一般高度 6 m$\leqslant H\leqslant$20 m 时，土质及Ⅲ级岩质路堑边坡采用人字型骨架(带截水槽)护坡，骨架内植草防护。

②站区

对站场可绿化地段实施绿化工程，整体绿化布置以站区为主体，精心搭配，以美化为主，考虑景观效果，并改善生态环境，绿化树种优先乡土树种、草种。

永久用地按 30%进行绿化，采用乔、灌、草相结合的方式进行布置，绿化配比按乔木 20%、灌木 60%、草 20%设计；临时用地按 100%进行绿化。

可沿站台栅栏种爬山虎，间距 1 m、每穴 3 株，每公里 3 003 株。

通站道路每侧应植 1 排乔木，乔木株间距 2 m，每行每公里 501 株。

新建货场、工区、段所院内沿围墙应植两排树木，乔木、灌木结合；乔木株间距 2 m，每行每公里 501 株；灌木穴间距 1 m，每行每公里 1 001 穴，每穴 4 株；另外沿围墙应种植爬山虎等藤本植物，间距 1 m、每穴 3 株，每公里 3 003 株。办公(楼)房前应设花坛、绿地、观赏性树木。

③区间路基

区间路基绿化设计主要为路基边坡防护和沿线植草绿化为主。

④取弃土(碴)场

对土地进行整平后，恢复原地类，对于荒地等临时用地，播撒草籽进行绿化。

⑤其他要求

绿化植物应与周边建筑物协调统一，不应在管线附近栽植深根性树木，在架空电线下只能布置高度较低的绿篱和灌木。乔木与建(构)筑物及管线的间距不应小于 1.0～5.0 m；灌木与建(构)筑物的间距应不应小于 0.5 m，与管线的间距不应小于 3.5 m。树木与地下管线的距离最小为 1.0～2.5 m。树木与架空电线的距离应大于 1.0 m(电压小于 1 kV),铁路与道路交叉处应避免树冠遮挡视线。

4. 水土防护措施

(1)路基边坡防护

路基边坡采用客土植草、干砌片石或浆砌片石进行防护。桥涵锥体垂裙及开挖沟床上下游各 50 m 的边坡采用浆砌片石,对涵洞的出入口处加以浆砌片石铺砌。

(2)临时工程水保措施

大型临时施工场地为临时碎石场、铺架基地、制梁场、拌合站等,均需要考虑施工完成以后进行场地恢复原生态环境的费用。对施工便道,除可被地方利用的外,其余均考虑平整、复垦或恢复植被措施。

(3)遵守肯尼亚地方政府有关水土保持的规定,采取必要的措施防止施工中的燃料、油、沥青、污水、废料和垃圾等有害物质对河流、湖泊、池塘和水库的污染。

(4)路基、站场的土石方工程应尽量安排在非雨季施工;开挖或填筑的路基土质边坡应及时采取工程或植物防护措施,防止雨水冲刷造成水土流失。

(5)不得破坏、占压、干扰河道、水道及既有灌溉、排水系统。必须占压的,应首先征求主管部门同意,并采取必要的防护、替代措施。防止工程施工中开挖的土石材料对河流、水道、灌渠等排水系统产生淤积或堵塞。

(6)清理场地的废料和土方工程的弃方处理,不得影响排灌系统及农田水利设施。应根据工程设计选择在适当地点设置弃土场,集中堆放,统一治理、防护。

(7)在河床内施工、采取砂砾材料,应遵守肯尼亚地方政府对河道管理法律法规中的有关规定,同时防止对河流状态造成改变,防止弃土、弃渣淤积河床、污染河流水质。

(8)桥梁基础施工过程中的泥浆、余土及废弃物等,严禁直接排入河中或遗弃于河床,应在工程完工时进行清理,集中置于弃土场。

5. 环境监管措施

为有效地保护好铁路或公路施工期间和运营期间的沿线环境,使工程建设的各环节对环境的影响降低至最小,必须对施工建设和运营的全过程进行科学的全面的环境监测和环境管理。全过程环境监管主要涉及两个方面：施工建设期环境监管和运营期环境监管。

(1)施工建设期管理

在设计期间，设计单位和施工建设单位必须贯彻执行环境影响评价报告书中提出的且经过当地环保部门批准的一系列环境保护技术措施，并将其列入项目投资的概预算中，确保其在工程项目的设计中得到全面体现。

施工发包时，建设单位必须把项目的环保视为与主体工程同等重要的工程，并依据环境影响评价报告中的指定要求，对施工单位编制的施工方案提出相应的环保要求，施工单位的相关人员在进场前，应进行环保知识培训，主要涉及环境保护法规、条例及生态污染防护措施。

施工单位应强化自身的环境意识和环境管理职能，积极组织员工对环保法律法规进行培训学习，增强员工的环境保护意识，使其自觉维护环境。监理单位应将施工中的环保工程及措施作为监理工作的重要部分，严格把关环保质量，监督和确保施工单位对各项环保措施的落实质量。

施工期间，建设单位的环境管理职能是及时全面的掌握全线施工中的环境保护实施动态，积极组织和协调施工中遇到的各种纠纷和环境问题，协助施工单位处理好与当地公众、环保部门和其他利益相关方的关系。施工单位除应接受环保部门监督，还应配置环保人员进行自我监督管理，主要针对施工现场的扬尘、噪声、振动、污水、固体废弃物等环保事宜。

(2)运营期环境管理

运营期环境管理主要是通过日常环境监测，确保环保设施正常运转，以获得相关运转数据，进而为运营管理和环保决策提供合理的参考依据。运营管理主要由肯尼亚铁路公司(KRC)环保管理机构全面负责。沿线各站主要对其管段内的环保设施运转和维护负责，对日常环境进行监测和记录，及时上报环保设施的运行和维护状态。环境管理人员和操作人员的业务水平和能力对保障环保设施的正常运转和维护是至关重要的。为确保环保设施的正常运转，环保人员必须熟悉设备的操作和维护要领。

(3)环境监测

环境监测的目的是确保施工建设单位对环境影响评价报告书中提出的一系列环保问题、建议和措施得到解决和落实，切实把铁路在施工期间和运营期间对环境造成的影响控制在相关法律、法规、标准和规范要求的范围内。

第三节　路基工程对野生动物的影响

一、路基工程对野生动物的影响

路基建设过程中的土石方填挖、取弃土、施工机械等活动将会对沿线动物的生活环境产生一定的影响，造成的水土流失、河流改道、废弃的施工垃圾以及后期交通产生的废气、交通噪声、振动和路面径流污染物都会改变动物原有的生活环境，进而威胁到动物生存环境的质量。

路基建成后成为地面动物的一道阻隔屏障，使动物的活动范围受到限制，使生态环境岛屿化，导致小群落出现，动植物濒危概率增加。生存在其中的动物将变得十分脆弱，并有可能发生种内分化。路基将野生动植物生活所需的大面积区域分割成小区域。野生动物的领地太小，使野生动物无法正常繁育后代，进而对野生动物种群数量的增加产生严重的影响。

在路基的服务期间，随交通流量的增多，行驶中的车辆撞死动物的数量呈增加趋势，区域内的蹄类动物和鸟巢数量也会急剧减少。运营期的影响则体现在交通噪声、光污染等方面。交通噪声使沿线声学环境质量较原生环境质量有所下降，野生动物短期无法适应沿线声级较高的声环境现状，导致某些动物远离线路或侧向迁徙。车辆夜间灯光往往对动物产生光污染，而大部分野生动物具有昼伏夜出的习性，适应了夜间黑暗的光线条件，突现强光照射会影响野生动物夜间活动和夜宿水平，其次夜间活动的鸟儿运用月光和星光进行迁徙，如果飞到一个很亮的区域，则会迷失方向，目前有关光污染对野生动物的影响报道较多，如佛罗里达的海岸线作为绿色海龟的巢穴，明亮的灯光使雌龟无法回到海岸孵化幼龟。

二、野生动物调查

路基通过野生动物保护区时，利用遥感、资料收集、走访、实地调查等方法，对区域内动物详细分布和活动状况进行观测和研究，类比已有线路等工程动物通道的利用效果，根据沿线的野生动物迁徙种类和迁移的路径，结合河流、沟渠确定动物通道的位置、型式和规格，确定一定数量的野生动物通道，并设置引导设施，引导动物安全穿过路基。路基两侧设置隔离栅栏，以避免动物爬行通过，减少动物与车辆相撞机率。

(1)资料收集

充分利用各类已发表的文献、专著、权威数据库、野生动物考察报告、地方林业局物种名录等文献资料，确定野生动物历史上相对集中分布的区域及重点保护物种分布范围，明确物种分布与铁路设计线路之间的位置关系，绘制野生动物历史分布图，根据适宜栖息地确定潜在的可能分布范围。

(2)野外实地调查

考察时间的选择：每年旱季是水与食物资源相对缺乏的季节，野生动物活动范围也会相应扩大，动物的饮水、取食路线均比雨季更加集中而明晰，同时由于降水少，动物活动痕迹(足迹和粪便)也更易保存和识别。

走访工程线路两侧聚居点居民、牧民和当地专业人员等，雇佣当地向导进行现场考察，收集项目区域野生保护动物的信息。

水源调查：肯尼亚属于内陆水系，降水稀少，沿线没有常年流水的河流，仅有暂时性洪流形成的干沟谷，分布有一些间歇性小河和泉眼。对于水源的调查，应在工程勘察时，首先收集沿线区域水系、泉眼分布图，访问工程线路两侧聚居点居民、确定初步的调查目标，然后雇佣当地向导，去实地位置寻找泉眼及水流，并用 GPS 记录详细位置坐标，测算水量等。

平行样线调查：沿线路驱车行驶，时速低于 30 km，通过肉眼＋望远镜直接观测线路两侧野生动物活动情况。由于较大的大中型哺乳动物多晨昏活动，调查须按时段进行，以保证每段线路覆盖动物活动频繁的时段。

(3)遥感航测调查

根据工程勘察阶段的航测资料和遥感影像数据，结合植被样方调查，利用 ARCGIS 软件生成沿线 10 km 范围内的植被类型斑块，将沿线的植被类型斑块相叠加，可形成沿线植被类型图。通过对沿线的植被状况按照植被类型、覆盖程度进行了等级划分，可以辅助评价动物栖息地的生境适合度。

三、野生动物通道的设置

野生动物作为地球基因库的重要组成部分，其生存环境、种群数量等都与人类发展休戚相关，而野生动物的保护则是实现人类社会经济发展与自然和谐的重要连接手段，有效的保护措施能最大程度上减少工程建设对野生动物的影响。设置野生动物通道就是一项很有效的保护措施。

1. 动物通道的设计原则

（1）针对性原则

针对目标物种或类群设计专门的野生动物通道，可以更好地保证其利用率和有效性。针对的目标物种可以是保护地内被列入 IUCN 红色名录极危（CR）、濒危（EN）、易危（VU）的野生动物，《濒危野生动植物种国际贸易公约》（CITES）附录 I 和附录 II 中的野生动物，国家和地方重点保护的野生动物，也可以是保护地的关键物种和类群。还应针对目标物种或类群的生物生态学特性，对不同类型动物的通道进行针对性设计。如大型有蹄类、树栖类动物更适合上跨式通道，而两栖爬行类则倾向下钻式通道。

（2）科学性原则

设计通道前应了解道路阻隔效应及其缓解措施等道路生态学理论以及威胁生物多样性的因素、保护地的分区管理、种群灭绝机制、种群生存力分析等保护生物学理论，并熟悉相关法律法规（如环境保护法、野生动物保护法、公路法等）的要求。还应结合目标物种的分布、栖息地特征、运动与迁徙路线等生态学信息，辅以野外调查数据，科学确定通道设计的主要技术参数。

（3）持续有效性原则

在通道建成后，应加强对通道的维护管理，保证通道功能的持续发挥。同时，加强监控影响通道持续利用的因素，如目标物种的数量特征、习性、栖息地条件以及附近人类活动。还应设计科学系统的实验对通道的有效性进行评估。

（4）可行性原则

应在确保通道的长期安全性和持久稳定性的前提下，充分考虑经济和技术上的可行性，在满足保护目标的基础上尽可能降低建设成本。

（5）自然性原则。

应充分利用天然的植被、地貌和水系等自然环境；对已经退化的天然植被，应进行恢复和重建，禁止使用外来物种；对于人工植被，应仿照天然植被进行改造。

(6)协调性原则

野生动物通道的形式、体量和颜色等应保持与自然景观的协调;野生动物生境廊道的范围应与周边社区相协调。

2. 设计依据

(1)道路生态学、保护生物学相关理论

目前道路的修建已引起野生动物死亡、种群移动与扩散受限、动物基因交流受阻等一系列生态问题,在孤立的栖息地斑块间建立野生动物通道可以维持或提高动物在斑块间的扩散水平,从而维持目标物种的基因流和种群生存力。即使野生动物对通道的利用率相对较低,也能降低小种群的灭绝风险,了解道路生态学、保护生物学相关理论,可为确定通道建设与否、通道建设目的与意义提供依据。

(2)保护地管理法规与管理规划

了解保护地管理法规中与野生动物保护措施相关的条款,便于充分、细致地考虑项目建设对生态环境和生物多样性的影响;了解保护地管理规划中关于道路基础设施建设、分区管护、监测与科研、投资计划等相关内容,有利于掌握保护地本地情况,为通道类型、位置选择及后期管理提供依据。

(3)关键类群的生态学特性及其栖息地现状

沿线关键物种或类群的生态学特性及栖息地现状是有效设计通道的依据。主要包括关键物种的种群分布、大小、移动与迁移路线、食性等生态学特征及其栖息地的保护现状;同时,还应兼顾考虑与关键物种同域动物的生态学特征及栖息地特征,为确定通道的数量、位置、类型、尺寸等技术参数提供参考依据。

(4)沿线的地形地貌特征

地形地貌特征是影响通道位置、类型选择的重要因素。通过收集自然保护区地形图、野生动物分布图、迁移扩散图,并结合野外考察的方式,了解保护区旅游公路沿线的地形地貌特征,为通道位置、类型选择提供依据。

3. 设计方法

在野生动物通道设计时,应尽可能科学地考虑通道建设的数量、位置、类型、尺寸、表面设计、配套设施以及后期监测等相关方面的内容。

(1)动物通道的数量

动物通道数量应综合考虑保护动物的类型、数量与迁移能力,以及保护地的经济状况、人类活动、沿线地形特征等因素,确定不同路段的通道设置间距。

目前关于动物通道设置的间距并没有明确的规定,也没有具体计算公式。但具体设计时,要考虑到目标物种或类群的分布与行为特性。例如蒙内铁路在察沃河沿线设置 100 多处涵洞。

(2)动物通道的位置

通道的位置关系着其能否被动物有效利用。应充分结合保护地地形、野生动物的分布、迁移扩散路线、路基致死数据等相关资料,选择合理的通道位置。可以通过基于专家经验的栖息地模型、快速评估、走访调查等方法,综合分析确定可能的合适位置。沿线野生动物无固定迁徙通道,水源成为其活动的主要目的地,野生动物通道的位置与路基两侧水源的分布有较为密切的关系。动物通道的最大间距根据目标物种的习性及分布特点控制,对分布密度低,大范围漫游的动物,通道设置时,通道间距在 10 km 左右,对于活动能力强、范围广的动物最大间距控制在 5 km。

(3)动物通道的形式

通道类型的选择主要受到野生动物栖息地质量、地形因素及建设成本的限制,包括上跨式和下钻式两种通道类型。上跨式通道多设于地形较为平缓的或"U"形地段,主要适合喜开阔环境的大型有蹄类动物、食肉动物、树栖或半树栖动物通过。下钻式通道多依地形而设,多建于平缓、隆起、湿地、水域等区域,常以涵洞形式存在,主要适合小型哺乳动物、两栖类、爬行类动物通过。对于水渠旁路基下钻式通道—涵洞,小型哺乳动物对其的利用率高达 100%,两栖动物利用率达 75%。同时,由于保护地生物多样性丰富,可以建立多种类型的通道,以降低路基的阻隔效应。动物通道的常见的形式具体有:

①天桥

在铁路或公路的上方修建跨越式的桥,作为野生动物的通道,一般适用于山地动物和喜开阔环境的动物。

应根据目标物种的行为学特点确定桥的坡度,桥面应模仿附近同质植被覆土种植,边缘应密植与天桥两侧同质的植被,必要时边缘还应设置栏杆、防护网。如图 6—5 所示。

图 6—5　天桥式通道

②高架桥下通道

在草原、草甸、湿地以及深山区修建铁路公路时，可设置高架桥，其桥洞作为野生动物穿越的通道，一般适用于平地及河滩等平缓环境活动的动物。

桥梁的结构应保证野生动物视觉贯通；对于易受惊的野生动物，必要时在临近野生动物通道的道路和桥梁两侧应采取隔音措施。如图 6—6 所示。

③涵洞

分为无水涵洞和排水涵洞，多采用金属涵管或混凝土箱涵形式，一般适用于夜行动物以及两栖动物类和爬行类动物。

无水涵洞是在铁路和公路等建筑物下方修建的供野生动物穿越使用的桥洞或干燥管道；排水涵洞适用于铁路和公路穿越湿地，或雨季用于排水的区域。

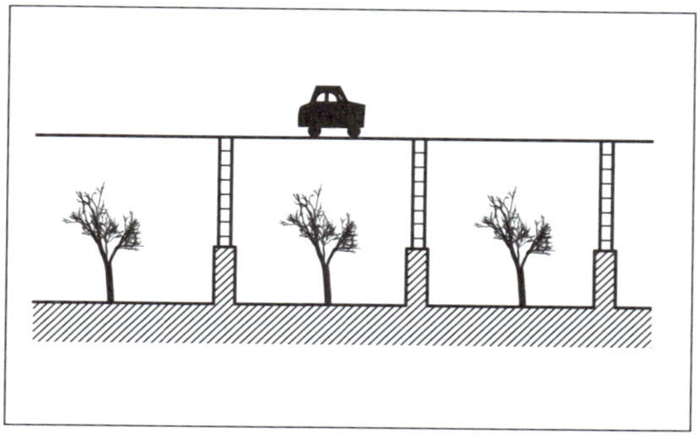

图 6—6　高架桥下通道

如果目标物种主要是两栖类动物，应保障通道内常有流水；如果目标物种主要是爬行动物，应在通道中架设悬空的可供攀爬的结构。如图 6—7 所示。

(4)动物通道的尺寸

通道尺寸影响通道的利用率及有效性，但通道尺寸没有固定标准，应综合考虑通道用途、目标物种或类群的个体大小、行为特性等因素。

上跨式通道宽度应不小于 10 m，而宽度大于 50 m 时可满足绝大部分动物通过。在地形和经济允许的条件下，越宽越好。在德国、法国建成的上跨式通道最宽达到了 870 m。下钻式通道尺寸相对上跨式通道偏小，宽 10 m、高 4 m 的通道基本上能满足所有利用该类型通道的动物通过。在建设通道时应综合考虑其尺寸，把开度(即宽×高/长)这一概念运用到实践中，开度可能比通道整体大小更为重要。对大型有蹄类动物专用野生动物通道建议宽度在 10 m 以上，高度 3.5～4.5 m。

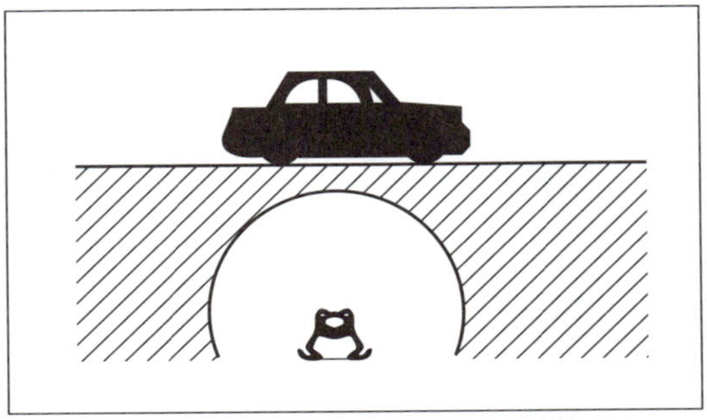

图 6—7　涵洞通道

对于长期生活在开阔地带的蹄类动物，通道的视野开阔度是影响通道使用率的最主要因素之一，而通道建筑参数的宽度(通道开口的长度/桥长)、深度(路基宽度)等指标的设置主要是要尽量保证通道内的光线条件和视野的开阔程度，使动物能清晰地观察到通道内部和对侧的环境，减少通道和高大路基对其产生的心理压力，以提高通道的使用效率。因此通道指标的设置很大程度要参照路基宽度，对于越宽的路基则需要更大的通道开口面积。

在肯尼亚的野生动物种群中，以大象和长颈鹿为代表。非洲成年大象的身高一般超过 3 m，最高的近 4 m；而成年长颈鹿的身高一般在 5 m 以上，最高可达 5.8 m。于是，在有长颈鹿和大象迁徙的地段，动物通道的最小净空高度设定为 6.5 m，并保证通道的宽度。如经肯尼亚野生动植物权力机构(KWS)同意，总跨度 60 m 的桥梁，中间仅设置 2 座桥墩。考虑到一般小型动物的饮水习惯，在大河处适当延长跨河桥梁的引桥，并增加高桥梁高度，以方便动物通行。在低洼处，设置多处涵洞形式的动物通道，供中小型野生动物穿越铁路线。如图 6—8 所示。

图 6—8　肯尼亚大型动物身形与动物通道空间比较

(5)通道辅助措施设计

在路基一般地段,设置围网或围栏,围网一般于路基下方紧靠路基设置,高度 1.8～2 m,并设置引导和警示设施,防止动物翻越路基。在动物通道的外部环境适当地加以诱导设计,有利于动物顺利地找到该通道并安全通过。引导动物移动至通道,可以大大增强通道的利用率。对野生动物通道地面覆土 10～20 cm,以保持通道内外地面基质的一致性,引导动物自然通过。此措施不仅对动物有引导作用,同时也可通过记录通道内动物足迹监测动物对不同通道的使用率,以对运营后野生动物通道效果进行后评价。如图 6—9 所示。

图　6—9

图 6—9　Tsavo 特大桥下的斑马和涵洞里留下的母狮和幼狮的脚印

在肯尼亚 Lewa 保护区有一种比较成功的动物保护围栏—漏斗形围栏。这些围栏经过改进后，安装在动物通道附近，形成了远宽近窄的漏斗形围栏。据肯尼亚野生动植物权力机构(KWS)的专家反映，这种围栏对动物的引导效果非常好。如图 6—10 所示。

图 6—10　引导野生动物通过地下通道的漏斗形围栏

在动物通道处，需要尽量保留已有的低洼点，以形成天然的取水坑，使动物喜欢动物通道。此外，还要在线路两侧设置隔离栅栏，以阻止动物爬行通过铁路，避免动物与列车相撞。如图 6—11 所示。

图 6—11　动物通道的取水坑

在通道表面进行植被覆盖设计，其开口处的天然植被必然是各类动物的首选环境，通道周围覆盖一些不易被动物采食的自然植被可以使通道两侧顺其自然的连接起来，动物就会不自觉地走进通道。另外可以在通道入口两旁设置喇叭状的诱导网，一方面阻挠动物走上行车道，一方面起到引导作用。此外，在大型管涵式通道口应当做好绿化掩饰，尽量采用当地物种模拟自然植被，也可设置动物诱导栅栏，给周边的动物安全生存空间的信号。采取积极的诱导措施，如设置水源、光源、使用食物或盐诱导等，这些诱导措施虽然可能在通道设置初期增加动物在通道周围的活动频率或使用率，但其也可能存在目前可见或未知的潜在“副作用”。如图 6—12 和图 6—13 所示。

(6)野生动物监控

由于肯尼亚现有野生动物资料有限，短时间内难以全面掌握区域内动物的活动状况，应在工程建设及运营过程中开展以野生动物迁徙规律调查为主要内容的生态监控，根据监控资料，及时调整、优化设计动物通道。

图 6—12　阻止动物爬行通过铁路的隔离栅栏

图 6—13　动物通道开口处的天然植被

为了配合保护区的科研工作，可在通道上安装红外监测系统，辅以足迹追踪等方法对通道的合理性、使用效率进行检验，并对不合理之处及时调整。更为重要的是可以监测动物通过通道的行为特性，这对于研究动物对通道的适应时间、适应机制以及动物穿越通道的决定因素等科学问题具有重要意义。

(7)配套设施

应在通道两侧设置栅栏以引导动物进入通道,阻止其进入旅游公路而发生车祸。在通道位置前后设计交通标志牌或季节性警示牌,提醒司机减速慢行。虽然目前缺乏对树立警示牌的有效性研究,但其有效性评估已引起广泛关注。此外,如果通道远离水源,还应修建简易蓄水池用于植物的浇灌。

参 考 文 献

[1] TB 10001—2016,铁路路基设计规范[S]. 北京:中国铁道出版社,2016.

[2] TB 10102—2010,铁路工程土工试验规程[S]. 北京:中国铁道出版社,2010.

[3] Paron P,Olago D O,Omuto C T. Kenya:A Natural Outlook:Geo-Environmental Resources and Hazards[M]. Newnes,2013.

[4] 张鑫刚,元春华,孙仁斌,等. 肯尼亚矿产资源及矿业投资环境分析[J]. 地质与勘探,2018,54(06):41-47.

[5] Waswa A K,Nyamai C M. THE GEOLOGY AND MINERAL RESOURCES POTENTIAL OF KENYA[C]//Symposium on Capacity Building in Sustainable Resource Development in Africa. 2016.

[6] Mathu E M,Davies T C. Geology and the environment in Kenya[J]. Journal of African Earth Sciences,1996,23(4):511-539.

[7] Baker B H,Mohr P A,Williams L A J. Geology of the eastern rift system of Africa[M]. Geological Society of America,1972.

[8] 王铁,樊葆青,刘晓,等. 东非地区黑棉土路基处理[J]. 中外公路,2015(S1):138-142.

[9] SABTAN A A. Geotechnical properties of expansive clay shale in Tabuk,Saudi Arabia[J]. Journal of Asian Earth Sciences,2005,25(5):747-757.

[10] SHANNAG M J,CHARIF A,DGHAITHER S. Developing Structural Lightweight Concrete Using Volcanic Scoria Available in Saudi Arabia[J]. Arabian Journal for Science & Engineering,2014,39(5):3525-3534.

[11] 黎蔚诗. 天然火山渣轻骨料混凝土的制备及性能研究[D];成都:西南交通大学,2018.

[12] 廖世文. 膨胀土与铁路工程[M]. 北京:中国铁道出版社,1984.

[13] 城乡建设环境保护部. 膨胀土地区建筑技术规范[M]. 北京:中国计划出版社,1989.

[14] 中国路桥责任有限公司. 东部非洲黑棉土地区公路修筑成套技术研究[R]. 北京:中国路桥责任有限公司,2016:1-70.

[15] ALONSO E E,GENS A,JOSA A. A constitutive model for partially saturated soils[J]. Geotechnique,1990,40(3):405-430.

[16] GALLIPOLI D,GENS A,SHARMA R,et al. An elasto-plastic model for unsaturated soil incorporating the effects of suction and degree of saturation on mechanical behaviour[J]. Géotechnique,2003,53(1):123-135.

[17] GENS A,ALONSO E E. A framework for the behaviour of unsaturated expansive clays [J]. Canadian Geotechnical Journal,1992,29(6):1013-1032.

[18] ALHASSAN H. Effect of 'Ionic Soil Stabilizer 2500'on the Properties of Black Cotton Soil[J]. British Journal of Applied Science & Technology,2013,3(3):406-416.

[19] 刘龙武,郑健龙,缪伟. 广西宁明膨胀土胀缩活动带特征及滑坡破坏模式研究[J]. 岩土工程学报,2008,30(1):28-33.

[20] MISHRA A K,DHAWAN S,RAO S M. Analysis of Swelling and Shrinkage Behavior of Compacted Clays[J]. Geotechnical & Geological Engineering,2008,26(3):289-298.

[21] RAO S M,REDDY B V V,MUTTHARAM M. The impact of cyclic wetting and drying on the swelling behaviour of stabilized expansive soils[J]. Engineering Geology,2001,60 (1-4):223-233.

[22] 唐朝生,施斌. 干湿循环过程中膨胀土的胀缩变形特征[J]. 岩土工程学报,2011,33(9):1376-1384.

[23] 施斌,李生林. 击实膨胀土微结构与工程特性的关系[J]. 岩土工程学报,1988,10(6):80-87.

[24] 龚壁卫,周晓文,包承纲. 南水北调中线工程中的膨胀土研究[J]. 人民长江,2002,32(z1):36-39.

[25] SHARMA R S,PHANIKUMAR B R,RAO B V. Engineering Behavior. Of A Remolded Expansive Clay Blended With Lime,Calcium Chloride,And Rice-Husk Ash[J]. Journal of Materials in Civil Engineering,2008,20(8):509-515.

[26] 戴张俊,陈善雄,罗红明,等. 南水北调中线膨胀土/岩微观特征及其性质研究[J]. 岩土工程学报,2013,35(5):948-954.

[27] MACKENZIE R C,MITCHELL B D. Clay mineralogy[J]. Earth Science Reviews,1966,2 (66):47-91.

[28] 郑健龙,杨和平. 膨胀土处治理论. 技术与实践[M]. 北京:人民交通出版社,2005.

[29] 张大峰,杨军,李连友,等. 东非地区黑棉土工程特性和桩基病害处理[J]. 建筑结构,2015,(1):72-76.

[30] 齐吉琳,谢定义. 孔隙分布曲线及其在土的结构性分析中的应用[J]. 长安大学学报(自然科学版),2000,20(2):6-8.

[31] 陈新颖,宋辉.火山渣工程特性的试验研究及施工中的应用[J].工业 c,2016(6):149-152.

[32] 陈志国,王哲人,赵长虹.火山灰路面基层路用性能研究及机理分析[J].公路交通科技,2008,25(8):15-20.

[33] OVALLE C,FROSSARD E,DANO C,et al. The effect of size on the strength of coarse rock aggregates and large rockfill samples through experimental data[J]. Acta Mechanica,2014,225(8):2199-2216.

[34] 杨福珍,黄清友,张建栋.火山渣在路基工程中的应用[J].内蒙古公路与运输,2006(4):24-27.

[35] 李川.埃塞118公里公路项目火山渣底基层施工材料的应用[J].建设科技,2015(8):120-120.

[36] 胡江洋,毛君,张浩,等.火山渣作为路基填料的试验研究[J].深圳大学学报(理工版),2015,32(6):625-631.

[37] 赵长虹.火山灰材料在道路工程中的应用研究[D].长春:吉林大学,2008.

[38] 吴明友.铁路路基填料分类及压实标准研究[D].成都:西南交通大学,2004.

[39] 陈坚.火山渣铁路路基的渗透稳定性研究[J].铁道标准设计,2014(12):14-17.

[40] 梁多伟,罗强,刘孟适.火山渣掺配土质砾砂改良填料剪切特性试验研究[J].武汉理工大学学报,2017,(3):71-77.

[41] Tchamdjou W H J,Cherradi T,Abidi M L,et al. Mechanical properties of lightweight aggregates concrete made with cameroonian volcanic scoria: Destructive and non-destructive characterization[J]. Journal of Building Engineering,2018,16:134-145.

[42] 于洋,张本航,廖靖云.火山渣填料在内马铁路路基中的应用研究[J].公路交通科技(应用技术版),2018,v.14;No.159(03):73-75.

[43] Newill D,Aklilu K. The location and engineering properties of volcanic cinder gravels in Ethiopia[C]//7th Regional Conference for Africa on Soil Mechanics and Foundation Engineering,Accra,Ghana. 1980:1-7.

[44] 姚永胜.海南火山岩熔洞地区高速公路路基填筑技术研究[D].重庆:重庆交通大学,2012.

[45] Payan M,Khoshghalb A,Senetakis K,et al. Effect of particle shape and validity of Gmax models for sand:A critical review and a new expression[J]. Computers and Geotechnics,2016,72:28-41.

[46] 刘广,荣冠,彭俊,等.矿物颗粒形状的岩石力学特性效应分析[J].岩土工程学报,2013,35(3):540-550.

[47] 刘清秉，项伟，M. BUDHU，等. 砂土颗粒形状量化及其对力学指标的影响分析[J]. 岩土力学，2011，(s1)：190-197.

[48] Mandelbrot B B. The fractal geometry of nature[M]. New York：WH freeman，1983.

[49] 穆在勤，龙期威. 由面积—周长关系测量的分形维数与材料韧性的关系[J]. 材料研究学报，1989，3(2)：110-114.

[50] Maria A，Carey S. Using fractal analysis to quantitatively characterize the shapes of volcanic particles[J]. Journal of Geophysical Research：Solid Earth，2002，107(B11).

[51] INDRARATNA B，LACKENBY J，CHRISTIE D. Effect of confining pressure on the degradation of ballast under cyclic loading[J]. Géotechnique，2005，55(4)：325-328.

[52] 田利民. 客运专线铁路路基压实标准与验收标准的探讨[J]. 铁道标准设计，2007(11)：1-4.

[53] 徐文杰. 土石混合体细观结构力学及其边坡稳定性研究[D]. 北京：中科院地质与地球物理研究所，2008.

[54] 油新华. 土石混合体的随机结构模型及其应用研究[J]. 岩石力学与工程学报，2002，21(11)：1748-1748.

[55] Wen-Jie X，Qiang X，Rui-Lin H. Study on the shear strength of soil-rock mixture by large scale direct shear test[J]. International Journal of Rock Mechanics and Mining Sciences，2011，48(8)：1235-1247.

[56] Xin-hua Y O U，Jin-song T. Research on horizontal push-shear in-situ test of soil and rock-mixture[J]. Chinese Journal of Rock Mechanics and Engineering，2002，21(10)：1537-1540.

[57] Li H J，Dai F C，Li W C，et al. Stability assessment of a slope under a transformer substation using numerical modelling[J]. Bulletin of Engineering Geology and the Environment，2011，70(3)：385-394.

[58] 徐文杰，胡瑞林. 土石混合体概念、分类及意义[J]. 水文地质工程地质，2009(4)：50-56.

[59] 龚健，刘君. 基于 PIV 分析的含石量对土石混合体边坡破坏过程及模式的影响[J]. 岩土力学，2017(3).

[60] Wang Y，Li X，Zheng B，et al. Macro-meso failure mechanism of soil-rock mixture at medium strain rates[J]. Géotechnique Letters，2016，6(1)：28-33.

[61] 杨越. 降雨条件下边坡土石混合体的渗透和力学性能试验研究[D]. 株洲：湖南工业大学，2012.

[62] Ding X L,Zhang H M,Huang S L,et al. Research on mechanical characteristics of unsaturated soil-rock mixture based on numerical experiments of mesostructure[J]. Chinese Journal of Rock Mechanics and Engineering,2012,8.

[63] Zhou Z,Fu H,Liu B,et al. Artificial rainfall tests on a well-instrumented soil-rock-mixture slope[J]. ROCK AND SOIL MECHANICS-WUHAN-,2007,28(7):1391.

[64] 独莎莎. 土石混合体的强度、变形特征与土—石相互作用研究[D]. 南京:南京大学,2014.

[65] 陈育民,徐鼎平. FLAC\FLAC3D 基础与工程实例[M]. 北京:中国水利水电出版社,2013.

[66] Zhen-Hua O,Shi-Hai L I,Zhi-Sheng D. On the Influence Factors of Mechanical Properties for Soil-Rock Mixture[J]. Journal of Experimental Mechanics,2010.

[67] 王坛华,陈剑平,安鹏程. 边坡滚石灾害的作用机理与防治对策[J]. 世界地质,2008,27(1):68-72.

[68] 滕振芳,张淑娥. 边坡稳定监测数据管理预警系统的设计与实现[J]. 电脑知识与技术,2010,06(34):9900-9901.

[69] Atzeni C,Barla M,Pieraccini M,et al. Early warning monitoring of natural and engineered slopes with ground-based synthetic-aperture radar[J]. Rock Mechanics and Rock Engineering,2015,48(1):235-246.

[70] Eberhardt E,Watson A D,Loew S. Improving the interpretation of slope monitoring and early warning data through better understanding of complex deep-seated landslide failure mechanisms[J]. Chen,Z. ,Zhang,J. et al,2008:39-51.

[71] 卢玉林. 渗流和地震耦合作用下边坡稳定性分析[J]. 国际地震动态,2018,479(11):45-46.

[72] 宋从军. 路堑高边坡开挖变形理论及控制措施研究[D]. 成都:西南交通大学,2004.

[73] Shi-guo X. Analytical method for h-type combined anti-sliding pile retaining landslide or excavated slope and its application to practical projects[J]. Rock and Soil Mechanics,2010,7.

[74] 朱元甡. 洪泛区洪灾风险的分析和管理[J]. 水利经济,1990(2):55-62.

[75] 梅亚东. 蓄滞洪区分洪与减灾的理论与应用研究[D]. 武汉:武汉水利电力大,1992.

[76] 刘舒舒,文康. 洪泛区洪水演进的一种简单方法[J]. 水科学进展,1992,13(l):53-57.

[77] 李帅杰,李昌志,程晓陶. 区域洪灾风险评价方法初探——以浙江省为例[J]. 水利水电技术,2012,43(4):82-86.

[78] 齐洪亮. 公路自然灾害评价系统的研究[D]. 西安:长安大学,2011.

[79] 李家春. 公路边坡降雨灾害评价方法与指标研究[D]. 西安:长安大学,2005.

[80] Broadbridge P, White I. Constant rate rainfall infiltration: A versatile nonlinear model: 1. Analytic solution[J]. Water Resources Research, 1988, 24(1): 145-154.

[81] 张清,黄朝迎. 我国铁路水害及其评估模型研究[J]. 应用气象学报,1999,10(4):498-502.

[82] Keefer D K. The importance of earthquake-induced landslides to long-term slope erosion and slope-failure hazards in seismically active regions[M]//Geomorphology and Natural Hazards. Elsevier, 1994: 265-284.

[83] Brooks R H, Corey A T. Properties of porous media affecting fluid flow[J]. Journal of the Irrigation and Drainage Division, 1966, 92(2): 61-90.

[84] Fredlund D G, Xing A. Equations for the soil-water characteristic curve[J]. Canadian geotechnical journal, 1994, 31(4): 521-532.

[85] 蒋焕章. 公路水毁防治技术[M]. 北京:人民交通出版社,1993.

[86] 田伟平,李惠萍,高冬光. 沿河路基冲刷机理与冲刷深度[J]. 长安大学学报,2002,22(4).

[87] 汤家法. 山区铁路工务防洪决策技术研究[D]. 成都:西南交通大学,2003.

[88] 刘秀英,范永玲,张喜娃,等. 铁路水害临界雨量值的初步探讨[J]. 山西农业科学,2007(10):58-59.

[89] Fredlund D G, Xing A, Huang S. Predicting the permeability function for unsaturated soils using the soil-water characteristic curve[J]. Canadian Geotechnical Journal, 1994, 31(4): 533-546.

[90] Gardner W R. Calculation of Capillary Conductivity from Pressure Plate Outflow Data 1 [J]. Soil Science Society of America Journal, 1956, 20(3): 317-320.

[91] Philip J R. Linearized unsteady multidimensional infiltration[J]. Water resources research, 1986, 22(12): 1717-1727.

[92] Morin J, Benyamini Y. Rainfall infiltration into bare soils[J]. Water Resources Research, 1977, 13(5): 813-817.

[93] 汤家法. 山区铁路工务防洪决策技术研究[D]. 成都:西南交通大学,2003.

[94] Anacona P I, Norton K, Mackintosh A, et al. Dynamics of an outburst flood originating from a small and high-altitude glacier in the Arid Andes of Chile[J]. Natural Hazards, 2018, 94(1): 93-119.

[95] Magirl C S, Griffiths P G, Webb R H. Analyzing debris flows with the statistically calibrated empirical model LAHARZ in southeastern Arizona, USA[J]. Geomorphology, 2010, 119(1-2): 111-124.

[96] Muñoz E, Castillo M, Manea V, et al. Lahar flow simulations using LAHARZ program: Application for the Popocatépetl[J]. J Volcanol Geotherm Res, 2009, 182(1-2): 13-22.

[97] YAMADA S. Preface for the Special Issue: "Neo-Assyrian Scribal Art: Royal Inscriptions and Library Texts"[J]. Orient, 2014, 49: 1-1.

[98] 杨永清，赵作林，王可宣. 有关铁路路基排水问题的思考[J]. 中国勘察设计，2010(9): 50-52.

[99] 冯云龙，杨东林，徐锋，等. 肯尼亚蒙内铁路建设期的环境保护[J]. 中国港湾建设，2017，37(10): 82-87.

[100] 王晓伟. 肯尼亚蒙巴萨至内罗毕标轨铁路工程环境影响评价的研究[D]. 长沙：湖南大学，2016.

[101] 刘强. 铁路建设中生态环境保护的技术研究[D]. 成都：西南交通大学，2007.

[102] 程昊. 青藏铁路格(尔木)唐(古拉山)段建设生态保护及植被恢复技术研究[D]. 合肥：合肥工业大学，2009.

[103] 侯祥. 公路建设中野生动物保护措施的研究[D]. 西安：西北大学，2011.

[104] 王云，李海峰，崔鹏，等. 卧龙自然保护区公路动物通道设置研究[J]. 公路，2007，(01): 99-104.

[105] 姜姗. 上海崇明城镇陆生野生动物分布特征与廊道规划研究[D]. 上海：华东师范大学，2009.

[106] 李斌. 韶赣高速公路野生动物通道两栖动物保护效果及改进措施研究[D]. 北京：北京林业大学，2012.

[107] 余小林，周友兵，徐文婷，等. 保护地旅游公路的野生动物通道设计原则与技术参数[J]. 生物多样性，2015，23(06): 824-829.